和田敦彦 Wada Atsuhiko

読書の歴史を問う

An Inquiry into The History of Reading : Readers and Print Culture in Modern Japan

書物と読者の近代【改訂増補版】

文学通信

目次◉読書の歴史を問う——書物と読者の近代【改訂増補版】

◉はじめに

なぜ読書を問うのか

ベトナム、ハノイ駅の北西、日本大使館のあるリエウ・ザイ通りにベトナム社会科学院がある。研究と教育を担う大学とは別に、主に研究を目的とした政府直属の機関である。

二〇一三年の一〇月に、ここに調査に向かった。それまで、私は主に北米の日本語図書館を回って、日本語蔵書の歴史をまとめる研究をしていた。私の研究領域は、もともと日本の近代文学である。中でも出版や読書環境の変化に関心をもっていた。日本文学の書物にしても、流通し、読者に届かなければ読書は成立しない。いつからか、様々な場所の日本語蔵書や、その成り立ち、それを作り出した人々や、そうした場での読書を追うようになり、北米各地で行っていた調査はいくつかの本の形でまとまっていった。▼注(1)

この前年の二〇一二年からは、私の関心は東南アジアの国々の日本語蔵書にも広がっていた。一〇万冊を

図１　旧フランス極東学院日本語蔵書

超える規模の日本語図書館が珍しくない北米と違って、大規模な日本語蔵書は東南アジアの国々には見いだせない。では、そこにはどのような日本の書物と読者の関係が見いだせるのだろうか。日本との長い関係史をもつ国々はあっても、戦前から日本語図書を収集、管理している機関は皆無に近い。書物の移動という点では、日本が東南アジアに侵攻していた折に現地の書物を接収していった歴史の方が知られていよう。▼注(2)

そうした中、このベトナム社会科学院に属する社会科学情報研究所のホ・シキ所長から私のもとに届いたメールには、にわかに信じがたい内容が記してあった。その図書館には戦前に収集した日本語蔵書が一万冊以上保管されているという。誰がそのような書物を集めたのか、二次にわたるインドシナ戦争や、ベトナム戦争の中で、どのように維持されてきたのだろうか。半信半疑で私は訪れたが、確かにそこには古典籍を含む日本語図書がおよそ一万一千冊、さらに中国語文献が三万六千冊も保管されていた▼注(3)（図１）。

その後の調査で、これらの書物の来歴を知ることができた。かつてこの地は、フランスが植民地として統治し、フランス領インドシナ（仏印）と呼ばれていた。これら書物は、フランスがこの地に設けた機関、フランス極東学院（ＥＦＥＯ）の収集資料が引き継がれたものだった。このフランス極東学院は、インドシナの歴史、遺跡、言語の研究を目的として生まれ、同時に中国をはじめとする隣接地域の研究も行っていた。[注4] 一八九八（明治三一）年にその前身であるインドシナ考古学研究所がフランス領インドシナ総督ポール・ドゥメによってサイゴンに設置された。一九〇〇（明治三三）年にフランス極東学院と改称され、翌年総督府とともにハノイに移っている。一九二〇（大正九）年からは法人組織となり、同時に総督府からの補助金を受けながら運営されていた。[注5]

一九〇一（明治三四）年から機関誌『フランス極東学院紀要』を刊行しており、中国語や日本語文献についての研究、翻訳、紹介も早くから活発に行っている。アジア研究では古い歴史をもつフランスでも、フランス極東学院はアジアにおかれた研究機関として、西欧のアジア研究をリードするとともに、アジア各国との学術交流の窓口のような役割をも果たしてきた。

フランス極東学院の日本学の展開と、日本語資料の収集は、同機関の教授職で後に三代目の学院長となったクロード・メートル、そしてその友人であり、フランス極東学院で研究員と司書を兼務していたノエル・ペリによるところが大きい。クロード・メートルは一九〇一（明治三四）年に学院の研究員となり、翌年サイゴンに着任、日本研究を担当して、同年からいくたびか日本を訪れ、研究のかたわら、この機関のための書物収集にあたった。[注6] 彼は学院長の職を経たのち、パリへともどり、そこで一九二三（大正一二）年に雑誌『日本と極東』を発行、この雑誌が同時代の日本文学をフランスにリアルタイムで翻訳、紹介していくこととなる。[注7] それに協

力していたのは、日本の帝国大学を出、夏目漱石に私淑していたセルジェ・エリセーエフである。[注(8)]

メートルは、一九〇三（明治三六）年、日本でペリと邂逅する。ペリの日本とのかかわりはメートルよりも古い。彼は一八八九（明治二二）年に宣教師として来日、日本語を学んだ後、翌年、信州松本に司祭として赴任する。後に東京にもどり、明治三〇年代には日本研究に専念していた。[注(9)] フランスの日本学創始者の一人としても位置づけられるペリは、神田に日本で最初のフランス書籍を扱う書店、三才社を一八九八（明治三一）年に開業したことでも知られている。[注(10)] ペリはまた、研究員として活動するとともに、着任の一九〇七（明治四〇）年の暮れから翌年にかけて、さらには一九一三（大正二）年、翌一四年、一九一八（大正七）年と日本に長期出張の機会を与えられ、そこでフランス極東学院のために日本の出版物や美術品の購入を行った。[注(11)]

つまり、この社会科学情報研究所の日本語蔵書は、当時海外では第一線の日本研究者であり、書物通ともいえるこれらの人物が中心となって収集したものなのである。先にふれた『フランス極東学院紀要』では、一九二二（大正十一）年にこの機関のそれまでの活動をふりかえった特集が組まれている。日本セクションの記事からは、この時点で日本語図書の和装本が五三三タイトル、三九〇九冊、洋装の書籍が八〇五タイトル、二六八二冊で、総計で一三三八タイトル、六五〇〇冊を超える蔵書となっていたことが報告されている。[注(12)] 一九四一（昭和十六）年には、この日本文献の数は二〇〇〇タイトルにまで及んでいた。[注(13)] フランス本国でも一九三〇年代にはパリ大学日本研究所が設立され、日本からの寄贈図書も得ながら基礎的な研究文献の整備が進んでいく。[注(14)] 戦前のフランス国内での日本文化の紹介や研究は、松尾邦之助の活動が知られており、研究もなされてきた。[注(15)] ただ、フランスのアジア研究の最前線でもあったベトナムという場所については、遺された日本語資料を含めて、これまで十分な調査がなされてこなかったのである。

フランスのベトナムからの撤退により、一九五七（昭和三二）年、フランス極東学院は本部をフランス本国に移す。[注16] そしてハノイにあったその収集資料は、ベトナム（当時の北ベトナム、ベトナム民主共和国）に移管され、それが社会科学情報研究所に引き継がれたわけである。

私はそれらの書物を前にして、改めて読書の歴史を問うことの必要性を実感することができた。私たちは読書や読者という概念を、ごく当たり前のように用いて、それを十分に問おうとはしない。けれど、読書も読者も、自明でも当たり前でもない。私がその時に目にしていたのは、確かに日本の書物だった。けれど、そこには日本の国内とは全く異なる読書の場があり、異なる読者と書物の関係がある。そこに日本の書物があることも、それを読む人も、読む理由も当たり前ではなく、すべてが「なぜ」という問いをともなわざるを得ない。そしてこの「なぜ」は、遠く離れたハノイの書架の前のみではなく、日本で日々私たちが行っている読書に対しても差し向けられるべき問いなのだ。私たちの読書の過去も、現在も、当たり前でも自明でもない。読書の歴史を問うのはそれゆえだ。自分がそこに来た理由、わざわざ遠くにある日本の書物を訪ねて回っていた理由もまた、そこにあったのではないか。

ベトナム戦争の北爆の折には、これら書物は鉄の箱や洞窟の中に移され、疎開させられて守られてきたという。そこに書物があるということだけではなく、今までそれらが維持され、遺されてきたこともまた、当然なことでも容易なことでもない。書物がそこにあるということ、そして読者に届くということが一つの驚きであるということを、そしてそれが調べ、考えるべき問いであることを、この図書館の蔵書はまさに実感させてくれる。

では読者、あるいは読書の歴史をどうやって調べ、学んでいけばよいのだろうか。何のためにそれを学び、そこからどういうことが分かるのだろうか。主に近代以降の日本を対象として、できるだけ実践的に、そして体系的にこのことを説明していくこと、それが本書のねらいである。

さて、ベトナムのこの日本語蔵書は、その後、日本とベトナムとの間で共同研究が実現し、日本の国文学研究資料館の支援も得て、五年をかけてこれら日本語蔵書すべてが目録化され、公開されることとなった。▼注(17) 調査が進む中で、これらの本の中に、一群のユニークな蔵書が見つかることとなる。「ハノイ日本文化会館」の蔵書である。この日本文化会館は、第二次世界大戦中に日本がベトナム（仏印）との文化交流を進めていくために作った機関である。一九四一年の太平洋戦争開戦を期に、日本は仏印と軍事協定を結び、戦略的に重要なこの地との関係を深めていく。日本が当時展開していた対外的な文化宣伝、文化交流のいわば最前線に作られたのがこの日本文化会館である。▼注(18) 事務局長は雑誌『種蒔く人』の刊行でも知られる小牧近江《こまきおうみ》で、戦後引き揚げる際にこれら蔵書を社会科学院に寄贈したわけである。▼注(19)

この地に遺された日本語蔵書や、それが読者に引き継がれてきた歴史は、日本がこれまで海外に向けて展開してきた日本文化の宣伝や交流の形をうかびあがらせてくれる。これもまた読書の歴史を通して見いだしていくことのできる重要なテーマの一つである。こうした読者をめぐる多様な問題への糸口を、具体的な資料を通して見いだしていくことができるよう本書は構成されている。

第１章◉

読書を調べる

読書は、書物が読者にたどりつき、理解されていく一連のプロセスとしてとらえることができる。読書をとらえるには、このプロセスをいくつかに分け、それがいつから、どのようにしてできあがったのか、変化したのかを問うていく必要がある。そしてその問いは、私たちの読書の自由や、その制約への関心と深く結びついている。

1　読書の問い方

読者、あるいは読書の歴史をどうやって調べ、学んでいけばよいのだろうか。何のためにそれを学び、そこからどういうことが分かるのだろうか。簡単に言えば読書の歴史についての学び方、調べ方を考えていくことが本書のねらいとなる。とはいえ、一見シンプルで明瞭に思えるこの問題は、実はとても曖昧で煩雑だ。近代の「読書」、「読者」の研究とは、ある人にとっては近代の特定の農村の読み書き能力に関する研究であり、ある人にとっては女性雑誌の読者欄の研究であり、またある人にとっては戦中の出版検閲の研究であり、別の人にとっては出版社や書店の研究、あるいは国語教科書やカリキュラムの研究である。いったいどれが読書の研究なのだろうか。

どれも近代の読書の研究なのである。いずれ劣らず、近代の読書を考える際に重要な問題であり、いずれの問題も本書に登場することとなる。紙の書物を読むことだけが読書なのではなく、絵や画像を含めた多様な情報を受け取る行為として読書はある。ただ、このように読書の研究は、領域や方法がとても幅広く、多様なので、これらの研究が互いにどう関係し合っているのかが分かりにくい。歴史学や文学、教育学や心理学、さらにはメディア史や出版史といった様々な領域で今や読書や読者は研究されているのだ。そして本書は、こうした読書をめぐる様々な研究が、どう関係し合っているのかを明らかにし、読書を調べる方法や意味を考えていくために書かれている。

続く第2章以降では、読書と読者の歴史について調べる方法、研究する方法を、できるだけ整理し、順序立てて示すようにしている。近代の読書をとらえるための基本的な歴史情報、例えば出版や流通、検閲をはじめとする情報も必要に応じて盛り込んでいる。具体的に読書を研究する方法や事例をあげながら、それら方法の長所や短所、あわせて参考となる研究情報を記すようにしている。この本は近代の読書を調べる際のいわば実践的なマニュアルのようなものであり、近代の読書の歴史を通史的に述べることを目的としたものではない。

ではなぜ読書の歴史を調べ、学ぶ必要があるのだろうか。本書の概略を説明しながら、その点についてあらかじめ少しふれておくことにしたい。

読書は私たちが様々な情報を受け取り、理解していく一連のプロセスから成り立っている。音声や画像を含めて、情報が私たちにたどりつき、理解される一連の流れとして読書をイメージしてみるとよいだろう。この流れがどこかでさえぎられれば、あるいは操作されれば、情報を受け取る読者のうちには様々な情報の格差が生まれるし、それに基づいた対立や偏見、誤解や闘争も生じよう。だからこそ、私たちは読書について、というよりもより正確には読書におけるこうした制約や障害について調べ、考える必要がある。読書を問うことは、誰しもが等しく情報を手に入れる権利、知る権利を守り、はぐくむうえで必須のことであり、また表現が何を、どう伝え、影響していくのかを問ううえでもまず必要となることなのだ。

本書ではこのように、読書を、新聞や雑誌を含めて書物が読者にいたる経路、流れとしてとらえていく。つまり読書の近代史は、読者にいたるこの書物の流れや、それに対する制約がどのように生まれ、広がり、変化してきたかの歴史となる。こうした読書をとらえる場合の基本的な枠組みや用語について本章では述べておきたい。そして、それを調べる具体的な方法を、各章で検討していくこととなる。

さて、読者に書物がいたる流れを考える際に、その流れを大きく二つに分けて考えていきたい。一つは書物が時間、空間を移動して読者にまでいたるプロセスであり、一つは、たどりついたその書物を読者が読み、理

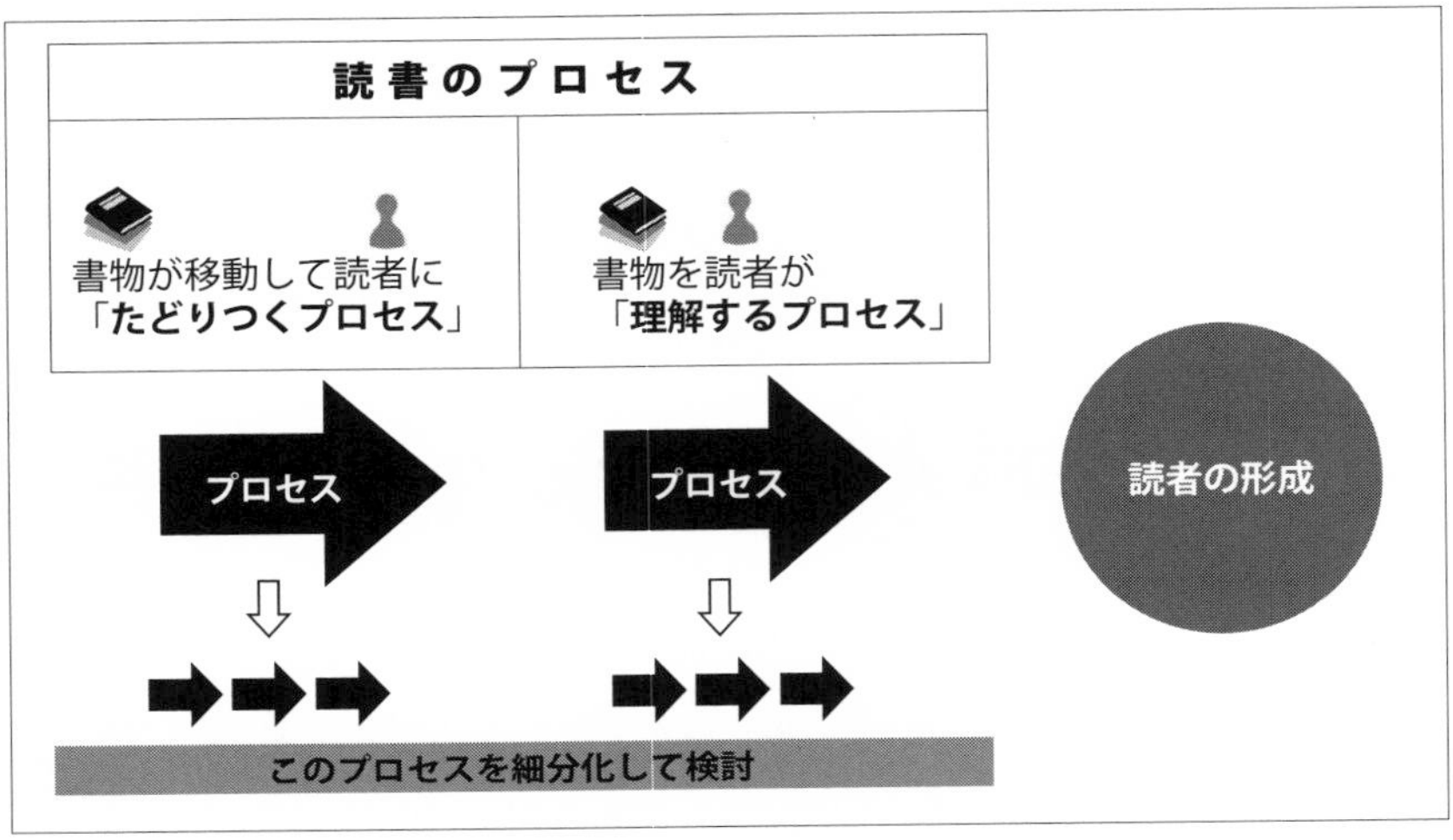

図2　読書のプロセスを細分化

解するプロセスである。分かりやすく言えば、物理的に書物が運ばれ、読者にまでたどりつくプロセスと、その書物を読者が読み、理解していく読者の内なるプロセスである。簡略に、「たどりつくプロセス」と「理解するプロセス」としておこう（図2）。

読書の研究といえば、どちらかといえば、このうちの後者、「理解するプロセス」の方をイメージしやすいだろう。例えば雑誌や小説の内容を、それぞれの読者が理解し、読んでいくプロセスであり、そこに焦点をあてた読書の研究も豊富だ。次の第2章では、こうした書物とそれを読み、理解する読者との関係をとらえる方法や事例について検討している。

読書をこの二つのプロセスに分けた場合、前者、つまり書物が読者に「たどりつくプロセス」については、出版や流通の問題、あるいは書物の伝達や教育といった問題として、読書と切り離してとりあげられることも多い。しかし、書物は最初から読者の目の前にあるわけではない。読者に書物がたどりつかなくてはそもそも読書は成り立たないし、文学も思想も意味をなさない。そして、たどりつく経路の変化や拡大は、読者を作り替えていく大きな要因となる。読書の研究は、この経路、すなわち取次や書店、図書館や学校といった様々な機関や人、そしてまた交通や通信といった各種インフラを含む経路と不可分なのである。

だが、読書の問題としてこの「たどりつくプロセス」、すなわち書物と読者をつなぐ経路の研究が十分なされてきたとは言いがたく、むしろ読書とは別に、それぞれの組織や機関の歴史として(例えば出版史、図書館史といった形で)研究されてきているのが現状である。しかし、例えばせっかく雑誌の内容を検討しても、それがどのような経路をへて、どれだけの範囲で広がり、どういう場で読まれていたのかが分からなければ、その雑誌の果たした役割は実際にはっきりしない。そしてまた、読者への具体的な働きかけを問うことなく出版史や流通史を記しても意味はない。「たどりつくプロセス」と「理解するプロセス」は、読書の歴史を問う際に、互いに分かちがたい重要な要素なのである。

したがって両者は明確に分かれているわけではないが、主に書物が読者にいたるまでの「たどりつくプロセス」の方に焦点をあてているのが、第3章から第8章である。読書の歴史研究は、書物が読者にいたるまでのこのプロセスの形成、成長、変化やその制約の歴史としてとらえることができる。こうした書物の流れの歴史を通して、書物と読者の関係をとらえていくことが、本書を通して提案したい考え方の重要な柱となっている。書物と読者がつながる経路なくして、いかなる読書も成り立たない。読書はこうして歴史的に作り出される場の中でなされるものであり、歴史的な読書の場を欠いた書物も、読者も、どこにもありはしない。

したがって本書での読書の研究は、書物の出版史や販売史、流通システムやその規制、検閲といった研究を含んでいる。なぜなら、いずれの問題も、書物が読者にいたる経路について、あるいはその制約についての研究だからである。これらの多様な問題を、読書の歴史研究の中に位置づけ、その調べ方、考え方について検討していくこととなる。

第9章と10章では、国語教育、及び日本文学のこれまでの研究方法と、本書で述べる読書の研究との関係を検討している。いずれの領域も、読書の近代史と深くかかわってきた領域なのだが、具体的にどう結びついているのか、そしてどう結びつけていけばよいのか、を論じることとなる。

繰り返しになるが、本書は読書の歴史の通史でも概説ではなく、むしろそれを明かしていくための道筋や手立てを示したものである。後に述べていくように、読書の近代史に限っても、分からない空白は多いし、まだまだこれから研究されることを待っている課題が山積している。だからこそ魅力的な領域なのだ。読者の近代史は、本書の読者がこれから切り開いていくべき場所なのである。

2　読書の自由とその制約

私たちの読書は自由だろうか。確かに私たちは好きなときに、好きな本を選ぶことができる。それを容易に借りてきて、あるいは買ってきて読むことができる。その内容を読むときにも、小説の主人公に好みの映画俳優をふりあてて読もうが、自分のまわりの人々になぞらえて読もうが思いのままである。

もしも本当に読書が自由なら、読書を「研究する」必要はないだろう。しかし、実際には私たちは読書の不自由を意識しないだけで、読書は不自由に満ちている。それはちょうど「自由なドライブ」と同じである。好きなときに気ままにあてどなくドライブをしている時にも、私たちがどれだけの制約を受けているかを考えてほしい。自由にドライブするといいつつ、それは道路のあるところに限られるし、交通法規やその車の性能、運転する自身の能力によっても制約を受けている。さらにはその車もまた自由に手に入るどころか、購入するための資金や保管場所の確保、維持も必要だ。

車の運転も読書も、ともに不自由だらけなのだ。ただそれをあまり意識しない場合と、意識する場合とがある。私たちが現在行っている読書について、このような不自由さを意識するにはどうすればよいだろうか。読書の現在、つまり「いま・ここ」での読書以外の事例と比較・対照するのが、もっとも効果的、かつ有効な方法だ。現在の読書とは別の時代、別の場所の読書とを比べてみることである。

現在の読書について考えるためには、遠回りでもこの「遠くの読書」について知らねばならない。読書の歴史を調べる必要があるのはこのためである。一言でいえば、遠くの読書から学ぶ必要があるのだ。とはいえ時代や地域に応じて、無数の異なる読書が存在する。目的もなくただ異なる読者や読書を比較しても、果てしなく違いを列挙することにしかならない。だからここでは、「不自由さ」という視点を設けている。読書における不自由さや制約を見つけるために、異なる時代や場所の読書を比較・対照するのだ。

ではいったい読書における不自由さとはどうやって生まれるのだろう。私たちが書物を読めない、というのはどういうときに起こるのだろうか。書物が私たちに届く流れがさえぎられるとき、その書物を読むことができなくなる。ただ、読者に書物が届かない理由は、実際にはいろいろとあり得る。そもそもその書物が刊行されていないのかもしれない。刊行されても売ることを禁じられているのかもしれない。限られた地域でしか売られていないのかもしれないし、届いていても理解できないのかもしれない。情報が私たちにいたるルートのどこがとぎれているかを調べなくてはならない。

書物が私たちにたどりつき、理解されるその流れのどこにでも、制約や障害は起こり得る。流れのどこがとぎれているかを知るためには、まずその流れをいくつかに分けて、それぞれの部分ごとに調べてみる必要がある。つまり、読書の不自由さをとらえるには、書物が私たちにいたるルートを、より細かいプロセスに分けてみればよい。書物が作られるプロセスや運ばれ、売られるプロセス、貸されたり、保管されたりするプロセスもあれば、届いた書物を理解するプロセスもある。

先に、このプロセスを、書物が運ばれ、販売され、あるいは贈与されて読者のもとに届く「たどりつくプロセス」と、届いた書物を読者が読んでいく「理解するプロセス」との二つに大きく分けた。後者の「理解するプロセス」のみを読書だと思う人もいよう。しかし、読書の制約や不自由さがいかに生まれるか、という視点に立つ限り、前者の「たどりつくプロセス」もまた読書における必須のプロセスとしてとらえなくてはならないのである。

これまで述べたことを整理してみよう。

読書の歴史について調べるためには、書物が私たちに届き、理解される流れを制約する要素に注目しなくてはならない。そのためには、この流れを、細分化して制約を見つけ出すことが有効だ。「たどりつくプロセス」と「理解するプロセス」の二つのみではなく、そのそれぞれをさらに細かいプロセスに分けていくわけである。本書では、こうした観点で、読書の歴史をとらえていくことを提唱している。

こうした観点に立てば、いろいろな時代や地域における読書の問題を具体的に調べ、比較、検討していく糸口が見えてくる。書物の流れていく経路や、届く広さや速さも時代によって、また同じ時代でも地域や場所によってそれぞれに異なる。むろん雑誌、新聞、書籍といった種類によっても、書物の流れる広さや早さが異なる時期や地域もある。これらの流れをさえぎる制度、例えば検閲制度も、新聞の流れと書籍の流れをさえぎる場合とでは異なるし、大正期の書籍検閲の仕方と昭和初期のそれもまた異なる。同じ時期でも内地と植民地では異なる検閲の方式がとられる。そしてまた検閲の事例も単に司法や行政側からの一方的な統制というよりも、書物を作り、届ける側からの積極的な協力によってもなされるような多様さをもっている。これらは後に様々な事例とあわせてみていくことになるが、読書の歴史を考えていくとは、このような様々な読書の違いを、そして書物の流れ方やそこに働く制約の違いを意識し、とらえていくことなのだ。

本書でとらえたいのは、誰しもが共通した読み方を身につけた均質な読書空間が生まれていく歴史ではない。読書の近代史があるとしたら、それは、むしろ様々な不自由さを宿したそれぞれの時期や地域における読書の違いや変化としてあるのだと言えよう。だからといって、読書を、ただ無数の細かい事例に果てしなく分けていけばよいわけではない。書物を読者が受け取り、理解する流れをとらえ、その制約を見つけ出していくためには、例えば読書の歴史を占領期とそれ以降、あるいは内地と外地、本土と沖縄といった形で、一定のまとまりをもって特徴をとらえ、比較・対照させることが必要になる。

もっとも、読書の研究には誰しもに共通する読み方や能力をとらえようとする研究もある。いろいろな時代や場所の資料をみなくとも、目の前の被験者から読書の普遍的な性質や仕組みが分かればよいのではないだろうか。言語の心理学や脳科学ではそのためのアプローチを考えるし、その成果からも私自身、多くの示唆を得てきた。ただ、そうしたアプローチでは、読者のおかれてきた個々の場所や時代、固有の書物や表現とのかかわりは、なかなか問題にしにくい。本書で扱いたいのは、いろいろな場所、時代に生み出されていく表現と読者との関係やその変化をとらえるための方法である。

また、ここで強調しておきたいのは、読書の不自由さを、ただ否定的にとらえるべきではないということである。完全に自由な読書などはなく、たくさんの書物が単純にたくさんの自由を保証してくれるわけでもない。読書は、多様な制約を受けようとも、削除された頁や行間の空白からさえ意味を作り出していく創造的な営みでもある。読書の制約や不自由さをただ否定するのではなく、それを意識し、とらえるまなざしのうちにこそ、読書の自由があると言ってもよい。

様々な地域に、そして様々な時代に多様な読書の形があるということは、そこに書物と読者をつなぐ数多くの経路や、その制約があるということであり、私たちがそれらを見つけ、考えていく機会や事例が豊富に目の前に横たわっているということなのである。読書の制約や不自由さを、そしてそれを引き受け、作り替えていくことの可能性を、私たちはそこから見いだしていくことができよう。では具体的に、どのような問題を、どういうふうに調べていけばよいのだろうか。

3　書物の流れをとらえる

読書は書物が読者に享受される一連の流れである。繰り返しになるが、この流れを、ひとまず書物が読者へと移動、流通していく「たどりつくプロセス」と、届いた書物を読者が享受する「理解するプロセス」とに分けてみた。さらにこのプロセスを細かく分けて問うていく必要があることを述べてきた。それによって、この流れの制約、不自由さをより細かく見いだしていくことが可能になるわけである。

これは読書の歴史を、単に書物の内容や外形の変化だけで考えてはならない、ということでもある。それでは書物が読者にいたるまでの「たどりつくプロセス」への視点が欠けてしまう。書物が私たちにたどりつくまでの「あいだ」にこそ、実は読書を支え、作り上げる要素が数多く含まれている。私たちはメディアの歴史というと、新聞や雑誌、ラジオといったモノの歴史をすぐイメージする。しかし、これらを読者に運び、届ける仕組みや、それらを教える人、読む場所もまたそこには必要なのだ。取次や書店、あるいはその間をつなぐ交通や通信ネットワークを含めて、読書の歴史は、書物と読者のつながり方が、どのように生まれ、成長し、変化してきたのかという歴史なのである。

読書をこのように研究していく場合に、今の時代とは隔たった「遠くの読書」が参考になる。私のもとには読書を研究のテーマにしたいという学生が少なからず集まる。その中には電子出版やＳＮＳ、あるいはデジタル教材と読書といった現在の読書の問題をとりあげたいという人たちも多い。しかしながら、私はまずは過去の読書を調べ、学ぶことを彼／彼女らに薦めるようにしている。読書の「いま・ここ」を評価し、批判するには、「いま・ここ」とは別の場所、別の時間を知ることが不可欠なのだ。「いま・ここ」の読書がいくら細かく分かったところで、その読書がそれまでの読書の何を変え、そこに何を加え、はたまた失ったのかが分からなければ評価も批判もできはしない。そして評価や批判意識を欠いた調査や研究ほど無意味なものはない。

例えば明治期の出版物となれば、活字の種類も、場合によっては紙やその製本の仕方も、文体も、そしてそれらを買う場所や読む場所も現在とは大きく異なる。現在の読書で「当たり前」のことが、一つ一つ当たり前ではないのだ。しかしだからこそ、現在の読書の「当たり前」を疑ったり、批判したりする目が、過去の読書を知る中でめばえもする。時代ばかりではなく、地理的に離れた場所の読書を考えることも同様に有効だ。

海外には多くの日本語蔵書があり、それが形作られてきた歴史にも私は関心を向けてきたのだが、それはまさに「遠くの読書」を学ぶ貴重な事例だったからにほかならない。海外にある日本語図書館では、例えば日本にいる読者にとって「当たり前」のことがいちいち「当たり前」ではない。日本の書物を買うことも、集めることも、探すことも、分類して棚に並べることも、その地域の読者に見合った方法を改めて考えていかねばならないのだから。

今一度繰り返しておこう。本書では読書を、書物が時空間を移動して読者に「たどりつくプロセス」と、読者がそれを読み、「理解するプロセス」の二つに分けてとらえた。読書を作り上げているこの二つのプロセスは、さらに細分化したプロセスに分けてとらえていくことでより問題がはっきりしてくる。書物が読者に「たどりつくプロセス」を細かく分けて見ていけば、書物と読者とを結ぶ「あいだ」にある様々な組織や人々、すなわち仲介者の活動が見えてくる。この仲介者にはどのような要素があるかを考えればよいわけである。書物と読者の「あいだ」をつないでいる人や組織は数多い。出版社や書店、取次、学校、図書館から鉄道や通信事業者にいたるまで。これらの「あいだ」の歴史に、書物と読者のつながりが豊富に含まれていることは想像できるだろう（図3）。

書物を読者が読み、「理解していくプロセス」については第2章で、第3章から第8章にかけては、主に書物が読者に「たどりつくプロセス」をいくつかの要素に分けてとりあげている。書物が読者へといたる流れがどのように形成、変化してきたのか、という問いは、同時にその流れのどの部分が、何によって、どうさえぎられてきたか、という問いと表裏をなしている。書物と読者とをつなぐプロセスは、それをさえぎる制度の歴史とともにとらえる必要がある。したがって戦前、戦中、戦後の検閲を含め、書物の流れが受ける管理や制約についてもこれらの中であわせ、とらえている。

書物が読者にいたるまでの「あいだ」にある様々な人や組織、そしてそこにある制約をとらえていくには、それらの「あいだ」を流れていく書物の動きそのものに焦点をあててみることが有効だ。本書で提案していきたいのは、この書物の移動を歴史的に、空間的にとらえることで、読書の歴史をうかびあがらせていくという方法だ。具体的には第7章、第8章でその手法について詳しく示すこととなるが、こうした手法が、過去の読書をとらえるのみではなく、電子書籍やデジタル・ライブラリーをはじめとする今後の読書環境をとらえるうえで有効であることも示していきたい。

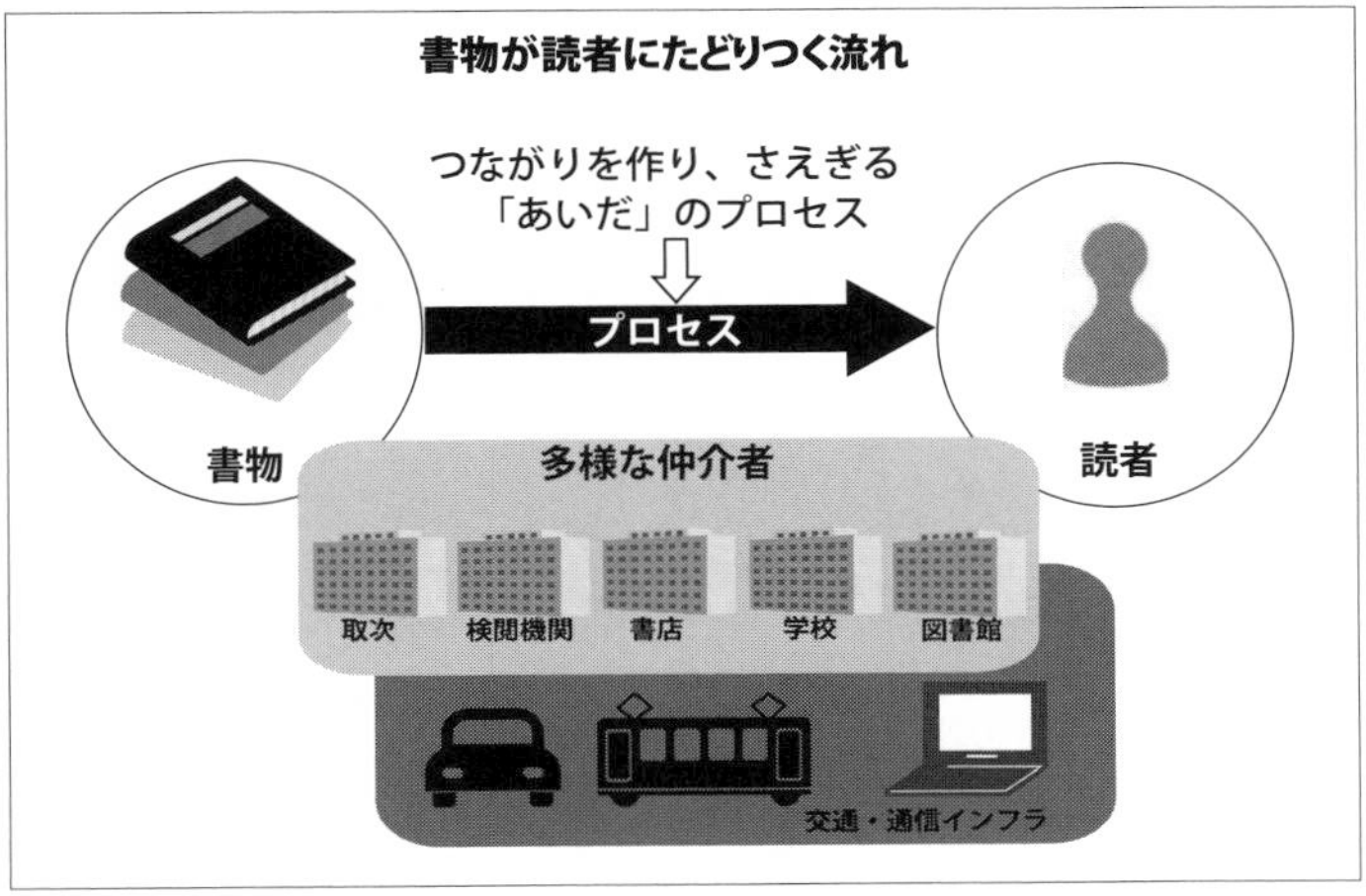

図３　書物が読者にたどりつくプロセスを細分化

さて、これまでしばしば「読者」という言葉を用いてきたわけだが、ではこの「読者」をどのような概念、用語としてとらえればよいのだろうか。それはいったい誰のことを指しているのだろう。一般的な、あるいは国別、時代別で共通した読者集団のことなのか、あるいは本書を読んでいる読者のことを指しているのか。

本書では読書を、書物が読者へとたどりつき、理解されていく一連の流れとしてとらえている。そして、この流れやプロセスの違いこそが、「読者」の違いを作り出すわけである。書物が読者に「たどりつくプロセス」においても、読者がそれを「理解するプロセス」においてもこの違いは生まれよう。高知県と東京都では、流通する書物の量も、種類も異なるし、読者と書物との接点となる書店や図書館の規模も種類も違う。例えば高知県でしか流通しない地域誌もあるし、高知県にしかない固有の資料も存在する。また、それら書物を理解するプロセスにおいても、その地域にどれだけ重要か、あるいはその地域での生活や経験とどう関係するかに応じて違いが生まれるだろう。つまり、書物がたどりつき、理解される一連のプロセスを「読書」、そしてこのプロセスの違いによって個々の、あるいは集団としての「読者」が形成されると本書ではとらえている。

書物が「たどりつくプロセス」の違い、そしてそれを「理解するプロセス」の違いに応じて生まれる一定の集団として、ここでは読者をとらえているわけである。例えば男性読者と女性読者、あるいは児童読者といった用語は、実際の生物的な性差や年齢差を必ずしもあらわしているのではなくて、こうした情報の流れ方、届き方の違いをここではあらわしている。

読者集団はさらにどこまでも細分化できる。細かく言えば一人一人の読書は異なるし、同じ人物でも時と場合に応じても読書は変化するのだから。読書のプロセスもまた同様、どこまでも細分化していくことは可能だがどこまで細かく分ければよいのだろう。何のために細分化していたのかをここで思い出してほしい。読書の不自由さや制約を明かしていくことが、ここでは問題なのだ。例えば現在の高知県と東京都の間で読書の不自由さの違いを見いだしたいなら、いたずらにより細かい地域による細分化や時期による細分化をしても意味はない。大事なことは、読書のどのような制約や障害を問いたいかであり、それをうまく明かすことができるような細かさで読者集団やプロセスを分けていくことなのである。

さて、書物を享受する流れ、プロセスの違いによって、読者を一定のまとまり、集団に分けてとらえていくことができる。では具体的に、そのような読者集団を、どのようにして調べればよいのだろうか。例えば大正期の女性読者といったまとまりや、昭和初期の高知県の読者といったまとまりを調べるために、私たちは何を調べればよいのだろう。そのようなタイトルの本や論文を調べるべきなのだろうか。それともこうした読書についての記録のようなものが遺されているのだろうか。

4　読者を知る手がかり

私たちは何から読者について知ることができるのだろうか。まず第一に述べておきたいのは、読者について知るための資料は容易に、しかも大量に手に入るということだ。なぜなら、あらゆる書物に、読者を知るための手がかりが刻み込まれているからである。書物は、そもそも読者の痕跡そのものといってよいほど、多くの読者情報を含んでいるのである。何も読者アンケートのような資料だけが、読者について知らせてくれるものではないのだ。

例えば手もとにある新聞一つとっても、その新聞の読者についての情報が豊富に含まれていることが分かる。使われている活字や、そこで用いられている漢字からしてそうである。そこからは、それらの漢字や用字、文体を抵抗なく享受できるような能力をもった読者集団がうかびあがる。個々の新聞の文体が均質な現在ではこのことは意識されにくいが、少し時代の離れた「遠くの読書」をふりかえればそれはよく分かる。

一八七七（明治一〇）年の同日の新聞を見てみよう。『仮名読新聞』（図４）や『読売新聞』は現在と違ってほとんどの漢字にルビがふられ、平仮名も多く、「皆《みな》さん御存《ごぞんじ》」、「お読みなさい」と相手に語りかける文体だが、

『郵便報知新聞』（図5）や『東京日日新聞』にはほとんどルビはなく、漢文を訓読した形をもつ訓読文、当時「普通文」や「今体《きんたい》文」とも呼ばれた文体になっている。

前者と後者とでは、想定している読者が別であり、いわば書物の宛先が異なっていることが分かる。新聞の用いる文字や文体の違いのみでも、その新聞がターゲットとしている読者集団の違いを知る手がかりとなるわ

図4　小新聞『仮名読新聞』（一八七七年二月一日）

図5　大新聞『郵便報知新聞』（一八七七年二月一日）

けである。両者はこれまで「小新聞／大新聞」と区分されてきたものであり、読者層の違いについてもこれまで研究がなされてきている。▼注(1)

読者を知るための手がかりとなるのは文体ばかりではない。扱っている素材、トピックの傾向、例えば政治的な事象をとりあげる論説の有無や、市井の出来事を扱う雑報の多寡も、それぞれの新聞が想定していた読者集団を知る手がかりになろうし、さらにはそこから、その新聞が影響を与えた読者の階層や広さがとらえられる可能性もある。あるいはこの時代の書物の中に描かれている読者や読書の事例から見えてくることもあろう。新聞にはまた、投書や投稿のように「読者によって」書かれた情報もある。今では新聞のささやかなスペースとなっている投書欄だが、時代をさかのぼればやはりまたその役割も大きく変わり、新聞や雑誌で大きな役割を負っていた時期もある。▼注(2) 先に新聞の事例を引いた一八七七（明治一〇）年、『穎才新誌《えいさいしんし》』が創刊される。この雑誌は投書によって成り立っている雑誌である。▼注(3) 明治一〇年代は新聞においても投書家の役割はきわめて大きく、投書を機縁に乞われて新聞記者となる場合もあれば、投書家が筆禍にあう場合もあった。▼注(4) 投書が新聞の第一面をかざることもあったこの時代と現在とは大きく異なるが、通信、投書の形で寄せられる紙面はやはり読者を知るための重要な手がかりとなる。ただ、読者からの投稿や投書は新聞の表現として取り込まれたものであり、その新聞の読者全体を代表するものでも、一般化するものでもないということには注意しておかねばならない。

このように私たちは書物から、例えば書籍や新聞そのものから、いろいろな方法で読者の手がかりを手に入れることができる。どの時代の書物にも必ず読者の痕跡や手がかりが刻み込まれている。たとえ読書アンケートや「読者」と名のついた文献が遺されていなくとも、例えば平安時代の読者でも、中世の読者でも研究の対象にできるし、実際に研究がなされてもいるのだ。国文学研究資料館のデータベースは、主に日本文学研究に関する論文情報を収録したデータベースだが、そこで「読者」をタイトルに含む論文を調べると二〇〇〇年から二〇一〇年までの間で二五七点、書評などを除くと二四〇点ほどの論文が見つかる。▼注(5) そしてこのうちの約一割は、中世以前の読者を対象とした研究であり、中には上代の『出雲国風土記』の読者についての研究も含まれている。▼注(6)

書物には、このようにその書物を享受した読者をとらえていくための手がかりが豊富に含まれているのだが、書物の内容から読者の関心のありかや思考、あるいはその変化を推定し、とらえていく場合には注意も必要だ。というのも、そこで得られる読者の手がかりが、かなり偏ったものとなるためである。

先に述べたように、読者は、大きく分ければ書物が読者に「たどりつくプロセス」と、書物を「理解するプロセス」によって形作られる。書物の内容をもとに読者集団を想定し、あるいはその変化をとらえていく方法は、確かに書物を読者が理解していく後者のプロセスをとらえるには有効な方法だ。書物にはその手がかりが豊富に含まれているのだから。しかし、その書物が読者にたどりつくまでのプロセスについては、そこに豊富に手がかりが含まれているとは言いがたい。このため、読者をとらえる方法としては危うい面をもっている。

例えば女性雑誌と読者の関係をとらえる場合、その女性雑誌の表現や記事内容をもとに、その雑誌を購読していた読者層や、その読者集団が受けたであろう影響を考えていくことができる。さらにはそれをもとにある時代や地域における読者の形成を論じていく場合もある。しかし、もしその女性雑誌が、ある地域ではほとんど流通していなかったらどうだろうか。あるいは、実際にはごく少部数しか発行されておらず、わずかな流通経路しかもっていなかったとしたらどうだろうか。つまり、その雑誌の流通情報を欠いたまま雑誌の内容から読者を想定し、考えているばかりでは、その読者を具体的な時代や地域の読書空間に位置づけることができないのだ。つまりどこにもいない、想像上の読者を論じることになりかねない。

だから、読者について考えていく場合には、書物が読者にたどりつくまでの情報が必要だ。その書物が読者にいつ、どれだけ、どのようにたどりついたのか、あるいは誰が、どのようにそれら書物をもたらしていたのか、という情報である。つまり書物の内からではなく、読者と書物の関係を外から記述した情報に注意しておく必要がある。これはすべての書物に豊富に含まれているというわけではないが、注意していれば見つけることができる。

先の女性雑誌の事例で言えば、その雑誌の編集後記や広告に、あるいは読者とのやりとりのうちに、その雑誌がどこで、どのように流通し、どのような読者に読まれていたのかが記されている場合もある。むろん、同時期の別の女性雑誌や、同時代読者の回想、各種の統計指標からそれがうかがえる場合もあろう。雑誌と読者をめぐるすぐれた研究事例には、こうした手がかりを多角的にすくい上げていく方法が豊富に含まれている。▼注(7) 近代の場合でなくとも、例えば中世であれば日本を訪れた外国人による報告（イエズス会史料）や、読み書きを学ぶ子どもたちの様子を記した寺院の日記、あるいは学び、読んでいる書目を記した武士階層の自叙伝や公家の日記など、読者と書物とのかかわりを外から記述した情報をすくいとっていく研究もなされている。▼注(8)

書物は読者についての情報を豊富に含んでいるが、それらの情報は、届いた書物を読者が理解し、読むプロセスについての情報に偏っている。書物が読者にいたるまでの情報、あるいはその書物を読む場所、空間についての情報はどちらかといえばそこでは「レアな」情報なのだ。書物の内から読者をとらえていく場合には、この「レアな」情報に注意を向けて、積極的に拾い上げていく必要がある。

ただ、これらの情報は、その時代に遺された書物の量にも左右される。そもそも遺された文献に限りのある上代や中古においては、やはり書物の内容から読者を推定するより他に方法がない場合もあるだろう。ただ、近代においては、読者への流通の仕組みや、読書の場について知ることのできる資料は数多く遺されており、それを拾い上げていくことが可能なのだ。書物と読者の「あいだ」から。

第２章◉

表現の中の読者

雑誌や新聞メディアをもとにした研究には、読者に着目する研究も多く見られる。女性雑誌や児童雑誌の表現を追うことで、そこから一定の読者集団が作り上げられたり、変化していく様子を追うことも可能だ。表現が作り出していく読者の問題にここでは焦点をあて、それを調べ、考えていく方法について検討する。

1　雑誌研究のすすめ

読者について具体的に調べる方法を学んでいく際に、特定の雑誌や新聞を研究してみることを私はいつも薦める。こうしたメディアの研究からは、読者についての貴重な研究も数多く生まれている。私自身、女性雑誌の調査にはじまって、教育雑誌、移民雑誌など、様々な雑誌の調査や、その復刻出版にたずさわることで、読者について多くのことを気づかされてきた。では、なぜ雑誌や新聞の研究が、読者の研究を豊かにはぐくむ土壌となっているのだろうか。

雑誌や新聞の表現には、読者を引き込んでいくための多様な表現の形式が、工夫をこらして組み込まれている。投稿や懸賞、小説や論説、実録など、複数の表現形式が混在することも珍しくない。言語のみならず、写真や絵ももちろん多用される。雑誌の研究をすると、こうした様々な表現が読者に果たす役割や、さらにはそれら表現が競合して読者に与える効果を考えさせられることになる。

また、新聞、雑誌メディアは作り手、書き手が複数であったり、匿名、無名であることも多く、作者に対する関心のみではなく、それら複数の言葉が落ち合う地点、すなわち読者について研究の関心が向けられやすいこともその理由であろう。

だがそればかりではなく、新聞や雑誌の研究を通して読者研究がなされるのは、これらのメディアが一定の読者層、読者集団をターゲットとしたコミュニケーションを重視しているからである。新聞や雑誌は、一回限りではなく日ごと、月ごとに定期的な関係を読者と作り上げ、場合によっては投稿、投書で読者側との応答の回路を設け、読者側の反応を探りつつ内容を更新していく。これらの特徴を研究することで、一定の読者集団をうまくうかびあがらせていくことができるのである。

投稿や投書といった読者側から寄せられた表現も雑誌には含まれてもいる。ただ、何もこうした表現のみが読者についての情報というわけではない。電話で話している人がいれば、その人が使っている言葉や内容、調子で、電話の向こうの対話相手の親しさ、関係を推し量ることができよう。そこにはいないその聞き手が、どういった情報を得ているか、どういった影響を受けているかも想定できよう。同じように、雑誌の文体や扱う素材の選定、記事内容や掲載広告の傾向などをもとに、その相手、すなわち想定された読者集団をとらえていくこともできる。

むろん読者からの投稿欄も読者を知るうえでの重要な手がかりではある。例えば先にふれた明治初期の投稿雑誌『穎才新誌《えいさいしんし》』にしても、その投稿をもとに読者集団の性差やジェンダー規範をとらえようとする研究事例がある。▼注(1) また雑誌と投稿する愛読者との間で生まれていくネットワークについては、例えば明治期の少女雑誌の投稿欄をもとに雑誌メディアと読者との活発、かつ親密な結びつきに着目した研究もある。▼注(2)

とはいえ、投稿を掲載するのは雑誌を編集する側であり、雑誌にとって都合のよい情報が取捨選択される可能性もあれば、投書そのものが虚構である場合もあり得る。先の少女雑誌の事例で言えば、明治末の雑誌『少女の友』や『少女世界』の誌上では女性に偽装した男性の投書がしばしば問題化している。例えば星野水裏《ほしのすいり》「読者同士の交際を誡《いまし》む」には、地方の男性が女性を装って投書し、紙面を通して次々と女性の誌友との交際を広げている事例が引かれている。▼注(3) また同誌では、男性が女性を偽装して投書し、さらには自殺を装った血のついた遺書まで編集者のもとへ送りつけた顛末が「記者を怨んで自殺したといふ一投書家」として紹介されてもいる。▼注(4)

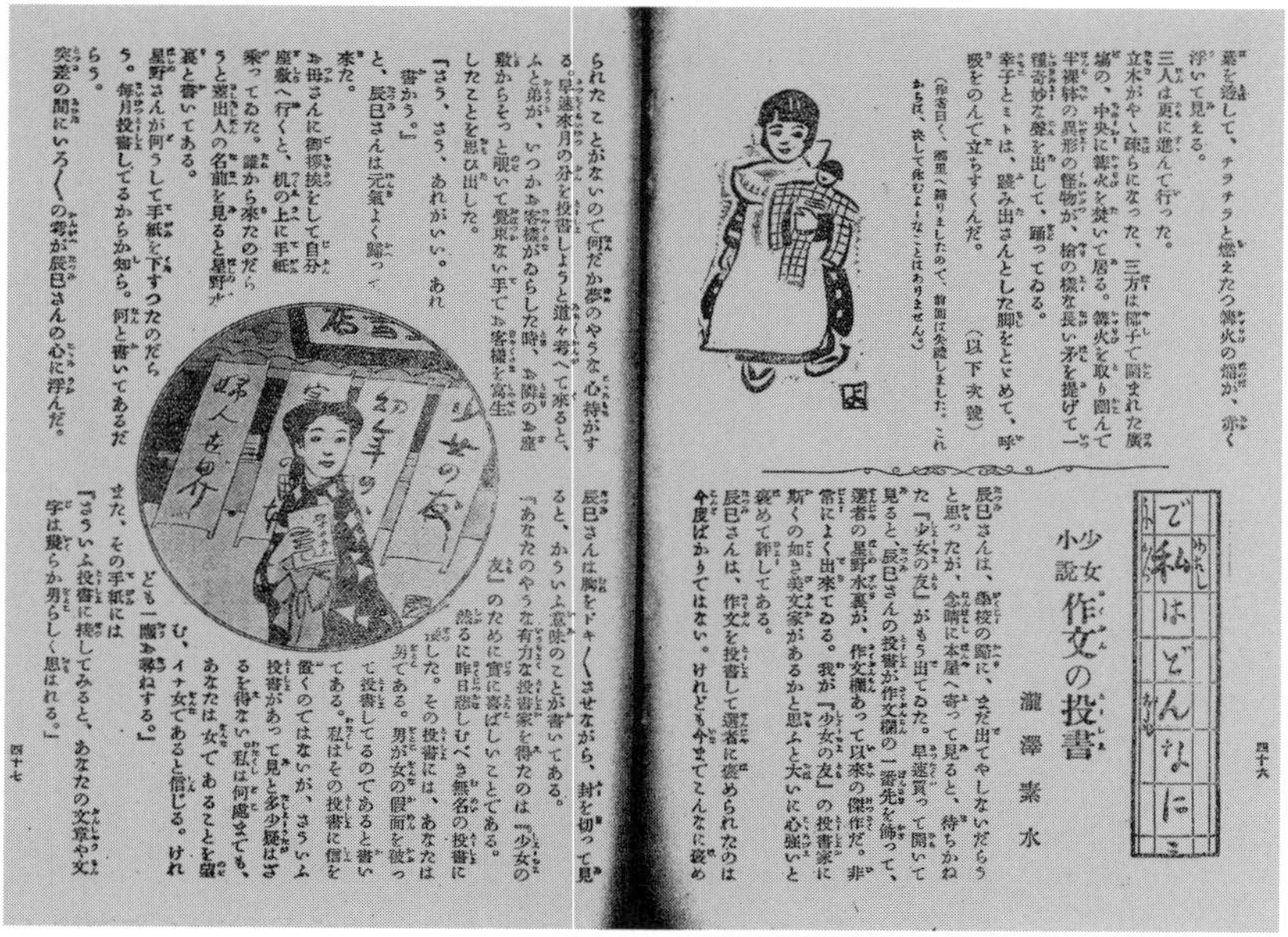

葉を透して、チラチラと燃えたつ篝火の焔が、赤く浮いて見える。

三人は更に進んで行った。

立木がやゝ疎らになった、三方は障子で圍まれた廣場の、中央に篝火を焚いて居る。篝火を取り圍んで半裸體の異形の怪物が、槍の様な長い矛を提げて一種奇妙な聲を出して、踊ってゐる。

幸子とミトは、踏み出さんとした脚をとゞめて、呼吸をのんで立ちすくんだ。

（以下次號）

（作者曰く、郷里へ歸りましたので、前回は失禮しました。これからは、決して休むよーなことはありません。）

私はどんなに

少女小説 作文の投書

瀧澤素水

辰巳さんは、學校の歸に、まだ出てやしないだらうと思ったが、念晴に本屋へ寄って見ると、待ちかねた『少女の友』がもう出てゐた。早速買って開いて見ると、辰巳さんの投書が作文欄の一番先を飾って、選者の星野水裏が、作文欄あって以來の傑作だ。非常によく出來てゐる。我が『少女の友』の投書家に斯くの如き美文家があるかと思ふと大いに心強いと褒めて評してある。

辰巳さんは、作文を投書して選者に褒められたのは今度ばかりではない。けれども今までこんなに褒められたことがないので何だか夢のやうな心持がする。早速來月の分を投書しようと道々考へて來ると、ふと弟が、いつかお客様がゐらした時、お隣のお座敷からそっと覗いて覚束ない手でお客様を寫生したことを思ひ出した。

「さう、さう、あれがいい。あれ書かう。」

と、辰巳さんは元氣よく歸って來た。

お母さんに御挨拶をして自分の座敷へ行くと、机の上に手紙が乗ってゐた。誰から來たのだらうと差出人の名前を見ると星野水裏と書いてある。

星野さんが何うして手紙を下すったのだらう。毎月投書してるからか知ら。何と書いてあるだらう。

突差の間にいろいろの考が辰巳さんの心に浮んだ。

辰巳さんは胸をドキドキさせながら、封を切って見ると、かういふ意味のことが書いてある。

「あなたのやうな有力な投書家を得たのは『少女の友』のために實に喜ばしいことである。然るに昨日悲しむべき無名の投書に接した。その投書には、あなたは男である。男が女の假面を被って投書してるのであると書いてある。私はその投書に信を置くのではないが、さういふ投書があって見ると多少疑はざるを得ない。私は何處までも、あなたは女であることを望む、イナ女であると信じる。けれども一應お尋ねする。」

また、その手紙には
「さういふ投書に接してみると、あなたの文章や文字は幾らか男らしく思はれる。」

四十六 四十七

図６　疑われる女性投稿家

少女雑誌の投稿の場は、こうした性を装う、転換する場でもあった。瀧沢《たきざわ》素水《そすい》の少女小説「作文の投書」は、『少女の友』の投書家である少女が、男性ではないかと読者や編集サイドから疑われ懊悩する姿を描いている▼注(5)（図６）。女性が書いていても、男性に書いてもらったのではないか、といった批判や疑い、今日の言葉で言えばテクスチュアル・ハラスメントのような事態も起こり得たわけである。▼注(6) したがって投書を単純に読者の性差と照応させてとらえるのではなく、虚構を含んだ雑誌の表現のカテゴリーとして考えていく必要があるだろう。

新聞や雑誌は、その表現から一定の読者集団との関係をとらえることができるわけだが、購読者層をより細分化して開拓していく雑誌メディアは、中でもその読者集団の輪郭をとらえやすい。児童向け雑誌の場合、明治三〇年代後半から少年向け雑誌、少女向け雑誌へと分化し、さらには低学年読者向けと高学年読者向けとに細分化していく。各学年それぞれの読者に向けた小学館の児童雑誌のラインナップは大正期に出そろっていく。このように、雑誌は読者を具体的な小グループや階層としてとらえるための手がかりとなってくれるのである。

また、雑誌の中でも、建築雑誌や医学雑誌ではなく、児童雑誌や女性雑誌に関して読者の研究が充実していることにもむろん理由がある。これらの研究は読者集団をとらえる場合に、ただ目的もなく読者集団を選んでいるわけではない。書物を読み、読者集団が生まれていくプロセスで重要なのはここでも制約、不自由さである。読書を通して、いかに読者の不自由さが作り出されていくか、ということが問題なのだ。

女性読者や児童読者をとらえる研究は、同時にこれら読者集団の不自由さがいかに生まれるか、つまり差別されたり、あるいは管理され、拘束される読者集団がなぜ生まれるのか、という問題意識に裏付けられているのである。書物によって読者が作り出されていく中で、どういった不自由さ、拘束がそこに根付いていくかが問題なのだ。このように、差別されたり、あるいは管理され、統制される読者を問う問題意識が、読者集団に及ぼされる力を取り出していく際の研究の焦点を明確にしてくれるのである。

ただし、女性雑誌によってのみ女性読者が作られるわけではないし、児童雑誌が児童読者のみに作用するわけでもないことには注意しておくべきである。建築雑誌から女性読者の問題を考えることもむろん可能なのだ。実際、住宅についての雑誌や女性雑誌の住宅関連記事を、あるべき家族関係や教育環境を伝え、読者の価値観や欲望をはぐくんでいくという切り口でとらえる研究もある。▼注(7)

いずれにせよ、雑誌や新聞の表現からは、どのような読者が構成されるのかを問うことができる。それはまた私たち自身の考え方、感じ方がどのようにしてできあがってきたのか、そしてそれがどのように縛られているかを見つめ直すことにもなるだろう。望ましい女性像、児童像、あるいはあるべき家族像や身体イメージに、私たちの思考や行動は規制されている。雑誌の表現から、読書を通して私たちがいかに作られてきたのか、を問うことができるわけである。

ただし、こうした方法には問題点もある。ここでは読者がいかに雑誌や新聞によって影響され、作られたのかを問題にしているわけだが、一方で読者は雑誌の表現の影響を忠実に映し出す鏡のようなものではない。読書のプロセスは書かれていることを鵜呑みにするプロセスではなく、それを疑い、批判し、別の意味さえ生み出していく創造的な過程なのだ。▼注(8) 表現から読者を想定するという方法は、このことを見過ごして、読書を消極的で受動的なプロセスに単純化していないか注意する必要がある。この点については再度とりあげることとなろう。

さて、雑誌や新聞の表現が、どのような読者を作り出していくのか、という問いにもどろう。では具体的に、どのようにしてこのことを調べていけばいいのだろうか。雑誌や新聞の表現といっても様々なものがあり、そこには多様な表現が含まれている。いったいそれらのどこに注目すれば、何が見えてくるというのだろう。この点について、具体的な事例をもとに説明していこう。

2 新聞から読者をとらえる

新聞が読者に「たどりつくプロセス」と、新聞を読者が「理解するプロセス」のうち、この章では主に後者の、新聞の表現が読者に作用していく点に焦点をあてて考えている。この場合においてもまず新聞と読者の関係を、時代をさかのぼってとらえてみることが有効だ。なぜなら、私たちが現在当然のように身につけている新聞の読み方は、それ自体近代において次第に作られてきた読み方だからである。私たちは単に新聞に描かれた内容を読んでいるのではなく、例えばそれらが早く正確で、客観的で中立的な情報であるべきであるという、いわば新聞を読む当然の約束のようなものを身につけつつ読んでいる。しかしこのような読み方が、新聞の登場する以前からあったわけではない。

江戸時代に見られるかわら版は、災害や事件をもとに主に一枚ものの刷り物の形で作られてはいるが、時事的な報道は江戸時代には禁じられており、これらは無許可の出版物である。出来事を速く、広く知らせるという価値観の中で享受されたというより、興味、関心を引く出来事を描いて商品化した体のものが多く、またその流通範囲も実際には定かではない。[注9]

一八七二（明治五）年には『東京日日新聞』や『郵便報知新聞』といった日刊の新聞の発行も始まり、また、より平易な文体で、主に市井の時事的な話題を扱う『読売新聞』が一八七四（明治七）年に生まれる。『読売新聞』と同じく小新聞と呼ばれる『平仮名絵入新聞』や『仮名読新聞』も翌年発行が始まる。[注10]同様の文体に浮世絵のついた錦絵新聞のようなメディアも生まれている[注11]（図７）。一八七七（明治一〇）年の西南戦争ではこれら各紙が売上げを伸ばし、明治一〇年代には一万部を越える小新聞、大新聞へと成長していく。[注12]

とはいえ明治初年代には、新聞という新たなメディア自体の理解も読者には容易ではない。今日の新聞をすでに購入してもっているのに、なぜ翌日また購入しなくてはならないのか理解できない、という初期の新聞購読者のエピソードがよく引かれる。[注13]つまり新聞の読み方のルール自体、それまでにあったわけではなく、読者のうちに作られていくものなのである。早さや正確さ、中立性といった価値そのものが、近代において読者に

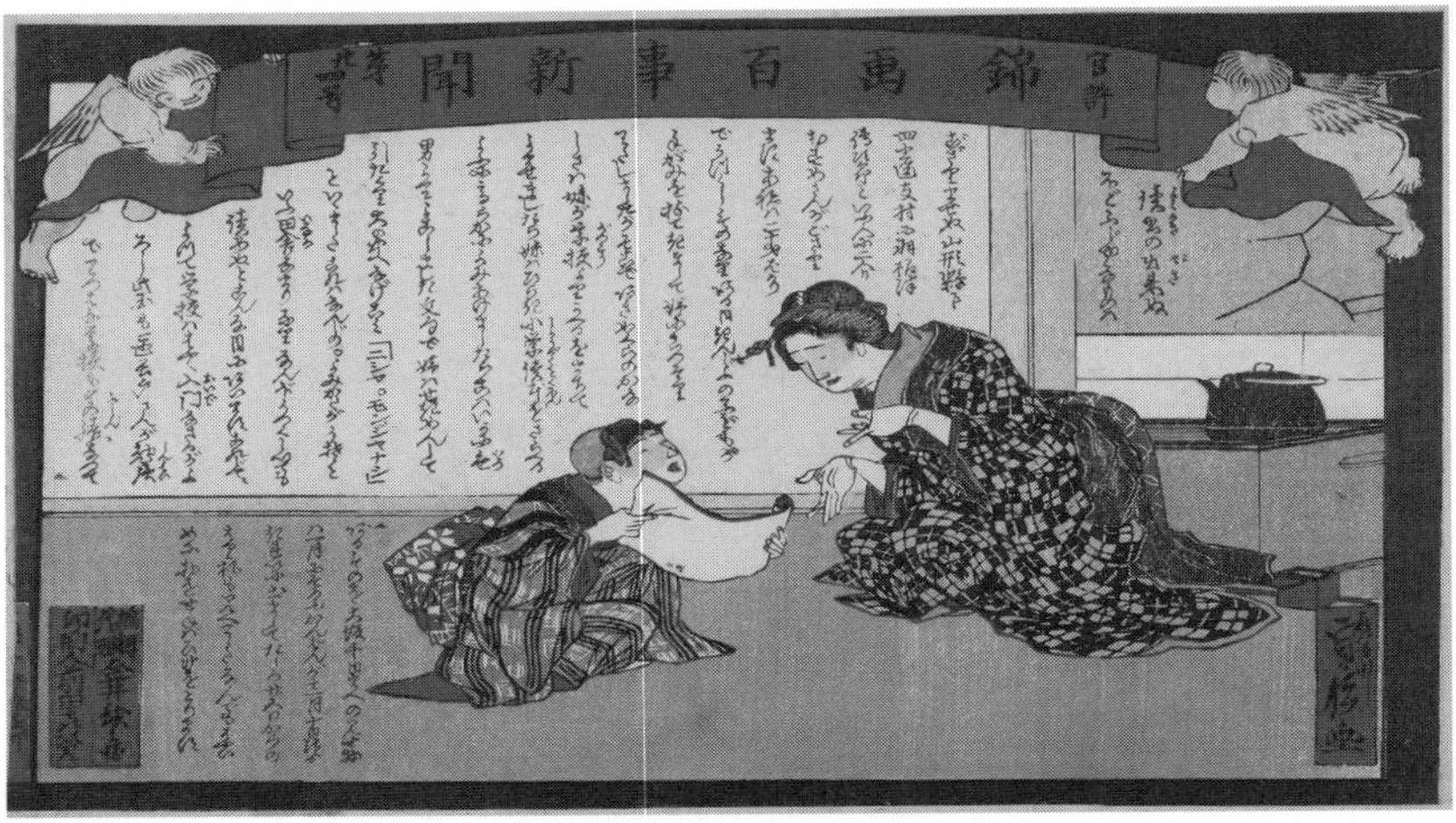

図７　錦絵新聞『錦画百事新聞』

根付いていくプロセスがそこにはある。

新聞が中立的であるべきとする価値観にしても、次第に作り上げられていったものである。明治一〇年代には政府主導で、「中立新聞」が育成されていったことも指摘されている。政府を批判しない範囲内での、特定の党派によらない「公平さ」を保つ新聞は、世論の安定にとって有益だからである。▼注(14)新聞の伝える記事や、表現は、同時にこうした新聞そのものの役割や伝え方自体についての基準・前提を読者との間に作り出していくのである。

新聞は、こうした新聞と読者のいわば約束事についてのレベルから、具体的な活字、用語のレベルにいたるまで、幅広い水準の情報を含んでいる。文体からは、新聞どうしの、あるいはある新聞の年代、時期による違いを、比較的はっきりと取り出すことができる。「です」、「ます」、「である」といった文末辞や、語りかけるような談話体の強弱は、一方でそれぞれの新聞の読者層の広さや階層、その変化をとらえる手がかりとなる。各新聞、各欄の文体は次第に均質化していくが、それは同時に読者側の能力の均質化とも対応しよう。▼注(15)

ただ、このプロセスは単純ではない。文体は一方で読者を想定するのみではなく、文体を読者側に教え、作り出していく契機ともなるからだ。先の談話体で言えば、『読売新聞』は、その文体を積極的に投書にも求め、自身の平易な文体の普及に意識的でもあった。▼注(16) また、こうした平易な文体は読者層を拡大、開拓する一方で、大新聞の文体にも作用し、それらをより平易な文体へと変えてもいく。文体と読者層との関係は、互いが互いを作り出し、作り替えるダイナミックな関係でもある。

こうした文体レベルでの読者との関係から、さらに新聞にとりあげられた出来事や事件、政論のレベルでも読者との関係を追っていくことが可能である。読者の歴史について新聞表現から分かる非常に重要な点は、読者がその時代に何を、どこまで知っていたか、知らされていたかが分かる点である。新聞記事からうかがえるのは、実際に何が起こったかという史実レベルのことよりも、むしろ読者が何を知っていたか、という読者側の知の歴史なのである。

新聞報道の中からは、その時代の読者の知っていたこと、いわば知の地平といったものを再構成する手がかりが得られる。読者が頼っている情報源は新聞のみではないが、時代や地域によってはこの手がかりは重要だ。だが、読者の知を構成していくのは、報道による情報ばかりではない。新聞には広告や小説といった形式も含まれている。

広告や小説の表現は、報道を旨とする記事に比べれば新聞の中では異質で、例外的な表現であるかのように見える。しかしながら、どちらも新聞というメディアが成立するにあたってきわめて大きな役割を果たしてきたとともに、読者の身体、精神から思想まで含めた、様々な規範や欲望を作り出してきた表現でもある。新聞広告で言えば、明治期の新聞広告の比率で大きな部分を占めているのは化粧品や書籍広告だが、化粧品自体が美醜や正常・異常といった規範を作り出すことは言うまでもあるまい。[注17] 新聞広告の歴史もまた、読者の形成という面からとらえていくべき大きな課題の一つである。

新聞小説もまた、読者の歴史をとらえる際に逸することのできない魅力的な研究対象といえよう。新聞小説は、明治一〇年前後、耳目を引いた事件を素材に小新聞に現れた連載記事、いわゆる続き物がその起源とされている。[注18] それをもとにした木版や活版の草双紙も生まれた。[注19] 一方大新聞では明治一〇年年代には啓蒙、教化色の強い政治小説が掲載される。廉価で読みやすい小新聞が多くの読者を獲得する中、大新聞は購読者を重視した制作方針に移行し、両者の形式的な差は次第に薄れていく。[注20] 一八八六(明治一九)年には坪内逍遙のすすめもあって『読売新聞』では小説連載を開始する。読者獲得、部数拡大の重要な手立てとして、小説は各紙で次第に大きな位置を占めていくこととなる。

この時期に一万、ないし二万部といった部数であった新聞は、明治末には東京の『郵便報知新聞』が二〇万、『大阪朝日新聞』が三五万と、広範な読者層をカバーするようになる。個別に刊行される小説と比べれば、新聞小説はその読まれる範囲、読者数は比較にならないほど大きかった。[注21] 新聞小説についての分析は、文学領域の研究では、尾崎紅葉や夏目漱石といった著名な作家の場合、その掲載メディアや読者との関係を視野に入れたすぐれた研究がなされきてはいる。[注22] ただ、それは新聞小説のごくわずかな部分にしか光があたっていないということでもある。

新聞小説は、大規模な読者層の出現や変動をとらえる鍵ともなり、文学研究の領域では前田愛が早くから積極的に問題化してきた。[注23] 戦後のマス・メディア環境の中での新聞小説については、そのジャンルを通して多くの読者を得た松本清張の研究が充実している。原稿や関連資料が豊富であることも作用していようが、新聞小

説研究の可能性やモデルを考えるうえで参考となろう。▼注(24)

新聞小説は、新聞への掲載という性質によって独自の特徴をもつ。一回一回に読者を引きつける趣向を必要としたことは明治期の新聞連載の頃からすでに意識されている。▼注(25)新聞小説はまた挿絵が付される場合も多く、書籍として刊行される折にはしばしば削られてしまうものの、それら挿絵と本文とが組み合わされることによる多様な表現手法が新聞紙面からは見いだせよう。日ごとの読者からの投稿や反響が、その後の展開や読者側の読み方に影響していく、双方向的な力関係が見えてくる場合もある。連載小説と掲載紙の他の記事、論説や時事的な記事との間で新たに意味が生み出される可能性もある。新聞小説の形式からは、このように読書の場を取り込み、利用し、新たな意味を読者と作り出していく様々なプロセスが見いだせよう。

こうした形式上の特徴もさることながら、やはり新聞小説の重要性は、その広範な読者との関係にある。何も多くの読者に好まれたこと、読まれたことを理由に新聞小説を評価すべきと述べているのではない。娯楽性や大衆性といった曖昧なレッテルに頼ることなく、これら新聞小説がいったいどのような読者を作り出したのか、どういった読者との関係を作り出していたのかを、評価し、批判していく必要がある。

このように、新聞の表現に関心を向け、それを読む読者との関係や、そこで生まれる読書について検討していくことが可能だ。また一方で、新聞が読者に「たどりつくプロセス」も、読者に大きく作用する。新聞小説にしても、実際には新聞の表現を規制する様々な法制度や、販売、流通システムの制約の中で、読者との関係を作り上げていくのだ。このことは、後の章で再度とりあげることとなろう。

雑誌研究、特に女性雑誌の研究からは、読者の歴史をとらえていくうえでの様々な可能性を見いだすことができる。女性雑誌は、実際にはその作り手も読み手も女性に限られるわけではない。ただ、女性を主たる購読のターゲットとする雑誌からは、想定されている読者集団を比較的明確にとらえやすい。一方でまた「女性」、「母親」、「主婦」、「少女」といったカテゴリーは、生活や教育の場で社会的に、歴史的に作り上げられていく性別役割でもある。したがって女性雑誌が読者を作り出すプロセスからは、メディアが私たちのうちにいかに性差を作り出していくかが問題にできるのである。

3 女性雑誌の表現と読者

雑誌『実業之日本』で知られる実業之日本社は、『婦人世界』の刊行を一九〇六（明治三九）年に開始する。明治期の雑誌出版では総合雑誌から児童、女性雑誌まで広く手がけていた博文館が代表格と言えるが、『婦人世界』はやがて博文館の諸雑誌をしのぎ、大正初期には二五万部を発行する雑誌にまで成長する。[注26] 一九一七（大正六）年には家庭での実用的な情報を豊富に含む主婦の友社の『主婦之友』が生まれる。後に国民雑誌とまで呼ばれる大衆雑誌『キング』を発行する講談社は一九二〇（大正九）年に『婦人倶楽部』の刊行を始める。[注27] 明治末から大正期にかけては、職業や階層に応じた女性雑誌の分化が見られるとともに、女性読者をターゲットとした大規模な商業雑誌が確立していく時期なのである。[注28]

それはつまり女性雑誌が読者への広範な力を獲得していく時期でもあり、その表現や読者への役割が注目される。ここで注意すべきは、雑誌が新聞同様、いやそれ以上に多様な表現、すなわち論説ばかりではなく小説や投書、問答、広告や口絵、あるいはこれらが複合した表現を含んでいることだ。論説から取り出した思想のみが読者を形作っているわけではないのである。こうした多様な表現が複合した事例を考えるには、例えば「画報」という形態が参考になる。

写真を多用し、今日のグラフィック雑誌の形態を先取りする雑誌も明治期に生まれてくる。一九〇二(明治三五)年、敬業社の『東洋画報』がその早いものと言えようが、この雑誌を引き継いだ近時画報社は、編集者國木田独歩のもと、次々と画報系雑誌を生み出していく[▼注(29)](図8)。一九〇五(明治三八)年に創刊された『婦人画報』もその一つであり、やがて東京社に引き継がれる。東京社は皇族を扱う臨時増刊『皇族画報』のヒットによって経営基盤を安定させ、『婦人画報』は代表的な女性向けグラフィック雑誌となっていく[▼注(30)]。

大正期の『婦人画報』の場合、読み物欄以外に、画報欄や広告が雑誌の大きな部分を占めている。雑誌は小説や広告における語り方を通して、あるいは画報や広告における図像やキャプションを通して、読者がそうありたいと願うような望ましい身体や家庭を表現していく[▼注(31)]。先の『皇族画報』は好評ゆえに定期増刊化していくが、同誌にも皇族が家庭や女性のイメージとして頻繁に取り込まれ、読者の欲望の宛先を指し示していくこととなるのである[▼注(32)]。こうした多様な表現と読者との関係を、女性雑誌からは問うていくことが可能となる[▼注(33)]。

商業婦人雑誌では、『主婦之友』をめぐる研究が目を引く。木村涼子は、そこで提供される小説のヒロインや物語のパターンから、あるいは読者欄における愛読者とのかかわりや、実用記事の性質といった多様な

図8 「画報」というメディア

切り口から、「女性」や「主婦」がいかに作り出されるかをとらえており、こうした素材を考える際の事例として参考となろう。▼注34 広告表現を含めて、雑誌の表現が作り出す規範は、読者の身体から知にいたるまで幅広く影響を及ぼす▼注35（図9）。『主婦の友』についてはまた、その口絵や表紙における女性イメージに着目した研究もなされている。戦争の中で、いかなる女性イメージが読者のうちに作られていくのかが考察されているわけである。▼注36

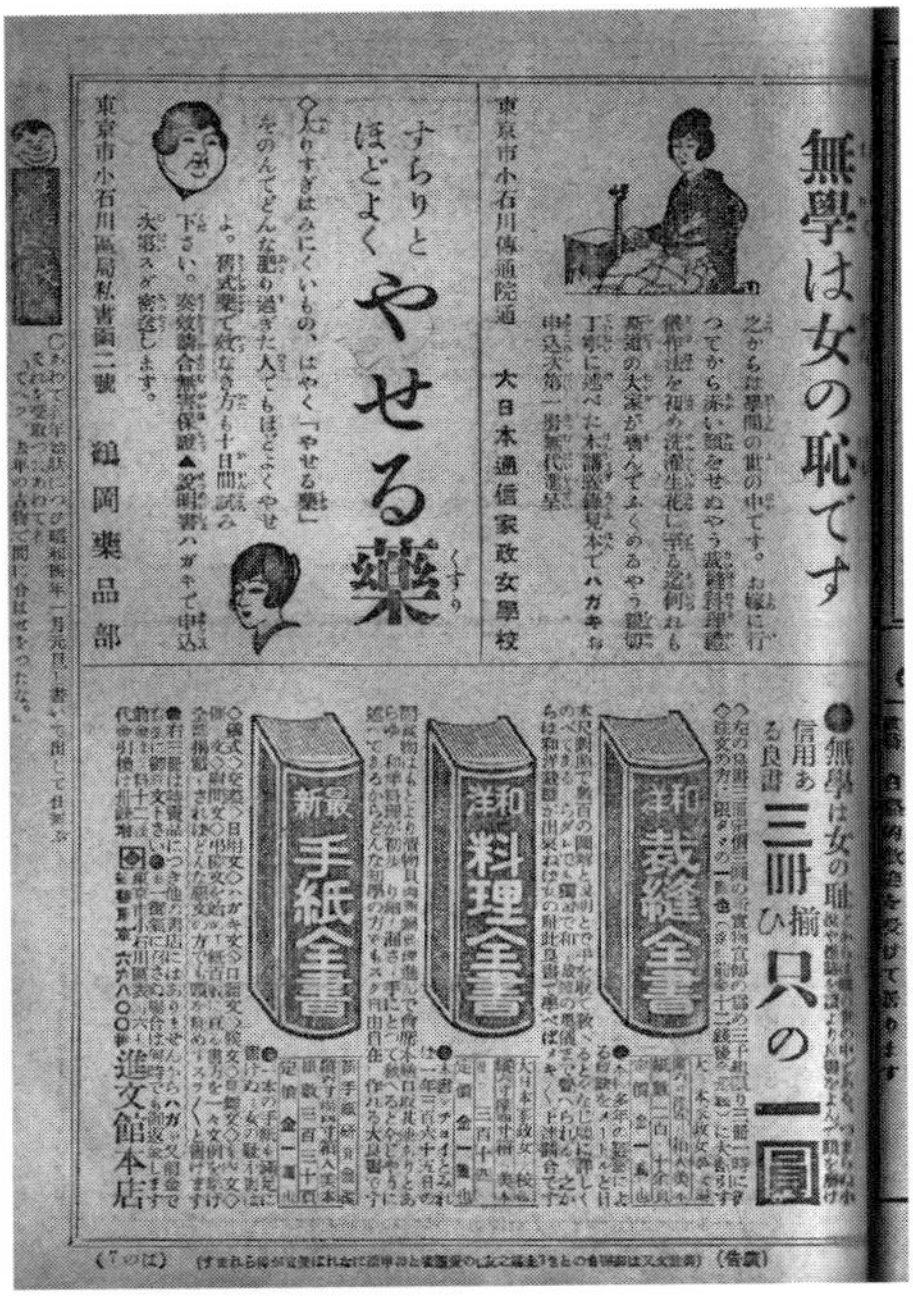

図9 『主婦之友』（1927年1月）

このように、雑誌の表現から、それを読むプロセスの中でいかなる読者集団が作り上げられていくかを考えていくことができる。このため、女性雑誌の復刻や目次の集成なども数多く出版されてきており、書誌情報も充実してきている。▼注37 とはいえ、こうした研究方法の問題点も考えておかねばなるまい。まず注意すべきは、雑誌の表現のみによって読者を想定することの危うさがそこにはあるということだ。読者は女性雑誌だけを読むわけではないし、女性だけが女性雑誌を読むわけでもない。また、どれだけ広く読まれ、理解され、読者を変え得たのかも定かではない。

時代をさらに少しさかのぼって、家庭と女性イメージの形成をとりあげながらこの点をもう少し考えてみよう。「家庭」もまた近代において生み出されていく概念である。家名や家産といった永続的な「いえ」ではなく、子どもとその両親が愛情によって結びついた「家庭」が独自の価値を帯びてメディアに数多く登場してくるのは、明治二〇年代である。▼注(38) 雑誌でも『家庭雑誌』や『日本の家庭』といった「家庭」を冠する雑誌も生まれていく。一八八五（明治一八）年にはじまる雑誌『女学雑誌』は、女性教育、啓蒙を視野に入れ、女性の書き手を積極的に開拓し、こうした家庭概念を多用し、普及させていったメディアの一つと言えよう。

ただ、家庭イメージの実際の広がりや流通を探るには、当時の広範な雑誌をもとにした調査が必要なことは言うまでもない。▼注(39)『女学雑誌』は女性読者を意識してはいるものの、実際の女性読者はかなり上流階層の女性に限られており、家事を担う主体となるような女性像と読者層とはかけ離れていたとする指摘もある。▼注(40) また、雑誌にこうした「家庭」イメージが登場することと、それが普及することとは同じではない。明治二〇年代に登場したこうした家庭イメージとそこでの女性の役割が、実際のライフスタイルや階層として定着していくのは明治末から大正期の、特に都市の新中間層を中心としてであろうし、その時期の女性向け商業雑誌の隆盛はそうした女性購読者層の増加を示してもいよう。▼注(41)

雑誌が読者と作り上げる関係は単線的なものではないし、その関係のもとですべての読者が変わるわけでもすぐに変わるわけでもない。表現と読者の関係を追うためには、読者がおかれる具体的な場、教育や出版、販売環境を含めた場の中で、どう読まれ、享受されたかをとらえる必要があろう。

雑誌の内容から、読者との関係をとらえる方法は重要ではあるが、同時に、それら雑誌が具体的にどういった場で、どのような人々によって、どのように享受されていたのかを調べていく必要がある。そうした情報は雑誌の記事内容の中に含まれている場合もある。その雑誌の編集や販売についての記録や回想類から、あるいは同時期の他のメディアからそれを補っていくことも可能だろう。いずれにせよ、雑誌と具体的な読書の場をつなぐ情報や資料に注意を向けることが必要だ。

それはまた、女性雑誌がいかなる読者との関係を作り出していたのかを考えることにもつながっていくだろう。つまり、女性雑誌の歴史を、女性読者にいたる情報の経路（その発生、多様化、偏向）の歴史として改めてとらえなおす可能性もそこには開けてくる。女性雑誌の「たどりつくプロセス」がどう生まれ広がっていったのか。女性雑誌を、その立場や思想という内容的な到達点でのみとらえるのではなく、読者とどういう関係を結んでいたのか、その広がりや変化といった視点から改めて見直していくことも、読者の歴史を考えていくうえでの大きな課題となろう。

4　児童という読者

終戦直後、占領下の日本に米国の出版関係者が訪れ、日本の出版文化を視察する。その時に訪れた出版関係者が目を見張った光景がある。それは書店の店頭に並んだ色とりどりの豊富な児童向け雑誌、少年、少女向けメディアと、それに集まる子どもたちの光景であった。▼注(42) 戦前から、日本では豊富な児童向け出版物がみられ、児童読者をターゲットとした大きな市場が形成されていた。

ただし児童雑誌は、その作り手、書き手のみならず、購買者層も実際の児童と合致するわけではなく、親や教育関係者を含めた読者がそこには想定できよう。児童という読者は、単純に児童雑誌に対応して存在しているわけではないし、児童そのものでもない。児童が児童向けの書物のみを読む必要はないし、それらを好むとも限らない。

児童という読者が問題となるのは、児童を対象とした書物が生まれ、それを読むための教育や読書の場が生まれ、児童読者に向けた固有の書物の流れが形作られてきたからである。近代において書店や図書館、家庭や学校といった経路を通して、どのように書物と児童の関係が形作られてきたかが問われねばならない。それはまた、児童がどのような書物にどのように接するべきか、あるいはそれを統制すべきか、という問題を含むことになる。望ましい読書と望ましい児童像は、そこでは深くつながりあうことになる。

児童という読者の問題は、児童向けの書物の表現からばかりではなく、児童がどういう場で、どのように書物と接するか、という「たどりつくプロセス」をも含めて考えねばならない。こうした観点の必要性はこれまでにも述べてきたことであり、次章からの課題ともなる。とはいえ雑誌の表現・内容と「理解するプロセス」を通して、児童読者をとらえていくこともむろん必要であり、有効である。ここではひとまず、児童向けの雑誌の諸表現から読者を考え、調べていく方法について考えていこう。

女性雑誌と同じく、児童雑誌もまた、それをもとに読者についての研究が活発になされている領域でもある。児童雑誌は、児童や少年、少女といった一定の読者集団をターゲットとした表現だが、その表現のうちには様々な規範、すなわち何がすぐれていて何が望ましいか、何が求められ賞賛されるべきか、といった規範が常に盛り込まれている。一方で近代の国家は、児童という存在を国家にとって有用で、貴重な存在として、教育、統制するシステムを作り出してきた。児童雑誌と読者の研究は、近代に作り上げられる児童像と、雑誌が作り出す児童という読者集団とのつながりを明かしてくれるのである。

これは、児童雑誌に登場する物語のパターンから、あるいは立志・偉人伝に見られるような模範、理想とされる人物像の分析によっても可能だし、特集や口絵などで重点的に扱われるトピックを通しての分析も可能だ。

　明治二〇年代の初頭には尋常小学校や高等小学校の読者を対象とした『少年園』（一八八八年）や学齢館『小国民』（一八八九年）といった児童向け雑誌の発行が始まる▼注(43)（図10）。

図10　『少年園』の創刊号（1888年11月）

児童向けメディアにおいては、明治二〇年代において次第に少年読者と少女読者との境界が生まれ、明治三〇年代には「少女」というカテゴリーが一般化し、『少女界』や博文館『少女世界』（一九〇六年）といった雑誌や、「少女小説」といったジャンルも生まれていく。▼注(44)

　明治二〇年代から三〇年代にかけての児童雑誌からは、まさにこうした少年や少女という枠組みとともに、少年読者や少女読者という集団が生まれていく地点を考察していくことが可能である。また、日清戦争から日露戦争にいたるこの時期は、男性と女性、日本人と外国人、文明と野蛮といった様々な境界がメディアを通して生み出されていく時期でもある、児童読者のうちにそうした差異がどう根付いていくかをとらえる研究の事例もある。▼注(45)探検や冒険といった素材は、すでにこの時期から少年雑誌に現れる素材だが、それが同時に異なる国家や国民に対する敵意や蔑視を、あるいは戦い、支配することの喜びや満足とを読者のうちに根付かせていくこともあるのだ。

　少女向け雑誌についても「少女」という枠組みの成立や、少女という読者集団の作り出す親密なコミュニケーションの場をめぐって、様々な議論がなされている。▼注(46)明治三〇年代後半から現れてくる少女向け雑誌については、互いを愛称や雅びな呼称で呼び合い、一見現実とは遊離した自閉的に見える雑誌と読者との関係が作り上げられていた。そこに国家や制度から自由な少女たちの共同体が生まれていたとする立場もある[注47]一方で、そうした少女たちの読者集団は、そこにみられる清らかさや純潔さといった価値観を含めて、国家や家にとって有用な良妻賢母への道筋にあった点に注意を向けようとする立場もある。[注48]

ただ、女性雑誌と読者の関係について述べた際と同じく、児童読者が受動的に、雑誌によって一方的に作られるかどうかについては留保が必要だ。例えば今日文学史的に著名な児童文学雑誌『赤い鳥』が大正期に生まれるが、それによって児童読者が作り上げられたと単純に考えてよいだろうか。戦前の児童雑誌に大日本雄弁会講談社の『少年倶楽部』がある。やはり大正期に創刊され、大正末にはすでにその発行部数は三〇万部に達する。[注49]自身その読者でもあった佐藤忠男は、『赤い鳥』よりも、低俗で大衆的と評されがちなこの雑誌にこそ注意すべきではないかと、早くから問題提起している。[注50]雑誌が児童読者に単純に影響するという図式的な思考がそこでは批判されるとともに、『少年倶楽部』の熱心な読者層を、思想や文芸といった教養雑誌の読者へと成長・変化していく過度的、段階的な存在としても考えている。雑誌の表現からは、どれだけの読者にどう読まれたか、までは分からないし、読者はただ従順に雑誌を享受するばかりか成長・変化して他雑誌へと移ってもいく。

また、児童雑誌は、児童読者に限らず、様々な読者集団との関係の中でとらえる必要もあるだろう。先の雑誌『少女の友』では、明治から大正期にかけて田山花袋や宇野浩二、上司《かみつかさ》小剣《しょうけん》といった男性作家たちが少女小説を執筆している。この雑誌の編者であった渋沢《しぶさわ》青花《せいか》は、自身も含め、少女小説を読み、書く男性が珍しくなかったことを回想している。[注51]つまり男性読者たちの慰安とコミュニケーションの媒体としても少女雑誌は機能していたわけである。

児童雑誌にしても、女性雑誌にしても、ターゲットとする読者集団と、実際にそれを享受する場や集団とは、必ずしも一致しない。確かにこれらの雑誌は積極的に読者集団の輪郭を浮き彫りにしてくれるが、具体的な読書の実践とどう結びついていたのか、当時の読書に関する記録や証言とも照らし合わせながら、考えていくことが必要となる。

例えば戦前、戦時期の少年向け雑誌の表現にしても、それが単純に軍国主義的な少国民という読者を作るわけではない。読者をそのように受動的、消極的なものと見なす考え方は、すべての責任をメディアに負わせるとともに、読者側の役割や責任を見過ごしてしまう危険性がある。

また、児童と書物の接点を考えるとき、やはり書物のみではなく、それらと児童の接点を作る場所や組織、活動にも目を向ける必要が出てくる。ここには、児童読書に対する施策や、推薦図書の選定なども含まれてこよう。明治末年には、文部省は通俗教育調査委員会を設け、出版界と提携して望ましい図書の選定作業を始める。▼注(52)やがて昭和に入って推薦図書規程が整備されていくが、こうした図書の選定や推薦作業を含め、書物と児童とのつながりはどうできあがっていくのだろうか。現在の青少年保護法や、そこでの保護という名の規制とももつながる問題でもある。

5　識字とメディア

本章で見てきたように、書物はその表現自体の中に、読者への手がかりを含んでいる。新聞や雑誌の表現を通して、そこで想定されている読者像や、それら表現を享受することでどういった読者が作られていくのかを考えていくことができる。それはまた雑誌の表現を通して読者集団が細分化、あるいは階層化されていくプロセスであり、それら集団の間に生まれる格差や差別を歴史的にとらえるうえでも有効な手立てとなる。

ただ、こうした方法で読書をとらえる場合の問題点についてもいくつか注意をうながしてきた。書物を読者が理解し、享受するプロセスを、単純な影響関係と見なしてしまう危険性がそこにはある。また、書物を読者が「理解するプロセス」に焦点をあてるのみでは、書物が読者に「たどりつくプロセス」や、その書物を読む場がはらんでいる多様な問題が見過ごされてしまう危険性もある。

また、これまで述べて来たように、雑誌が届いたからといって、誰しもがそれを読む能力を同じくもっているわけではない。「理解するプロセス」は、誰しもが同じようにもっているわけではなく、人により、また地域や時代に応じた違いがある。特に近代を対象にした研究では、識字率や就学率の高さをあたかも自明の前提のようにとらえてしまい、誰しもが読めるということ自体への疑いや問い直しがしばしば欠落してしまう。

この文字を読み、書く基本的な能力、識字の能力は、きわめて大きな問題を読書研究の中で占めている。何が読めるのか、という読書の制約をとらえる際の基本的な、しかし同時に広範な問題を含む問題でもある。識字の能力を、どの広さで、何を基準に調べるか、あるいは調べてきたかという点は、自明のものではない。そしてその歴史を問うことが、重要な読書のテーマとなるのである。

近世・近代における日本の識字率が高かったとする見方も、批判的に見直されている。近代の場合、実際には就学率と識字率を同一視していたり、陸軍省の壮丁教育程度、つまりは徴兵検査を受けた二〇歳男児を対象とした数値を日本全体の識字率として理解していたりと、実際にはきわめて危うい情報がその土台となってもいる。一九三〇年代には、こうした識字率の高さが積極的に日本の文化レベルの高さを示すプロパガンダとしても用いられ、高い日本人の識字率「神話」に貢献したとする指摘もなされている。▼注(53)

　江戸時代における識字率の過大な見積もりについても批判的な研究がなされている。そこでは明治期に、より広い階層を対象に行われた、姓名を書けるかどうか、いわゆる自著調査の部分的なデータが活用されている。▼注(54)文部省の行ったこの調査は、一方で各地方でこうした調査活動をともなっており、地域に遺された関連史料をあとづけていく調査もなされているが、そこからは近世における識字能力の大きなばらつきや、職能による差異が指摘されてもいる。▼注(55)識字調査については、その調査方法や調査範囲を含めて見直す視点が重要となる。そして同時に、何のために、どういった能力を測ろうとしているか、という識字の調査尺度自体に含まれている価値観に注意を向ける必要もあろう。

　識字能力の獲得は、単純に肯定すべきこととは限らない。識字を評価するシステムは、その言語を用いる社会で、その能力をもつ者ともたない者とを峻別し、階層化する暴力的なシステムともなり得る。識字の能力と社会階層を上昇する手段とが結びつくことは、必ずしも自明なことでも、正しいことでもない。▼注(56)

　誰しもが読めて当然、という均質な識字能力というイデオロギーは、現在においても読めない、すなわち読者になることができない人々に対する排除や差別を生み出す要因ともなる。▼注(57)重要なのは識字率の高さではなく、誰しもに読む権利が保障されているのかどうか、あるいは何がその権利を阻んでいるのか、を問うことにある。書物が届いていても、それが読めない多様な障害が想定できる。二〇一六年の障害者差別解消法の施行を受けて、国内図書館では読書の障害を解消するための取り組みも進められた。▼注(58)とはいえ、まず重要なのは読めない人々を意識しそこに関心を向けることだろう。視覚の障害者の読書であれば、点字訳をただ増やせばよいと考えてしまいがちだが、視覚障害者の中でも点字ができる割合は、調査の仕方に違いや制約はあるが、二〇〇六年の調査で一二・七％、二〇一一年の調査で九・二％とのデータもある。▼注(59)また、戦後の日本の識字教育には在日コリアンの女性が数多く含まれていた。読む権利を阻む要因は、日本による朝鮮の植民地化から、さらには戦後の在日コリアン女性のおかれた状況を含めて問い直されているテーマでもある。▼注(60)読書の歴史を問うことが有効なのは、こうした読書の不自由さが生まれる要因を見いだしていくところにある。そしてそれは「理解するプロセス」や「たどりつくプロセス」と、そこに働く多様な要因をとらえていくことで可能になっていく。

読書の歴史をとらえる際に、識字能力を自明のものとしてしまう危うさはまた、文字資料や書物と読者のみで情報の享受をとらえてしまう思考ともつながっていよう。例えば書物の表現から読者をとらえようとすると、どうしても活字や、文字に向かう読者を想定する。しかし、新聞にしろ、雑誌にしろ、耳を通して、声で享受する読者への経路もそこにはある。そもそも、活字メディアの享受は、声や音声メディアの享受と不可分の関係にある。すでに明治期から落語や講談といった声による文芸は活字化され、書物となる一方で、書物は音読され、朗読もなされ、大正期にはラジオメディアを通して声として広がってもいく。近代における耳から声で享受する読者の容態やその広がりは、いまだはっきりしない。

列車や図書館といった公的な空間において、音読が次第に批判の対象となっていった事例から、明治三〇年代には黙読の慣習を含めた読書の均質化が全国的に進んでいったとする指摘もある。▼注(61)ただ、実際には地域や年齢、階層に応じたばらつきは当然あろうし、公的な場の黙読習慣の普及が、耳から享受される言葉の力を弱めたわけでもない。明治三〇年代には、落語や講談を圧倒する形で浪花節が流行し、やがて隆盛期を迎えてい

図11 『キング』(2巻8号、1926年8月)

く。[注62] また、講談や浪花節の広範な聞き手を取り込む形で、大衆娯楽誌『講談倶楽部』が生まれるのは一九一一（明治四四）年である。同じく大日本雄弁会講談社から一九二四（大正一三）年に刊行され、広範な読者を得た雑誌『キング』について佐藤卓己は、同時期に誕生するメディアであるラジオとともに、大衆的な公共圏の誕生を論じている[注63]（図11）。そこではまた『キング』と音読文化との密接な結びつきが明らかにされてもいる。[注64]

朗読や唱歌、民謡といった声が作り出していく言葉と読者との関係は、弱まるというよりも黙読習慣の一般化とともに、新たなメディアと結びつきながらより強く広範なつながりを作り出していったわけである。こうした声を通しての享受についての研究は、逆に活字を読むという行為の歴史を改めて照らし出す可能性をもっている。[注65] 単に文字を読むのではなく、共同で読んだり、あるいは唱和したりするという行為は、より大きな集団への帰属意識を生み出しもする。近代の唱歌の流通や享受と国民意識とのつながりもそこに指摘することもできよう。[注66]

書物をいかに読んだか、という記録ばかりではなく、講談や落語をいかに聴いたか、芝居や朗読をいかに享受したか、といった享受者の記録は、読書の歴史を重層的にとらえる際に大きな意味をもつ。浪花節にしてもその広がりと国民意識の結びつきを問う、あるいはそうした国民国家論に回収されない多様な享受の形をとらえる試みもなされている。[注67] こうした一回的な音や身体による表現とその享受については、書物と読書に関する資料よりも調べにくいし、資料としても遺りにくい。調べにくい、遺りにくい読書の歴史は、言うまでもなく読者の不在を示しているのではなく、読書研究の空白を示唆しているのだ。そしてその空白はまた、それが今後明かされていく可能性をもはらんでいる。

本章では、児童雑誌や女性雑誌の表現や内容から、それらが働きかける読者像を割り出し、読者への作用や影響を考えることが可能であることを具体的に述べてきた。しかし繰り返しになるが、表現を読者が「理解するプロセス」ばかりではなく、例えばその雑誌がどのような場所で、どれだけの読者に広がっていくのか、つまりそれらが「たどりつくプロセス」についての情報とあわせてはじめてその考察は有効になる。その点で、雑誌を、地域読者との空間的な関係やその変化としてとらえるアプローチが参考になろう。例えば大正期の雑誌『第三帝国』を扱った水谷悟は、雑誌と読者との膨大な通信をタイプ分けして分析し、地方の青年読者層を引き込んでいった益進会の活動をうかびあがらせている。▼注(68) あるいは大正末期にはじまり戦前から農村を中心に一〇〇万部を越える受容を作り出していた雑誌に『家の光』があるが、河内聡子はこの雑誌が独自の流通システムを通して地域読者に大きく作用していく点を明かしている。▼注(69) 雑誌の情報の中から、読者の空間的な広がりとその変化を導き出していくこうした手法は、均質ではない近代の読書空間を明かしていくうえでも多くの可能性をもっていると言えよう。

では、このように書物が読者にたどりつく道筋や、書物を享受する場については、どのようにしてとらえていけばよいのだろうか。この書物が読者に「たどりつくプロセス」に目を向けていくことが次章からの課題である。まずは書物が読者と接するその場所に焦点をあててみたい。

第３章◉

読書の場所の歴史学

読書する場所は、読書を可能にし、読者を生み出すとともに、読書の制約をも作り出していく。近代における読書の場所と、その変化について、どのように研究していけばよいのだろうか。そして読書の場所を研究する意味はどこにあるのだろうか。鉄道や図書館、監獄や戦場といった具体的な空間をもとに、読書空間の歴史をとらえる可能性を考えていく。

1　なぜ読書の場所が重要なのか

近代の読書について考えるとき、なぜ書物を読む場所が重要なのだろうか。書物について考える人は多いが、それを読む場所はどちらかと言えば軽視され、無視されがちではないだろうか。マルクスの『資本論』の研究といえば、その書物で展開されている思想の研究はすぐにイメージできようが、『資本論』がどういう場所で、どのような人々に読まれていたかについての研究は、容易にはイメージしがたいかもしれない。

『資本論』は本国で刊行がはじまった一八六七年から約五〇年後、日本では一九二四年に全三巻で完訳版が刊行される。だが、売れ行きはよくともこれほど高価で難解な（しかも重い）この訳書を誰もが読んだとも思えない。▼注(1) 新藤雄介は、実際には内容を読みやすく、分かりやすくしたパンフレットや、それらを用いた読書会、学習会を通して広く『資本論』が流通していく点を明かしている。▼注(2) 『資本論』自体を読んでいなくとも内容を知っている読者は広範に生まれ得る。それを多様な場で教え、語り、広げる人々の活動やそこで派生する刊行物の役割や可能性を問うことの可能性をこうした研究は示唆してくれよう。

書物は具体的な読書の場を離れては存在しない。唯一不変の『資本論』というテクストがあるわけではなく、それぞれの国や地域、時代や状況におかれた読者にとっての、それぞれに異なる『資本論』があったはずだ。読者が生きる状況の中で、読者を取り巻く固有の空間の中で、その書物ははじめて理解され、享受される。そうした場から切り離された、揺るぎない意味をもった唯一の『資本論』がどこかにあるわけではない。

書物を読む場所について、これまで関心が向けられてこなかったというわけではない。書物を読むことのできる場所や、読む力を育成していく活動は、特に図書館史や社会教育史の領域で研究がなされてきた。

図12　京都集書院

一八七二（明治五）年には官立の公開図書館である湯島の書籍館《しょじゃくかん》が設立され、京都でも公共図書館の草分けとなる集書院が生まれてくる▼注(3)（図12）。これはまた書物や情報を特権的な人々が占有するか、それとも隔てなく広く人々に提供するか、という問題にかかわる。こうした場所がどのように生まれ、普及していくかを通して、公共の知の基盤の成立や変化が見えてもくるわけである。読む場所の問題は、こうした社会教育の制度や機関、その普及といった観点からみて重要なことは言うまでもない。

読書は、書物が移動して読者に「たどりつくプロセス」と、その書物を読者が「理解するプロセス」とによって成り立っているが、読む場所は、この両者の接点、書物が読者とつながる重要な地点なのだ。そして読む場所はまた、読者が「理解するプロセス」にも作用する。読む場所や状況が重要なのは、それが、読む内容や理解の仕方に様々な影響を及ぼすからである。読書は単純なテクストの理解というよりも、読者が意味を積極的に付与し、作り出していく創造的なプロセスなのだ。ある書物に対する異なる時代の享受や評価を見ればこれはすぐ分かる。場所が変われば解釈や評価が変わるのは当然のことであり、不変の価値をもつ名作などは存在しない。

永続的な評価を得ているように見える『源氏物語』にしても、明治初期には皇統の衰微を憂えた尊皇の書として評価され、明治の後期となると「意気地なし」の「女々しい」文学として非難され、貶められたりと、近代のみでも読者の評価は大きく変動する。[注(4)] 永続的で不変の評価や解釈などはなく、読みの場が異なれば、その時代や状況に応じた異なる読み方が生まれるのはごく当たり前のことである。

時代によって異なる解釈の場が生まれることもあるし、同じ書物が国境を越えて別の場所で別の読み方を生み出すことも当然起こる。一九二〇（大正九）年の芥川龍之介の短編「舞踏会」をとりあげてみよう。文明開化期を描いたこの小説では、鹿鳴館の舞踏会にはじめて参加した令嬢明子が、訪れたフランスの海軍将校と踊ることとなる。フランス語と舞踏の教育を受けてきた明子は、舞踏会に臨んだ「日本人」や「支那の大官」があっけにとられるほどのあでやかさを備え、臆せずに踊る。フランス軍将校は、彼女の美しさを賛美し、パリの舞踏会でも通用するとさえ彼女に語る。明治一〇年代末に、中国にも、また欧米にも引けをとらない文化、文明をもってフランス人と親しく接する日本人女性がそこでは描かれる。[注(5)]

その後この小説は、日中戦争期に日本の文化宣伝政策の一環として、フランス領インドシナ（仏印）で訳され、読まれることとなる。[注(6)] 仏印は本書の冒頭でふれたように、フランスの統治下にあった現在のベトナムである。日本は一九四〇（昭和一五）年にこの地に進駐し、当時フランス軍と共同で統治する体制が作り上げられていった。このような場所で、この小説はどう読まれることになるのだろうか。文化宣伝政策として訳されたのは、この小説の明子が、欧米と対等の植民地統治者たる日本の先進性になぞらえられるからでもあろうし、フランスと親しく、かつ中国と対峙するアジアの主導者としての日本を意識させるからでもあっただろう。むろんその意図通りに読者が読んだとは限らないし、露骨な文化宣伝を読みとって反発する読者もあり得ただろう。ただ、肯定的に読むにしろ、批判的に読むにしろ、場所がこうした意味や解釈の枠組みを作り出すことが重要なのだ。

小説というメディアにかかわらず、書物はそれが生まれたときと異なる時代、あるいは国境を越えた異なる場所で、異なる評価や理解の仕方を作り出していく。生まれたときのもともとの評価や理解が唯一絶対のものではない。重要なのは、それが生まれた場所を含めて、どういう場でどういった意味が生み出されるのか、ということの方である。読書の場所が重要なのは、まさに場所が、読み方を生み出す重要な要素になっているからだ。読書の場所は、あるときには書物に新たな意味を与え、時には逆にその意味を隠し、奪うこともある。永遠の名作なるものが、もしも永遠に変わらぬ評価を指すものだとすれば、そうしたものはまさしく存在しない。

私たちは、つい今の自分たちの読み方や、私たちを取り巻く読書の場所を自明のものと考えてしまいがちだ。しかし、自分たちと異なる時間、異なる場所の読書を想像し、考えることが重要なのだ。アーザル・ナフィーシーは「テヘランで『ロリータ』を読む私たちを想像していただきたい」と読者に語る。▼注(7) ナボコフの『ロリータ』は、中年男性が少女に対して抱く執着の物語ではなく、何者かがイスラムの女性たちの人生を制約し、収奪していく物語としても読むことができる。ただ、私はここで解釈は場所や人によって様々であるといったことを単に述べたいのではない。それは問いの終着点ではなく、問いの出発点にすぎない。場所が読み方を作り出す大きな要因となっているのならば、重要なのは場所がどのように読書に作用するのか、あるいは読者を制約しているのかを問うていくことなのだ。

最初に述べたように、読者の場所の問題は、読者が書物と出会う社会的な空間の成立や変化としてとらえる必要がある。また読書の場所は、それがどのように読み方に影響していくのか、という観点からも考えていく必要がある。簡略にまとめるなら、読書の場所の問題は、書物が読者に「たどりつくプロセス」と、読者が書物を「理解するプロセス」とのそれぞれで考える必要があるのだ。

近代において、この両方のプロセスに読書の場所が大きく作用していく点を具体的に考えていくために、ここではまず鉄道が作り出す読書の場所の問題をとりあげたい。それはまた、近代における読書や読者の身体を統御する空間への問いとも深く結びついている。

2 鉄道と読書

鉄道という場と読書とは、様々な形で結びつきあっている。それは駅や列車内で見られる読書の光景にとどまらない。そもそも鉄道は人ばかりではなく書物も運ぶ。鉄道路線の広がりと速度は同時に地域の読書空間自体をも変えていった。同時に鉄道は体験として、様々な表現として描かれ流通しながら、読者の思考や想像の仕方そのものをも作り変えてきたと言ってよいだろう。

多様な接点をもつ読書と鉄道との関係を整理していくにはどうすればよいのだろうか。

本書では読書を、書物が読者に届き、読者に理解されていく一連のプロセスとしてとらえている。鉄道の問題が、このプロセスのどこにどうかかわっているかを考えていけばよいのである。書物が読者に「たどりつくプロセス」という点から見れば、鉄道は書物が読者にいたる広さ、早さを決定的に変えていく。東京の新聞や雑誌を地方に流通させる大規模な取次業者（元取次）も明治二〇年代後半に生まれてくる。明治三〇年代には、すでにこれら元取次同士、早さを競って書物を積んだ馬車を上野駅や新橋駅に時間を問わず盛んに走らせていた。▼注(8)

鉄道は書物を読者に向けて運ぶだけではない。同時に書物を販売する場ともなり、さらには書物を読む場所ともなっていく。駅での雑誌販売や車内での読書に見られるように、書物と読者との接点を作り出していくわけである。こうした鉄道を介した書物と読者との接点が、生まれ変化していく点を考察することが可能だ。

以上は書物が読者に「たどりつくプロセス」という点から鉄道をとらえる視点である。鉄道は書物が読者にたどりつく速度や範囲を変え、さらにはたどりつく新たな場を作り出していく。一方で鉄道は、書物の表現を作り替え、その表現を通して読者の「理解するプロセス」に作用していく。時刻表や旅行ガイドといった書籍のジャンルから、具体的な小説での描写まで、表現の様々なレベルにその影響は及ぶ。それは実際の鉄道ばかりではなく、描かれた鉄道や鉄道旅行をも含んではいるが、どちらも読者に影響を及ぼすことに変わりはない。実際の鉄道体験と、言葉や画像を通して知る鉄道に関する情報は、現実にはほとんど区別しがたいほど混ざり合って私たちに影響を与えているのだから。

書物が読者に「たどりつくプロセス」からは、鉄道による書物流通や列車内をはじめとする読書の場所の生成、変化を問題にすることができる。また、書物を「理解するプロセス」では、表現され、描かれた鉄道を問題にすることができる。

鉄道による書物輸送や流通網に関しては後の章でとりあげるので、ここでは鉄道の車内空間における読書についてとりあげておこう。列車内での読書はこれまでどのように問題にされてきたのだろうか。また、どういった資料をもとに、どのように調べていけばよいのだろうか。実際に具体的な車内読者の数が記録されているわけではないが、明治期であれば新聞や雑誌の記事から断片的にそれをうかがうことができる。日本の鉄道は一八七四（明治七）年の新橋、東京間の開通に始まるが、永嶺重敏は一八七九（明治一二）年に車中での新聞読書についてふれた記事について言及している。永嶺はまた駅における新聞縦覧所の設置や、一八九七（明治三〇）年の鉄道旅客を対象とした貸本会社の設立、一九一一（明治四四）年に設置される列車図書室についてもとりあげている点が注目される。▼注(9)

ただ、これらのいくつかの事例を、そのまま国民の均質な読書習慣の形成といった形で論じている点には問題があろう。官設、私設を含めて、地域や路線に応じて、車中読書の数や形態には大きな違いが生まれていたはずである。一八九〇（明治二三）年以降、官設鉄道を営業距離でも上回る私設の鉄道会社は、日清戦争後の投機熱もあって地方に中小鉄道会社や路線を生み出していく。▼注(10) 一定の読書慣習が広がる一方で、そこには新たな読書体験や多様な読書の実践が生まれていったはずである。

車内という読書の場をとらえる意味、そしておもしろさは、単に車内という場で、他の場と同じような読書がなされたからではない。何より、それが新たな書物と読者の関係を作り出し、独自の表現やコミュニケーションの空間をも作り上げていったからである。車内という空間が、どういう読書体験を生み出し、いかなる表現に結びついていったのか。この点については、当時のメディアや各種の記録、あるいは小説の表現も含め、まだまだ見いだしていける資料や情報は多いはずだ。

海外の事例ではあるが、一九世紀ヨーロッパの鉄道における読書習慣の出現と変化についてとらえた研究として参考となるのは、シベルブシュの事例だろう。彼は鉄道が、その乗客にもたらした知覚の変容を様々な角度からとらえている。車内の読書という行為についていえば、旅客が車窓の向こうの風景と切り離され、さらには同乗者間の親密なコミュニケーションからも切り離されたときに、その代替として車内の読書が機能することを述べる。▼注(11) 通勤時の気晴らしとしての読書は同じく一九世紀半ばの米国でも普及しており、携帯性にすぐれた、「ダイムノベル」(十セント小説)が廉価で読み切りの大量消費メディアとして登場し、さらには鉄道を通して広がってもいったという。▼注(12)

コミュニケーションの代替としての読書というとらえ方は、見知らぬ人々どうしが、近接した気詰まりな空間におかれる通勤、通学の電車内空間を考える際にも有効だろう。▼注(13) こうした通勤電車内の空間は、明治期にはすでに様々な小説に描かれることとなる。電車内で見知らぬ女性を見つめる中年男性の視覚的な快楽を描いた田山花袋「少女病」や、同じく国有化前の甲武鉄道を舞台に、車内で女性を見ることから過剰に幻想に膨らませていく男性を描く武者小路実篤「お目出たき人」など、コミュニケーションの代替として、対象を見つめ、幻想する男たちがそこには描かれている。▼注(14) 小説で描かれた鉄道と、その中で描かれる読書や、コミュニケーションの形を、幅広くとりあげて考えていく研究も必要だ。

鉄道は、読書する場を作り出すとともに、このように小説をはじめとする様々な書物の素材、源泉ともなっていく。そしてそれらが、また書物と読者の新たな関係を作り出していくことにもなる。鉄道は書物を作り出してもいくわけである。描かれた車内や駅をも視野に入れて言及する小関和弘の『鉄道の文学誌』の方法は、こうした点で参考となるだろう。また、鉄道を素材とした小説から、読者との関係を掘り起こしていく可能

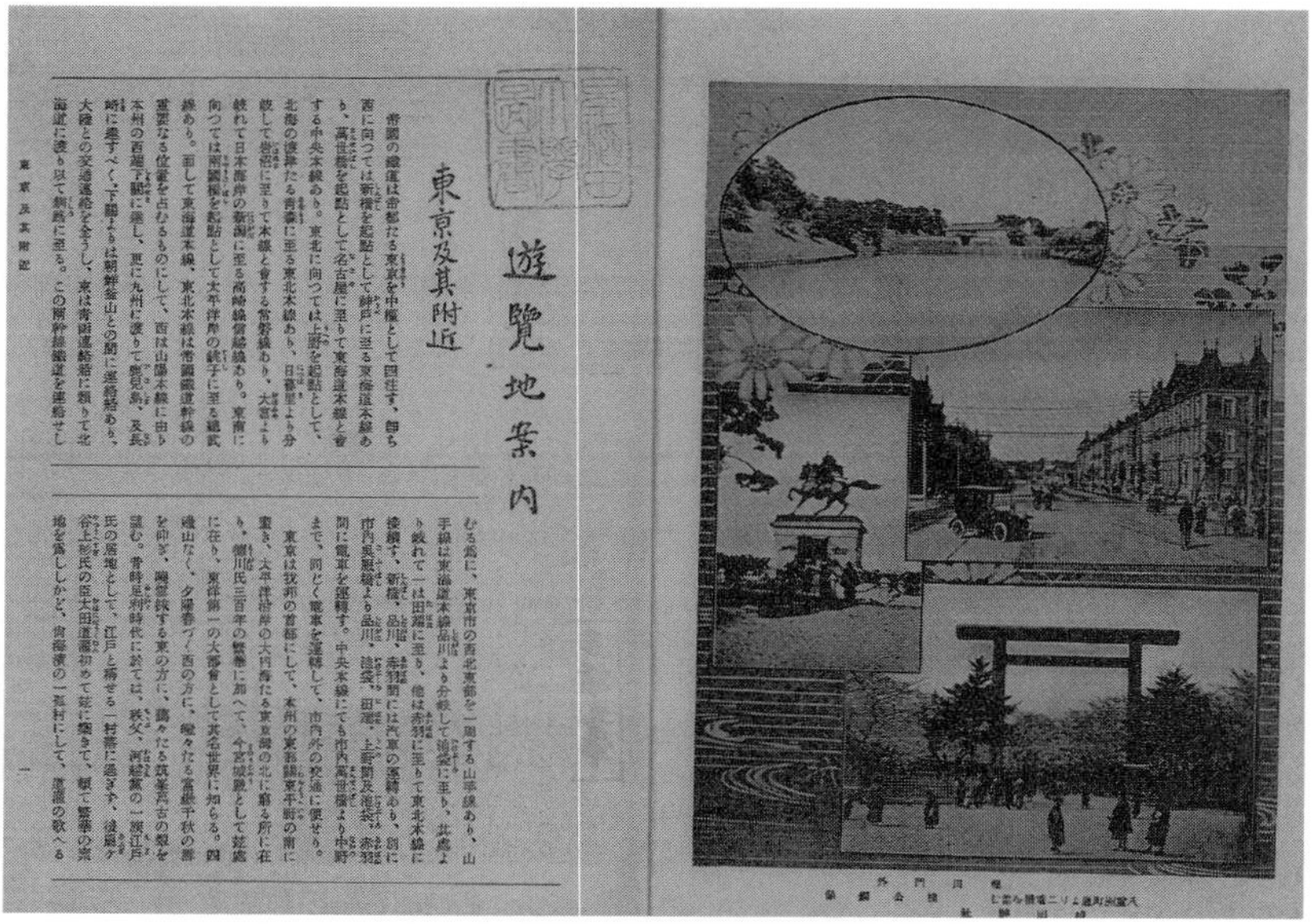

図13　皇居、東京から周縁の地へ

性もある。小関は明治一〇年代に現れた鉄道小説のジャンルについて、いくつかの小説を検討しているが、それらはまた鉄道の旅客が、すでに小説読者のターゲットとして想定されていたことを物語ってもいよう。▼注(15)

　鉄道旅行を素材とした小説ばかりではなく、鉄道をめぐる様々な刊行物、時刻表や、路線図、旅行ガイドといった書物もまた、読者の認識や知覚を形作り、方向付けるものとなる。例えば明治末に鉄道院から出された『遊覧地案内』は、東京を中心として、鉄道が結びつける距離や時間をもとに放射状に日本を描き出していく▼注(16)（図13）。こうした旅行ガイドは、単なるガイド以上に、空間や国土の想像の仕方そのものの土台ともなっていくのである。近代における旅行案内書の図録を含め、戦前、戦中の日本とその植民地を、陸路のみではなく海路、空路を含めたこうした交通網として読者にイメージさせる表現を歴史的にとらえること

も重要となるだろう。[注17]

鉄道にかかわらず、交通機械の誕生や変化は、書物という形を媒介にしながら、私たちの時空間に対する認識や、地域や景観、他者に対する感覚にまで影響を及ぼしていく。読書を含めて、交通機械がもたらした近代の生活や感覚の変容を、表現のレベルで体系的、網羅的に収集し、とらえることはいまだなされてはいない。和田博文は航空機や船舶といった交通機械をめぐる言説に広範に目配りしながら、それらがどういった新たな表現に結びついたかをとらえている。[注18]こうした試みは、読者の感覚の変容をとらえていく場合にも有効な手がかりとなる。

鉄道という場を通して、書物と読者とがつながる経路は、近代においてこのような多様な形を見せていくのである。そのつながりを見いだすための手がかりは、書物が「たどりつくプロセス」においても、読者が書物を「理解するプロセス」においても、まだまだこれから見いだしていくことができよう。むろん鉄道を扱った小説や随筆、記事の目録があるわけではない。時期やメディアをしぼって丹念な調査が必要となろうが、近年のデジタル化されたテクストや目録の増加は、こうした調査の助けとなろうし、新たな発見の端緒もそこには豊富に見いだせよう。

3　閉ざされた読書空間

たくさんの書物がそろった、利用しやすい読書の場だけが読書の場ではない。読書の場について調べ、考えるとき、大規模で整備された図書館と同じく、あるいはそれ以上に、小規模で制約の多い読書の場から学ぶことは多い。制約の多い不自由な読書の場こそ、実は読書の場所の重要さや意味を理解させてくれるのだ。

私にとっては海外の日本語図書館はそういう読書の場だった。米国では一〇万冊を超える大規模な日本語図書館も少なくないが、一方で数万冊、数千冊規模の小規模な日本語蔵書に接する機会もいくどかあり、そこから気づかされることも多かった。日本語図書を手に入れる難しさ、そして探し、選ぶ際の読者にとっての制約、不自由さが、小規模な蔵書では如実に理解することができる。逆に数百万冊規模の図書館で、利用者が蔵書の偏りや欠落部分を意識し、読書の不自由さを感じ取ることは容易ではないのだ。

読書の場をとらえ、考える際には、こうした不自由な、制約の多い読書の場に目を向けることが有効だ。例えば不自由さの象徴とでも言えようが、牢獄、監獄という読書の場を考えてみればよい。そこでは読者にいたる書物の種類も量も、そしてまた読む行為自体も制約、統制されることになる。刑務所における図書館の歴史については、中根憲一の研究が参考となる。▼注(19)

監獄における読書は明治期から見られるが、一八七二（明治五）年以降、いくどかの監獄則の変化に応じて読書の容態も変化している▼注(20)（図14）。初期には各監獄の裁量にまかされていたが、一八八一（明治一四）年には新聞や時事的な論説を除き、「修身又ハ営業ニ必要ナルモノ」が許可される。一八八九（明治二二）年に刊行された『監獄差入本』は、監獄の教誨師《きょうかいし》でもあった著者が、監獄に入った際の心得や、悔悟、戒めについてまとめ、差し入れ用に作成したものである。▼注(21) 監獄で働いた工賃で、本を監獄から注文することもできたことがそこからはうかがえる。

とはいえそのように注文できる書籍には小説や伝記などは含まれず、それらが教育的と見なされて許可されてくるのは明治三〇年代になってからである。この時期には監獄備え付けの図書、いわゆる「官本」も次第に

図 14　明治期監獄における読書

充実し、一九〇八（明治四一）年の監獄法成立以降は、閲読はこれら官本を中心とし、私本の購入や差し入れは制限されていく。特に治安維持法の制定以降、思想犯への措置もあって私本の閲読が全面的に禁止された時期もあった。[▼注22]

こうした刑務所の読書については、矯正図書館としての制度面からの研究がなされてきており、刑務所の側の資料は様々な形で遺されてもいる。専門図書館の矯正図書館は、こうした資料を豊富に蔵しており、運営する矯正協会の明治期からの機関誌『大日本監獄協会雑誌』、『監獄協会雑誌』等のデジタル化、公開もなされている。[▼注23]

監獄における官本や書物の許可基準は、同時に望ましい読書や書物、あるいは逆に望ましくない読書や書物といった読書の規範が、非常に明確に現れる地点である。刑務所という読書空間はまた、読書が、教育、感化の明確な手段として位置づけられる場でもあり、近代に作られた読書空間でももっとも統御された側の極が見えてくる場でもある。

ただ、監獄における読書をとらえるには、一方で、それぞれの読者が監獄でどのような読書を行っていたかを、読者の体験の側から掘り起こしていく必要があるだろう。難しそうではあるが、戦前、戦中に思想犯として投獄された人々の手記や記録が遺されている場合も多く、そこから監獄の読書実践をとらえていくことも可能だ。刑の確定していない刑事被告の場合、閲読書物の範囲も広く、より多様な読書もうかがえよう。

黒岩比佐子『パンとペン』では、社会主義者が数多く検挙された大逆事件前後、獄中にあった堺利彦の読書について追っている。獄中書簡からその旺盛な読書のあとをたどりながら、出獄後に彼が立ち上げていく売文社の構想の起点をそこに見ている。▼注(24) また、林房雄の『獄中記』や村山知義の書簡集をもとに、監獄の読書についてとりあげた中山弘明の研究もある。村山知義の場合、一九三二(昭和七)年から一年半豊玉刑務所で過ごすが、その間に四五〇冊の書籍を読んだという。それら書籍のタイトルを書簡から掘り起こしながら、出獄後の創作へと結びついていく点を具体的にたどることが試みられている。▼注(25)

こうした事例は、監獄における読書が、単なる一方的な教化のみならず、不自由で制限されている空間であるがゆえに独自の読書を作り出していくことを示唆してもいる。限られた事例ではあるが、今後も様々な読書が掘り起こされる可能性はある。

同じく権利と自由を拘束された空間で、明治期には俗に「高等監獄」と呼ばれていた場がある。▼注(26) 軍隊である。近代における軍隊や戦場という空間は、どのような読書の場だったのだろうか。そこではどのような書物が読まれ、どういった読書がなされていたのだろうか。先にふれた米国の「ダイムノベル」は南北戦争時には士気を高めるためのに銃剣に準じる装備品として大量に戦線に送り込まれたという。▼注(27)

図15　書店に殺到する明治期の水兵（『戦時画報』1904年4月）

戦場での読書で私が思い起こすのは、以前プリンストン大学で調査していた折、戦時期の文書をめくっていたときに出会った資料である。[注28] プリンストン大学は、在学途中で兵役についた出身学生たちに送るために、第二次大戦中に寄贈本の選定委員会を立ち上げ、三千冊にのぼる本を戦地の兵士たちに送る活動を行っており、それに対する戦地からの感謝の便りも数多く寄せられていた。ちなみに人気の上位は『推理小説名作14選』[注29]、『武器よさらば』、『罪と罰』だった。米国内では第二次大戦中に戦地へと書籍を送る活動が官民双方から大きな運動（戦勝図書運動）へと発展していく。こうした過程については、『戦地の図書館』で具体的に明らかにされている。[注30]

兵士たちの読書は、日本でも日露戦争の頃から追うことができるが（図15）、戦地の兵士たちに向けて書物を送る事例としては、日本の場合では一九一八（大正七）年のシベリア出兵に際しての事例がよく知られていよう。日本図書館協会が働きかけて行ったこの戦地への慰問図書の募集や発送の活動は、満鉄図書館の慰問図書活動とともに村上美代治『満鉄図書館史』が比較的詳しく追っている。▼注(31)

日本における軍隊や戦地における読書についてまとまった調査としては中野綾子による第二次世界大戦前後の学徒兵の読書に関する研究があげられよう。▼注(32) 高等教育機関から戦時期に徴兵されていく学徒兵は、戦地で読み、書く行為を続け、数多くの戦地の記録や記憶としてそれを遺してきている。『きけわだつみの声』はそうした回想記として著名であり、そこでは書物に向かうという行為が、戦争への忌避や批判意識にさえつながる事例も見られる。▼注(33) 中野は、それが戦後に作られた典型的な読書イメージであり、戦地の読書の実態とは必ずしも一致しないことを明かしている。あわせて、陸海軍の恤兵部《じゅっぺい》の活動をはじめ、戦地に書物を送る多様なルートがあったことを指摘している。▼注(34)

戦地とはいえ、慰問用に送られる書籍もあり、朝鮮や中国をはじめ、戦地で出版、販売されている書物も多い。昭和一〇年代は戦時下ではあるが、出版業界としては「旺盛な伸展のあとが記録されて」いる。▼注(35) 雑誌の販売部数は伸び、書籍の購読者も地域や階層を越えて広がっていく時期である。▼注(36) 満州をはじめとする外地での出版、販売も活況を呈しており、満州の書籍雑誌商組合の加入書店は一九四〇（昭和一五）年には二〇〇を越えており、兵士もまたその購読者層だった。▼注(37)

具体的に戦地において読まれた書物や、あるいは読むことが望ましいとされていた書物を追っていくことも可能だろう。先の中野は回想記の類から書名を掘り起こす一方で、大学新聞をはじめとした当時のメディアから、戦地に向けた推薦図書リストをとらえようとしてもいる。▼注(38) 読書は内的な行為であるとともに、ある本を読んでいるという行為自体が、社会的なメッセージや意味をも担う。戦場という場において、どのような書物を読むことが、その兵士にどういった意味をもち、そしてまたそのまわりの人々にどう受けとめられていたのかを、様々な事例から掘り起こしていくことも可能だろう。

といっても読みたい書物や、読むことが望ましい書物が、必ずしも手に入る書物と一致するわけではない。戦場で実際に入手可能な書物や、その流通状況とともに、今後、様々な記録から、戦場の読書空間が見えてくることになるかもしれない。そしてそれは、おそらく読書の自由と、不自由とを考えるための貴重な手がかりになるだろう。

監獄や軍隊といった事例についてここではとりあげたが、こうした強い制約のもとにある読書空間は他にも見いだせよう。病院、療養所や、被災地といった場での読書をとらえることも可能だろう。そうした場の読書の歴史は、まだほとんど研究が手が着けられていないといってもよい。読書の歴史研究は、まだまだ未知の領域が数多く残されている。

4　図書館という場

読者が書物と出会う場を考えるとき、図書館という場が重要なことは言うまでもない。大正期には各地で小図書館、通俗図書館、簡易図書館といった呼称の中小図書館が急増していく。一九〇五（明治三七）年に一〇〇館足らずであった図書館は、一九一五（大正四）年には九〇〇館に達する。ただ、これらは利用者側の自発的な意思や要望によってなされたというよりも、内務省主導によってなされた地方改良運動の中で生み出されていったものも多く、その半数はごく小規模な零細図書館でもあった。▼注(39)

図書館は書物と読者との接点を作り出していく場であったが、同時に読書を制限し、方向付ける場でもあった。一九一〇（明治四三）年に文部大臣小松原英太郎は地方長官への訓令「図書館ニ関スル注意事項」を出し、文部省では『図書館管理法』改訂版を刊行、全国各地での図書館の創設はさらに増加する。そしてこの訓令では書籍の選択に言及し、特に通俗図書館では「最健全ニシテ有益」な図書の選択を求めている。▼注(40) 小松原はまた、通俗教育調査委員会の官制の設置、推進を進め、「有害」「不健全」な書物の選別をはかっていく。▼注(41) 図書館におかれている書物は、それ自体が、取捨選別を経たものであることは言うまでもない。図書館という場でどのような書物と接することができるかとともに、そこからどのような書物が排除されていくのかをも、とらえていく必要があろう。図書館という場所もまた、書物が読者に「たどりつくプロセス」を作り出す一方で、書物を「理解するプロセス」を統御してきた場なのである。

図書館という場については、これまでにも図書館史として、多くの研究がなされてきている。また、図書館史とは何なのか、ということ自体を問い直そうとする試みもなされている。▼注(42) 図書館の歴史は幅広い。図書館制度や政策の変遷から、具体的なそれぞれの公共図書館や私立図書館、地域の中小図書館や学校図書館の組織や制度、建物や閲覧システムの変化も含まれよう。だがそれ以前に、図書館史を考える意味や意義とは何なのだろうか。

ここで図書館史で重視したいのは、それが読書の歴史、すなわち読者への書物の流れがいかに形成され、あるいは制限されてきたかを教えてくれるという点である。あるいは、こうした読者への書物の流れという観点から、これまでの図書館史研究の成果を今一度とらえなおし、整理していくことも可能だろう。

図書館は、書物が読者に「たどりつくプロセス」を作り出し、それを様々な階層や地域へと広げてきた。

そしてそこでは児童や、女性、あるいは労働者といった読者集団への回路が意識的に作り出されてもきた。一九二二（大正十一）年には全国規模の図書館調査がなされるが、全国の国公私立の図書館数は一六四〇館に達する。[注43] 行政主導で中小図書館が各地に生まれる一方、書物と読者との接点を広く作り出していこうとする活動も各地で展開され、昭和初期までの時期は戦前の図書館活動の最盛期を迎えていく。

大正期はまた「労働者の組織の中に図書館や文庫を作る動き」が全国化した時期でもあった。農民文庫や労働文庫といった図書館の大衆化が同時進行してもいた。[注44] そこでは、読者個人へのサービスとして完結する場ではなく、各種イベントや交流の場としての図書館の可能性も考えられている。和田萬吉は「地方文化の中心としての図書館」で、個人を教育する役割とは別に、「民衆の集会に適するやうにし、談話会、講演会、幻灯会、活動映画会等催す」場として図書館を求めている。[注45] 書物ばかりではなく、様々な形の情報と多様な階層の読者集団との接点が、そしてまた読者どうしの接点がそこでは構想されていく。こうした空間として、小学校という場に新藤雄介は注意を向けている。明治の末に、埼玉県では県主導で各地に巡回文庫が生まれていくが、その巡回地として地域の読者を生み出していく場となったのは小学校であった。そして、そうした場が大正期にかけて青年団や処女会など活動として引き継がれ、多様な文庫を生み出していった過程をあとづけている。[注46]

児童という読者集団に対しては児童図書館という場が積極的に生み出されていく。当時の図書館学でも重要な位置を占める今沢慈海《いまざわじかい》は「児童室或は児童図書館の開設」を近代図書館における重要な場として価値づけ、実践していく。[注47] 学校図書館史においても、大正自由教育主義の実践校が「たいていの場合、学校や教室に児童文庫や自習室」を設けていく点が指摘されている。[注48] 児童向けの雑誌、叢書や全集出版が盛んになっていく一方で、児童の読書する場自体も作り出されていくわけである。[注49]

これまで述べてきたように、読書の場所は、書物が読者に「たどりつくプロセス」を作り出す一方で、書物を「理解するプロセス」に作用する。昭和初期には、全国の主要図書館のうちの約六割の図書館に児童室や児童図書館が設置されるまでになるが、▼注(50) こうして生まれる読書の場は、児童が読むべき書物を選別し、児童に相応しくない書物を遠ざけるようにも機能する。児童書に限らず「良書」や「推薦図書」の選定は同時に、その対極にある書物の排除と結びついている。図書館の歴史はまた、そこに置くべきでない本を選んできた排除の歴史でもある。

一九二一（大正一〇）年に帝国図書館長となる松本喜一は、図書館の全国的な連携や統制に関心を向けていく。彼はまた「国策遂行の機関」としてヒットラー政権下で国民教育の機関として図書館が大きな成果をあげたことを賞賛する論を『文部時報』に寄せている。そこでは図書週間といった企画や、ラジオ、書店と連携した図書館活動に関心を向けるとともに、ドイツで「非独逸的図書の排撃」を行っていることをむしろ望ましいこととして注目している。▼注(51)

戦前には文部省推薦図書は、内務省の発禁図書とともに図書館へと知らされ、選書や配架に作用していた。『文部省推薦並教学局図書思想関係発禁図書一覧』では、選奨図書とともに、発禁図書の図書館での閲覧禁止の徹底が求められている。▼注(52) 一方、戦後は戦後で、これら戦時期の優良図書であった軍国主義、民族主義的な出版物は、今度は図書館におくべきではない要注意文献とされ、「宣伝用刊行物」としてリスト化され、連合国軍総司令部によって没収されることとなる。▼注(53) 文部省からの通達で後に学校や公共図書館はその対象から除外されることになるものの、各地図書館ではリストにある図書を処分したり、別置したりする事例も見られた。▼注(54)

図書館は、書物と読者との接点、ルートを作り上げ、広げていくと同時に、そのルートは制限や教化の役割を担っていく。こうした接点の生成と変化、そしてその制限の歴史に焦点をあてること。そのことによって、図書館史の中から読書の近代史がうかびあがっていくことになるのではないだろうか。読者への制約や制限こそが、読書の歴史をとらえる重要な視点であることはこれまでにも述べてきた通りである。

こうした制限は、むろん図書を読者に提供する際に起こるのみではなく、書物を選び、保存するプロセスの中で生まれてもいく。図書館は書物を保存していく場でもあるが、所蔵されない本、集められない本が常に存在する。そしてその図書館が集めていない、保存していない空白が蔵書に必ず生じること、そしてその空白への意識的なまなざしを作り出していくこともまた、図書館の重要な役割として考えておく必要があろう。すべての書物を保存することは不可能なのだから。

それはまた図書館を支える法制度とのかかわりからも考えていく必要がある。日本の図書館の場合、二〇〇三年の指定管理者制度の導入が大きな問題をなげかけてきた。公的な施設の管理業務を民間の事業者や法人に期間を限って委託できる制度だが、図書館事業については導入のデメリットが大きい。▼注(55) 情報を知り、アクセスする権利を誰しもに保証するはずの公共図書館を、もしも自身の利益を優先する民間企業が運営したらどういうことが起こるのか。その問題が集約的にあらわれたのは、二〇一三年以降、佐賀県武雄市図書館を皮切りに各地で生まれたいわゆる「ツタヤ図書館」問題だろう。レンタル・チェーンのツタヤを運営するカルチュア・コンビニエンス・クラブが公共図書館の指定管理者となってカフェや有料の書店、レンタル事業と複合した公共図書館の場を展開していった。こうして生まれた武雄市図書館や、その後に生まれた海老名市図書館が購入、廃棄した書籍のリストが、市民の情報公開請求や市議による公開を通してメディアの注意を喚起した。公共図書館の選書のポリシーからは疑問を抱かざるを得ないリストだったためである。二〇一五年には愛知県小牧市で、こうした図書館計画の導入が住民投票で否決されることともなった。

図書館における保存や廃棄の問題はまた、図書館にいかに書物がたどりつくか、そしてそれらが移動するかという問いにもつながっていく。この問題については蔵書の形成や移動について述べる後の章でもとりあげる。また、図書館が創り出す書物と読者との関係は、書物電子化の広がりに応じて大きく変化しつつある。それはまさしく書物と読者との接点、ルートを決定的に変えたという点で、きわめて重要な読書の変化と言えるだろう。この点についても、改めて後の章でとりあげることとする。

5　海外の日本語読者

書物と読者の出会う接点として、読書の場をとらえる可能性についてここでは考えてきた。制約や不自由さを帯びた読書の空間は、読書の場が成立する基盤、条件やその多様性を知るうえで示唆的な事例であった。こうした点からすれば、戦前の日本の植民地や、植民地以外の海外各地の日系人の移民地の読書という問題もまた、読書の歴史について考える際の重要な問題として位置づけることができるだろう。

こうした空間は、時期や地域による違いも大きく、細やかなアプローチが求められる。戦前、戦中の場合であれば、台湾や朝鮮といった日本の植民地における日本の書物の受容と、米国やブラジルなどの日本人の移民地におけるそれとは書物がたどりつくプロセスも違えば理解のされ方も異なる。むろん植民地の中でも時期や地域において違いが生じるし、本書の冒頭でふれたフランス領インドシナのように、日本と他国によって共同で統治される読書空間もある。読書の制約や不自由さは、単なる距離の問題ではなく、それぞれの場所を支配、統治する力と不可分なのだ。

これまで、こうした移民地、植民地の読書空間は、移民地での文学表現を中心に研究が進められてきている。移民地での表現活動は、移民一世から二世、三世へと受け継がれながら、日本語、現地語、あるいはそのハイブリッドとしての新たな表現を生み出してきた。

中でも日系アメリカ人、あるいはアジア系アメリカ人の表現、あるいはその研究はすでに大きな蓄積がなされてきている。この領域では、むしろ日本よりも米国で先行して研究が展開してきている。一九六〇年代の米国での公民権運動や、黒人解放運動の高まりは、アジア系アメリカ人の表現や歴史への関心をも呼び起こす。日系アジア人による表現の問い直しや掘り起こし、さらにその研究や教育カリキュラムへの活発な展開がなされていった。アジア系アメリカ人研究を主とする学会もあり、北米での同領域での教育や研究コースは六〇を越える。[注56] こうしたアジア系アメリカ文学研究の概説や参考文献、ガイドも多く、すでに日本でもその紹介や、新たな研究の展開がなされてもいる。[注57]

日本では、戦前の日系移民の表現、特に日本語による表現の研究も成果をあげてきた。米国で出版された日本語による文芸誌を収集し、刊行した『日系アメリカ文学雑誌集成』はその代表といえようし、一九〇七（明治四〇）年に渡米し、日系紙を中心に文学活動を展開する翁久允《おきなきゅういん》については、研究や著作復刻も少なくない。[注58] ハワイや北米は、戦前から移民地として日本語新聞や日本語刊行物、教科書が活発に作られていった場だが、大規模な移民地はそればかりでない。ブラジルをはじめとする南米や、また何より日本の占領地、朝鮮や満州といった、いわゆる外地もそこには含まれる。

「外地」あるいは「旧植民地」という枠組みのもとで、そこでの表現を問い直そうとする取り組みも積極的になされてもいる。[注59]また、これら旧植民地での文学活動を掘り起こし、復刻していく作業が、満州、台湾、南洋と幅広い領域を対象に行われつつあり、今後も活発な研究を期待できよう。[注60]

ただしかし、それはそのまま移民地や外地における読書空間を明らかにしてくれるわけではない。「文学」は別に外地の歴史や文化を代表するものではないし、読者の能力や願望をそのまま反映するわけでもない。というよりも、海外の移民地という空間は、日本文学という枠組みで文化を語ろうとすること自体への違和を常に抱え込んでいるとさえ言えるだろう。

外地を視野に入れるとき、内地が自明としてきた近代文学の評価尺度そのものが、むしろ局地的な狭隘なものでもあることが分かる。さらに言えば「文学」という枠組みそのものも自明なものではない。表現と読者との関係をとらえていくには、むしろジャンルを超えて、広く移民地メディアの表現をとらえるべきであろう。こうした表現が、読者をとらえる重要な手がかりになることは確かではあるが、そもそも日本の植民地や移民地という空間で、具体的に書物と読者はどのような接点をもっていたのだろうか。つまり、書物が読者に「たどりつくプロセス」やその歴史は、どのようにして明らかにしていけばよいのだろう。そしてそこから何が見えてくるのだろうか。

日本の移民地、例えばハワイや米国、ブラジルといった地域では、その地で生まれた日本語新聞が、日本からの書物の輸入や販売、さらには読書環境を知るうえで有効な手がかりとなっている。また、図書館、書店、学校といった書物を仲立ちする機関の資料も活用できよう。戦前の北米の事例では、日系新聞を手がかりとして、その広告や書店の刊行物をもとに、北米の日本書店を追った日比嘉高の調査がある。[注61]明治の末には、サンフランシスコには書店を専業とする店舗も生まれ、貸本や日本からの輸入販売を展開しており、大正初期の広告からは日本の地方都市を上回るほどの豊富な日本の雑誌が販売されていることも分かる。日比はまた、北米のみならず、外地での書籍商組合の成立や変遷に注目することで、外地での書店がどのように生まれ、また、内地からの書物の流れが作り上げられる手がかりを見いだそうとしてもいる。▼注(62) 戦前のハワイについても、『日布時事』をはじめとする記事をもとにした研究から日本語書店の活動が明らかにされている。ハワイでは戦前から多くの日系移民を抱えてはいたが、公共図書館では日本語資料を提供してはいなかった。そうした中、日本語書店は都々逸の企画や本の配達、相談を通して読者の交流との場を作り上げていたことが分かる。▼注(63)

南米ではブラジルの日系移民地の研究事例が参考となろう。エドワード・マックはやはり日系新聞『ブラジル時報』の広告を中心に、一九三〇年代に専業書店として活動する遠藤書店の事例を明かしている。▼注(64) ただ、ブラジルの場合、専業書店の店舗を通したルート以外にも多様なルートで読者が生まれていたことに注意する必要がある。日系新聞の新聞社は同時に書籍、雑誌の輸入販売や印刷業も行っている。また、各植民地の協同組合や日本人会、青年会がその流通を支えてもいた。海外の日本語読者の問題からは、それぞれの場所で独自の書物や雑誌の広がり方をとらえていくことができる。▼注(65)

遠藤書店はまた、日本の出版物や読書に関する情報を豊富に含んだ雑誌『文化』を一九三八年に刊行する。日本と同じ雑誌や書籍も、遠く離れたこの場所では当然異なる意味を作り出していく(図16)。佐藤(田村)俊子の小説「侮蔑」は、米国生まれの二世の若者たちが、日本に来て抱く葛藤を軸に展開する。▼注(66) 一九三八年一二月に『文藝春秋』に掲載されたこの小説は、ブラジルでは翌年二月の『文化』に掲載される。米国生まれの主人公たちの葛藤が、ブラジルにおける日系二世の抱える問いとして読まれていくことは容易に想像できるし、また雑誌側も「二世教育上他山の石たる名作」として読むよう誘ってもいる。「日本主義」や「日本精神」を

図16　遠藤書店の『文化』

盛んに喧伝する日本の出版状況を伝えながら、この雑誌がそこから批判的な距離を作り出していることも重要だろう。そもそも「日本」や「日本文化」が移民地や二世にとって自明のものでも不変のものでもないのだから。▼注(67)

それぞれの場所で読者の中に生じるこうした日本語や国家、民族イメージに対する違和や葛藤は、日本の支配下にあった植民地の読書空間においても重要な問いとなる。植民地時代朝鮮の出版、読書文化について論じた千政煥は、日本の出版資本が朝鮮に進出し、総動員体制の中で朝鮮語出版物を日本の大衆雑誌が圧倒していく過程をとらえている。だが、同時にそこでの読者を「(帝国)国民／朝鮮民族／女性／知識人など、複合的に葛藤するアイデンティティーが交錯する」主体としてとらえる必要があることを指摘する。▼注(68)それはまた、読書の場所を統制、支配する仕組みやその歴史をとらえる可能性にも結びついていくものでもある。

また、図書館という空間を問う有効性についてもこの章でふれてきたが、植民地時代朝鮮の図書館については高栄蘭が一九三一年に刊行された雑誌『朝鮮之図書館』を軸に論じており、植民地統治の管理下で図書館から排除される図書、雑誌が夜市や古本屋といった流通ルートをも生み出していたとする。▼注(69)

植民地や移民地において日本語の出版物を扱う書店や学校、図書館といった場の研究は、こうした読書の場所をとらえる際の重要な手がかりとなるとともに、日本の内地では見過ごされてしまう問題を見いだす可能性に満ちている。北米について言えば、日本語図書館の形成の歴史をたどることで、日本についての情報が海外にいかに流れ、形成されていったのかを見いだしていくことができる。[注70] また、戦前、戦中に日本の植民地や占領地で展開していった日本語教育は、これら書物を読む読者を作り出していく活動でもあり、日本語の読書空間が生み出されていく過程をとらえるうえで重要な位置を占める。[注71] 戦前にハワイや北米、あるいは満州といった場で用いられた日本語教科書も次々と復刻され、読書環境をとらえていくための材料も整備されつつある。[注72]

また、外地についていえば、満鉄図書館を軸にした、満州での出版、読書環境についての研究が目を引く。単に図書館ばかりではなく、外地への書籍取次を担った大阪屋号書店の活動や、満州での書籍の流通、販売状況を含めてとらえようとする村上美代治のアプローチや、[注73] 満州での出版、統制システムや満鉄図書館蔵書の行方を視野に入れてとらえようとする岡村敬二らの研究がなされてもいる。[注74]

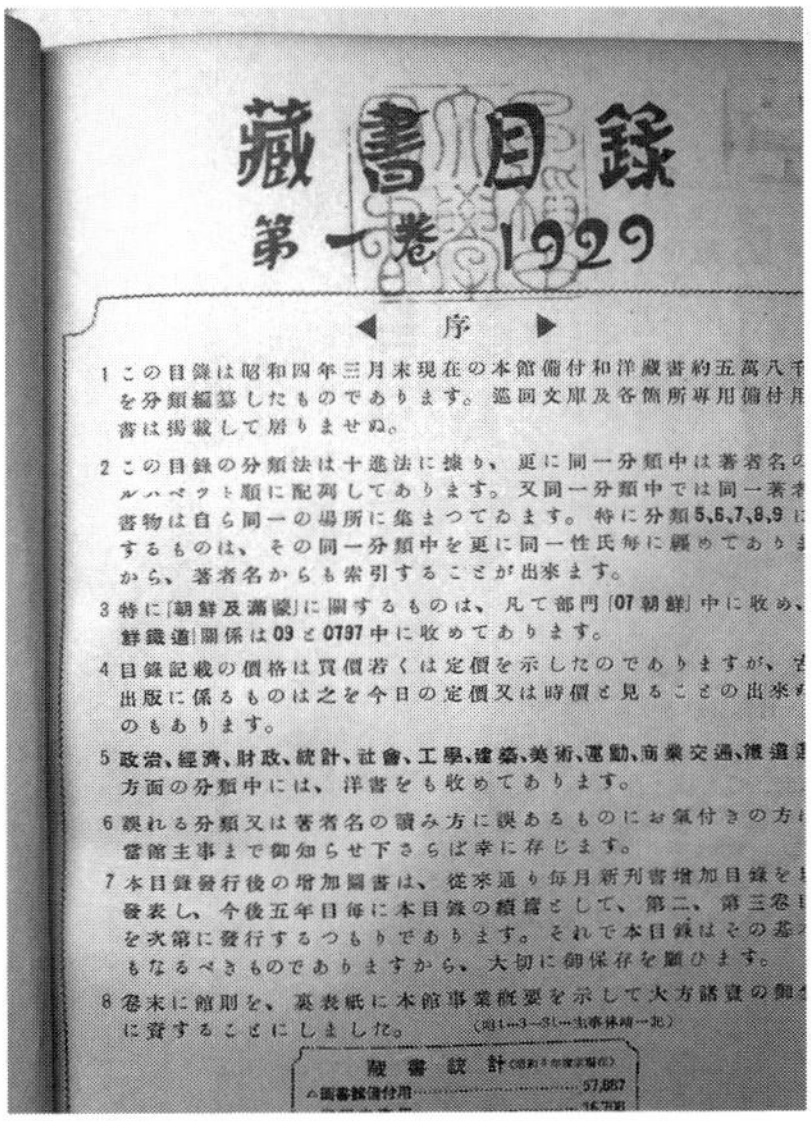

図17 鉄道図書館（京城）の『蔵書目録』

これら移民地の読書環境とともに、移民地と内地をつなぐ場、例えば鉄道や船舶といった場もまた読書空間を形成することを忘れてはなるまい。これまであまり問題にされては来なかったが、例えば朝鮮では一九二〇（大正九）年から、鉄道局員やその家族を中心として鉄道図書館が運営され、巡回文庫やホテル、旅客向け文庫としても、また、図書や雑誌の取次販売を行ってもいた。[注(75)] 五万八千冊にも及ぶその蔵書目録も刊行されている[注(76)]（図17）。

移民地において、書物と読者とは多様な接点を生み出していく。それはまた複数の言語、複数の国家や人種が交錯する場でもある。日本語や日本人を前提とした均質な読者集団ではとらえがたい場でもあろう。ただ、これまでにふれた事例は、いずれも困難な資料収集を経て明らかにされていった事例でもある。満州にしても、北米や南米にしても、移民地や植民地の資料は遺りにくく、書物が「たどりつくプロセス」にしろ読者が「理解するプロセス」にしろ、調べるには工夫や困難がともなうのは確かである。だがそれでもなお調べたくなるほど、魅力的な読書の場なのである。

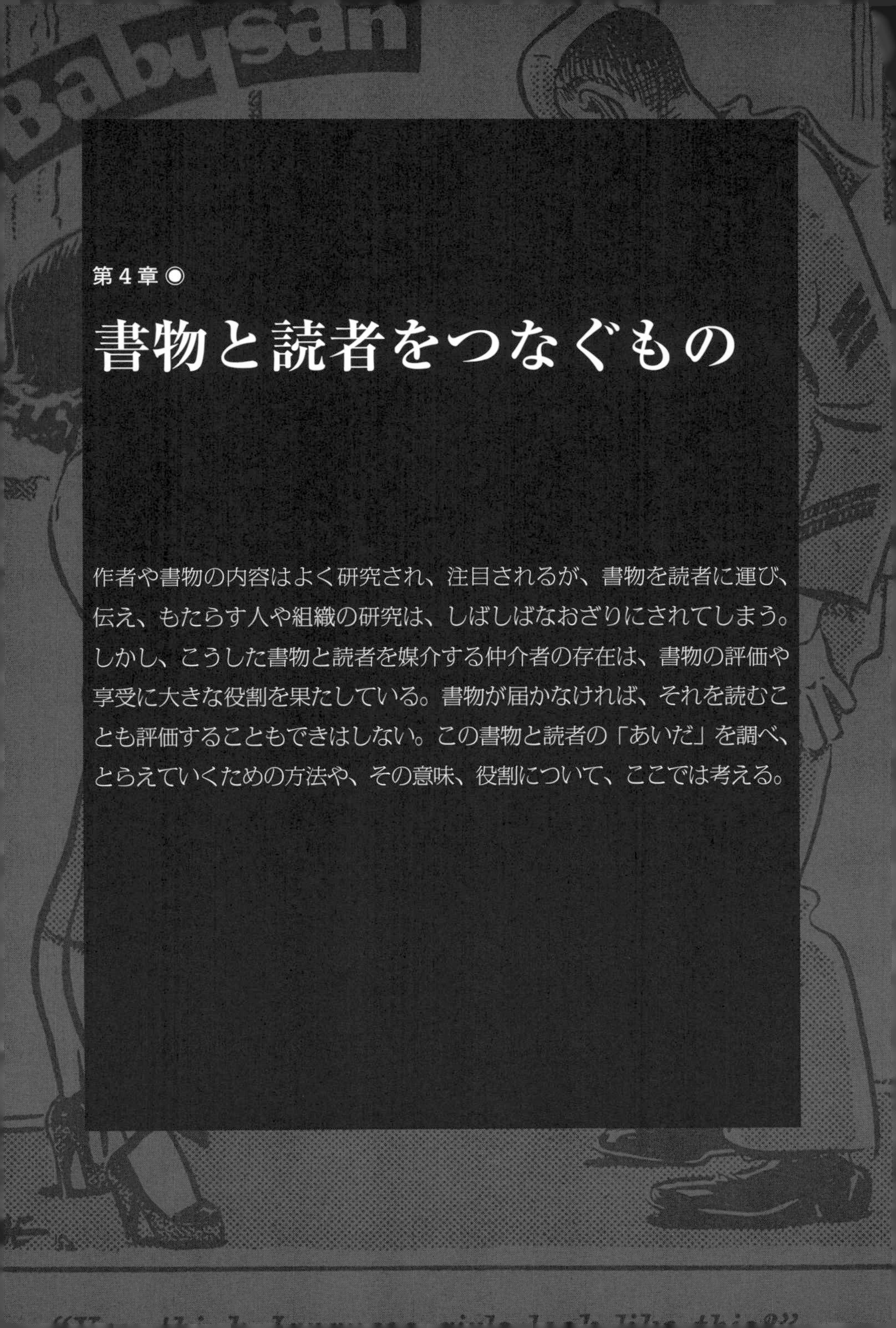

第４章◉

書物と読者をつなぐもの

作者や書物の内容はよく研究され、注目されるが、書物を読者に運び、伝え、もたらす人や組織の研究は、しばしばなおざりにされてしまう。しかし、こうした書物と読者を媒介する仲介者の存在は、書物の評価や享受に大きな役割を果たしている。書物が届かなければ、それを読むことも評価することもできはしない。この書物と読者の「あいだ」を調べ、とらえていくための方法や、その意味、役割について、ここでは考える。

1　書物と読者の「あいだ」

いかに作者が苦労して書こうが、またその書物がいかにすぐれていようが、それらが読者にたどりつかなければ意味はない。どれだけ、どのように届けるかに応じてその書物の影響も変化するだろう。書物の執筆や出版がどれだけ自由であっても、それを届ける人や組織が不自由なら、読書もまた不自由なものとなろう。読書の歴史を問う際には、書物を読者に仲介し、届ける存在を問うことが、その作者や書物自体への問いに劣らず重要なのだ。

前章では、書物と読者との接点、読書する場所の問題を扱ったが、この章からは、書物が読書する場所に「たどりつくプロセス」を問題にしていく。書物が読者にたどりつくまでの「あいだ」へと目を向けることになる。とはいえ、この「あいだ」で書物を仲介し、届ける人や組織は、実に広範で多様だ。具体的にイメージしやすいのは、書店や取次といった書物の販売、流通にかかわる組織だろう。ただ、実際には書物は寄贈される場合もあれば貸される場合もあるし、略奪してもたらされる場合もある。書物の仲介者は無償の教育者であることもあれば、国益を優先する略奪者であることもある。書店史や書物の販売史、流通史が参考となるのは確かだが、まずは仲介者をどうとらえ、それを問うことにどのような可能性があるかを考えておくことが必要だ。

取次や書店の歴史について描いた書物は少なくないが、それらが必ずしも書物が読者に「たどりつくプロセス」を描いているとは限らない。そもそも取次や書店の歴史はどのようにして描けばよいのだろうか。その創業者の伝記を記す場合もあれば、その会社の経営や収支が記される場合もあろうし、扱った書籍の書名や分量を記す場合もあるだろう。だが、ここでとらえたいのは書物と読者とのつながりがいかに生まれ、変化してきたか、なのである。そしてまた書物と読者とのつながりが、何を生み出してきたか、なのだ。そこでこの章ではまず、こうした書物と読者の「あいだ」をつなぐ仲介者をとらえ、評価する意味や方法について、具体的な事例をもとに考えていくことにする。日本の近代において、書物を仲介するシステムを担ってきた取次や書店については、次章で改めてとりあげることとする。

それはまた、これまで十分に評価されてこなかった営為に、仲介者という観点から光をあてることにもつながるだろう。書物をもたらすもの、あるいはより広く、書物を分かりやすく、あるいは魅力的に紹介し、あるいは翻訳、翻案するといった行為は、独創的な行為というよりも機械的で、二次的な営みとして、あまり高い評価は与えられない。しかし書物の仲介者は単なる輸送者に止まらない。国境を越えて読者にいたる書物の流れを作り出し、あるいは作り替え、場合によっては新たな読者をも作り出していく。書物を仲介し、媒介する行為は、先に述べたようにまさに創造的な営みなのである。

こうした点で示唆的なのは、翻訳史や通訳史研究の展開だろう。異なる言語間での翻訳や通訳の営みは、もとの表現と完全に等価な意味を作り出す営みではない。相手や目的、文脈に応じて意味を創造する主体的な営みである。鳥飼玖美子は、通訳、翻訳研究の歴史をふりかえりながら、この仲介者が「黒子」、「見えない存在」として看過されてきた点に注意をうながす。▼注(1) この「黒子」が脚光をあび、また重要な役割を果たした歴史的事例として東京裁判の通訳に武田珂代子は焦点をあてて研究をまとめている。▼注(2) 武田もまた、東京裁判における通訳の重要性や豊富に遺された資料にもかかわらず、その研究がほとんどなされてこなかった点に注意を向けている。こうした通訳、翻訳やその歴史研究の成果は、読者への仲介者をとらえる読書の歴史研究の可能性を示してもいようし、また、仲介者をとらえる資料や方法、有効性を教えてくれもする。

本章では主に二つの仲介者の事例をとりあげてみたい。一つ目の事例は、角田柳作《つのだりゅうさく》である。角田柳作は戦前米国に渡り、米国で日本語図書館を作る活動を展開していくこととなる。彼はいわば米国の日本研究の基盤を作っていった人物の一人と言えるだろう。二つ目の事例は、チャールズ・E・タトルである。占領期に日本で書籍ビジネスを開始した彼は、同名の出版社、書店を作り出し、戦後長く活動していくこととなる。海外の書籍を日本へ、そして日本の書籍を海外へと送る事業をもとに、彼は様々な書籍ビジネスを展開していった。この二つの事例をもとに、書物を読者に仲介し、届ける活動を歴史的に掘り起こしていくことの意味合いや、その方法について考えていくこととしたい。

二つの事例は、いずれも国境を越えて書物をもたらし、読者を作り出していく活動を行った草分けのような人物についてのものだが、書物を仲介するという行為は、単に書物を移動、運搬するということにとどまらない。それは単純な書物の輸送だけではなく、書物を紹介し、選別し、場合によっては読者に応じて書物の形を作り変えたり、新たな書物を生み出したりもする。書物を仲介する行為は、新たな書物を作り出していく活動に近いとさえ言えるだろう。

二つの事例の共通点がもう一つある。ともにその活動の影響は深く、広いにもかかわらず、あまり研究がなされてこなかったということである。角田柳作の場合、数は少ないものの意欲的に取り組んでいる研究者に支えられているが、タトルにいたってはほとんど研究らしい研究が存在しない。書物を書いた人物は研究の対象になりやすいが、書物を運んだ人物は研究の対象になりにくい。

しかし、それは書物をもたらすという行為に価値がないことを示しているというよりも、そうした行為をすくいとり、光をあてることが、十分なされてこなかったことを示してもいる。この二つの事例は、そこに光をあてることで何が見えてくるかを示してもくれよう。

書物をもたらす仲介者は、最初に述べたように非常に広範で、そこには様々な人や組織の活動が含まれる。その多様な活動を意味づけ、評価していくためには、やはりここでもその活動を読書の制約や不自由さとのかかわりの中でとらえていかねばならない。書物をもたらし、届けるという行為は、単純に読書の自由に結びつくわけではない。その活動は、同時に読者に届く書物を選別し、意図的な、あるいは意図せざる偏向や制約をも読書に作り出していく。今日のように送る書物の速度や量が増したとしても、その問題が消えてなくなるわけではない。

膨大な出版物を日々大量に小売書店へと届け、読者に提供する現在の出版、流通システムが、短期的に売れる回転の早い商品を中心に、画一化された数多くの小売書店を作り出してきたことはすでに指摘されて久しい。▼注(3) 書店に置かれる書物はけっして少なくないが、よほど大規模な書店でもない限り、配架スペースには大きな制約を負わざるを得ない。そこでどれだけの読めない書物が生み出されているかは、想像するまでもない。

書物を仲介するという活動は、現在の書物の流通や販売の仕組みを最上とするものでもないし、自明とするものでもない。書物を仲介する速度や量、効率が読書の自由に直結するものではないのだ。書物を仲介するという行為は、むしろ規模の大小はあれ、私たちの誰しもが担いうるし、その形は様々な展開の可能性をもっている行為でもある。書物を仲介する行為を、そしてその歴史を掘り起こしていくことは、現在の書物の流通や販売の仕組み自体を当たり前のように見なすのではなく、そこで生まれる制約や不自由さを考え、さらには仲介する行為の多様な可能性を模索することだと言ってもよいのではないだろうか。

それが、これまであまり評価されてこなかった営為に、仲介者という観点から光をあてることにもつながるわけである。書物をもたらすもの、あるいはより広く、書物を分かりやすく、あるいは魅力的に紹介し、あるいは翻訳、翻案するといった行為は、独創的な行為とは見なされず、その価値が見過ごされてしまう。しかし書物の仲介者は単なる輸送者に止まらない。読者にいたる書物の流れを作り出し、あるいは作り替え、場合によっては新たな読者をも作り出していく。書物を仲介し、媒介する行為は、先に述べたようにまさに創造的な営みなのである。

2 「あいだ」の調べ方

書物をもたらす行為や、活動は、しばしば見過ごされがちである。私たちは書き遺された書物から、それを書き遺した人々について考える。けれど書物を運び、もたらした人や、さらにはその書物を紹介したり、訳したり、教えたりする行為は、あまり創造的な行為とは見なされずに看過されてしまう。

では、このような書物をもたらす人や組織の活動を、どのようにして調べていけばよいのだろうか。そしてどう評価していけばよいのだろうか。書き手ではない以上、まとまった形で自らの行為や思想について書き記しているとは限らない。また、書物をもたらすという行為は、その仲介者自身の思想や意思に価値があるというよりも、もたらされた書物と、そこに生じる読者との間に新たな価値が生み出されていく行為でもある。書物の仲介者は、その行為自体に価値があるというよりも、書物と読者をつなぐことを通して、新たな価値を生み出すための環境を作り出すのだ。

まず何より、見過ごされがちな仲介する人や組織、その活動に目を向けることが必要だ。先に述べたように、こうした活動は必ずしもこれまで十分評価もされてきていないし、注目もされていない。場合によっては、その活動を担った企業や個人の関係資料がまとまって遺っていることもあろうし、そうした資料が重視されないまま廃棄される恐れもある。

ここでとりあげたチャールズ・E・タトルにしてもそうである。調査でこの出版社を訪れたときのことはいまだに忘れられない。著名な出版社であり、書籍の輸入や版権売買も行ってきたこの企業は、日米両国に複数の拠点をもっていた。社の過去の業務資料は、現在ではボストンから車で三時間ほどの、ヴァージニア州ラトランドの米国側の本社に遺されていた。捨てずに遺されていたというのは幸運ではあったが、誰かがこれまでに利用した形跡はない。社員がフォークリフトで運んできてくれたそれらの資料は数十箱もあり、文字通り山をなしていた（図18）。

図18　チャールズ・E・タトル出版の記録文書

書物を仲介した様々な人や機関には、こうした資料が顧みられることなく眠っている可能性がある。国内でも同様であり、取次や書店に、あるいは学校や図書館に、書物を運び、届けた記録は数多く散在しているに違いない。そして書物の書き手についての資料は注目されるが、こうした書物を運ぶ者の資料は意外に注意が払われてはいない。まずもって仲介するという活動自体に目を向け、そこで生まれる資料の収集や保存を試みていく必要がある。

とはいえ、やはり書物を仲介する活動を調べ、考えていくうえで重要なのは、何よりその活動をどう評価していくか、という点にあろう。書物と読者とをつなげる活動を、単に速度や効率といった側面からのみではなく、どういった面から評価していけばよいのだろうか。

この問題の難しさは、ちょうど鉄道の歴史を考えることと似ている。鉄道は、場所と場所、人と人とを結びつけていく「あいだ」の存在である。鉄道は、具体的にその運賃や営業形態、路線距離や車両性能という形で客観的にその歴史を記述することが可能だ。また、速度や積載量、正確さや安全性といった尺度で鉄道を評価することも可能だ。

しかし速度や効率自体に普遍的な価値があるわけではない。鉄道の変化を評価したり、意味づけるのは、鉄道そのものの歴史ではなく、それによってつながった地域や人々がどう変わったか、という点である。鉄道の歴史の重要な部分は、実は鉄道の外にそれがもたらした変化にある。書物を届けるという活動は、届けた地域やその読者に何をもたらし、それをどう変えていったかを通して評価していくことが必要だ。

ここでとりあげる二つの事例、角田柳作とチャールズ・E・タトルの場合でも、書物を通していったい彼らが何と何を結びつけたのか、そして結びつけた地域や人々に、何をもたらし、それらをどう変えていったのかが重要なのである。そこが、仲介者の活動を調べ、評価していく場合のポイントとなる。先ほど二つのこの事例の共通点をあげたが、実はもう一つの共通点として、両者を表す際にしばしば同じメタファーが用いられてきた点があげられる。「架け橋」がそれである。角田柳作は「太平洋の架橋者」と言われ、タトル社はまた自社のブランディングに「東西文化の架橋」を用いてきた。▼注(4) どちらの活動をとらえる場合にも、書物を通して作り出されていくこの橋、つながりが鍵になる。

このことはまた、仲介者の活動を調べ、とらえていく方法を示唆してもくれる。書物の仲介者をとらえていくためには、仲介することでつながっていく様々な人や組織のネットワークをとらえていくことが有効なのである。書物を読者に届け、受け渡していく活動は、書物と読者、あるいは読者どうしの広範なつながりを作り出していく。仲介者が作り出したネットワークをもとにして、新たな知が形成されることもある。仲介者そのものの情報や資料が少なくとも、仲介者がつないだ人々や組織をたどり、流れた書物の行方をたどり、その広がりを追っていくことによって仲介者の活動をとらえていくことが可能ともなっていくのである。

書物の仲介者の活動は、直接その人の思想や言葉として遺されているとは限らない。その人物を通して届けられた書物や、それら書物を通して結びつけられた読者を通して、間接的にその活動を浮き彫りにしていくことも必要となろう。届けた書物が蔵書の形で遺っていれば、その蓄積された蔵書のありよう自体が、仲介者の活動を語ってくれることもあるだろう。そしてまたその蔵書が作り出した読者たちとのつながりもまた、その仲介者の活動のはるかな成果なのである。

見過ごされてきた書物の仲介者たちの活動を、こうした観点から掘り起こしていくことはまだまだ可能だろう。書物の編集者や出版社の活動にしても、書物と読者とのつながりをいかに作り出してきたのか、という側面から、改めて評価していくことが可能だ。書物が読者にいたる「あいだ」には、見いだしていくべき人や組織がたくさんあるに違いない。

3　図書館の創造

二〇〇七年から翌年にかけて、角田柳作をめぐる展示と、そして国際シンポジウムが日本と米国でそれぞれ行われた。開催されたのは角田の出身校である早稲田大学と、彼が長く教鞭をとったニューヨークのコロンビア大学とである。▼注(5) 彼はいったい何をした人物なのか。それを一言で説明するのは難しい。戦前からコロンビア大学で日本の文学や歴史について長く教えていた彼だが、著名なまとまった研究や著作があるというわけではない。また、特別な思想や学説で知られているわけでもない。▼注(6) 若い頃に日本で刊行した井原西鶴についての著述が一冊、心理学者であるヴィルヘルム・ヴントの訳書が一冊、ハワイで教職にあった折に刊行した著述が一冊あるが、あまり顧みられることはなく、これらは今では手に入れることさえも難しい。▼注(7)

そもそも私自身、角田柳作の思想にさほど関心があったわけではなかった。私は米国における日本語図書館の歴史や状況について関心があり、その調査を行ってきた。コロンビア大学の場合、調査当時は三〇万冊に及ぶ日本語図書を所蔵しているのだが、それがいつ、どのようにできたのかに関心があったのである。この大学の場合、戦前の段階ですでに三万冊近い日本語蔵書を抱えており、これは日本から遠く離れた海外の、しかも私立大学の日本語図書館としてはきわめて珍しい。▼注(8)

とはいえ、米国では一九二〇年代に、いくつかの大学でこうした日本図書館を作る動きが生まれていた。イエール大学で教鞭をとっていた朝川貫一《あさかわかんいち》や、ハワイ大学に招聘され日本学コースを担っていた原田助《たすく》は、米国内での日本学の必要性、そしてそれを支える日本語蔵書の必要性を訴え、それぞれに日本語図書の収集にも力を尽くした人物である。彼らは、角田柳作と同じく、米国内の日本人コミュニティや、日本国内の文化、学術機関や政財界の広範なネットワークを通して、日本語図書の寄贈やそのための資金提供を呼びかけていく。

といっても図書は、資金があれば集まるというものではない。インターネットを通して容易に書物を売買できる現在とは異なり、戦前の米国で日本の書物を買うには多くの障壁があった。日本ではどのような書物が、どこで売られているのか、そしてそれらの中から、何を選べばよいのかを、海外で判断するのは難しい。それを当時可能にしたのは、日本の図書に精通し、その売買や管理にも詳しい日本国内の人々と海外との多様なつながりだった。

角田柳作（図19）は、日本文化を紹介し、文化交流の拠点となるようなセンターを米国に作ることを構想する。まず米国内の日本人団体や日本に関心のある学術団体や経済人を通して資金を集め、次に日本国内でさらなる支援と資料収集を行う。そして最終的にはそのセンターを、米国内で独立した機関として、米国人の運営にまかせることをめざしていた。

図19　ニューヨーク時代の角田柳作

一九二七（昭和二）年に日本に帰国した角田は、この計画への協力を各方面に求め、三菱合資会社の岩崎小弥太の資金援助を得ることになる。米国と、そして日本とで、この機関を作るための組織である日米文化学会の結成も進められた。日本側の委員会では帝国大学で史料編纂事業にあたっていた三上参次や黒板勝美ら各機関との連絡にあたった。彼らはまた、先にふれた朝川貫一による日本文献収集にも協力していた人物である。

角田のこうした書物をもたらしていく活動は、何から、どのようにして知ることができるのだろうか。彼自身が、この活動についての細かい経緯を著述としてまとめているわけではない。しかし、この活動の痕跡は、様々な経路からたどっていくことができる。というのも、彼の活動は多様な人脈や、機関相互のつながりを作り上げ、連携していく活動だったからである。

例えばこの折に集められ、寄贈された書物自体、これら書物を送り出した人々と角田との接点を示しているのだ。この当時、寄贈された資料は、その後、目録の形でまとめられており、それらの書物は、寄贈を行った機関ごとに一括してまとめて目録化されている。宮内省や東京帝室博物館をはじめ、各省庁や自治体、大学、研究機関や寺社が寄贈した書物とともに記録されており、角田の作り出していたネットワークがそこからはうかがえるわけである。[注(9)]

また、当時の新聞からもむろんこの活動はうかがえる。『読売新聞』紙上では、彼が各地の大学以外にも、宗教関係機関や、出版社、新聞社に熱心に活動を呼びかけ、成蹊学園を会の本部として活動していることが報じられている。また、『朝日新聞』からは、学術界ばかりではなく、三菱銀行の青木菊雄ら、財界のトップがこの活動を支援していること、また、角田の活動の初期の段階から、外務省が積極的に支援していることがうかがえる[注(10)]（図20）。国内新聞ばかりではなく、米国内の例えば『ニューヨーク・タイムズ』や日系人向けの新聞でもその活動が報じられており、その活動にかかわっていた人々をたどっていくことが可能だ。[注(11)]

角田柳作のこの活動は、日本国内、そして米国内の多くの人脈を活用しながらなされたものであり、両国内に支援組織を作る大規模なものでもあった。したがって米国内でも、この活動についての資料を保存している機関は数多い。当時の米国にとって経済的、外交的に重要な関係にあった日本について、米国内各地の大学でも関連学科の設立、強化に関心が向けられてもいた。それらの大学、例えばプリンストン大学や、ハーバード大学、さらにはこうした学術交流を支援する米国議会図書館や、民間のロックフェラー財団においても、この日米文化学会の議事録や、関係文書が多数遺されている。角田という一つの「点」からは見えない活動や情報は、こうしたネットワークに含まれる機関が所蔵する資料を掘り起こし、書物や資金の流れ、支援した理由や背景など、その活動を外側から照らし出していくことが可能になるのである。

書物の授受、移動は、文化的な面からのみ考えられがちだが、政治、経済的なネットワークと密接につながっていることも、角田という事例はよく示してくれる。寄贈図書とはいえ、大規模な書物の輸送や管理には多額の資金が必要となる。そしてそれを可能とした政財界の支援にもそれぞれに理由がある。日米間の経済関係もその理由となるし、米国における日系移民排斥をはじめとする対日感情の悪化を改善していくためにも、文化交流は重要な手立てとなっていた。

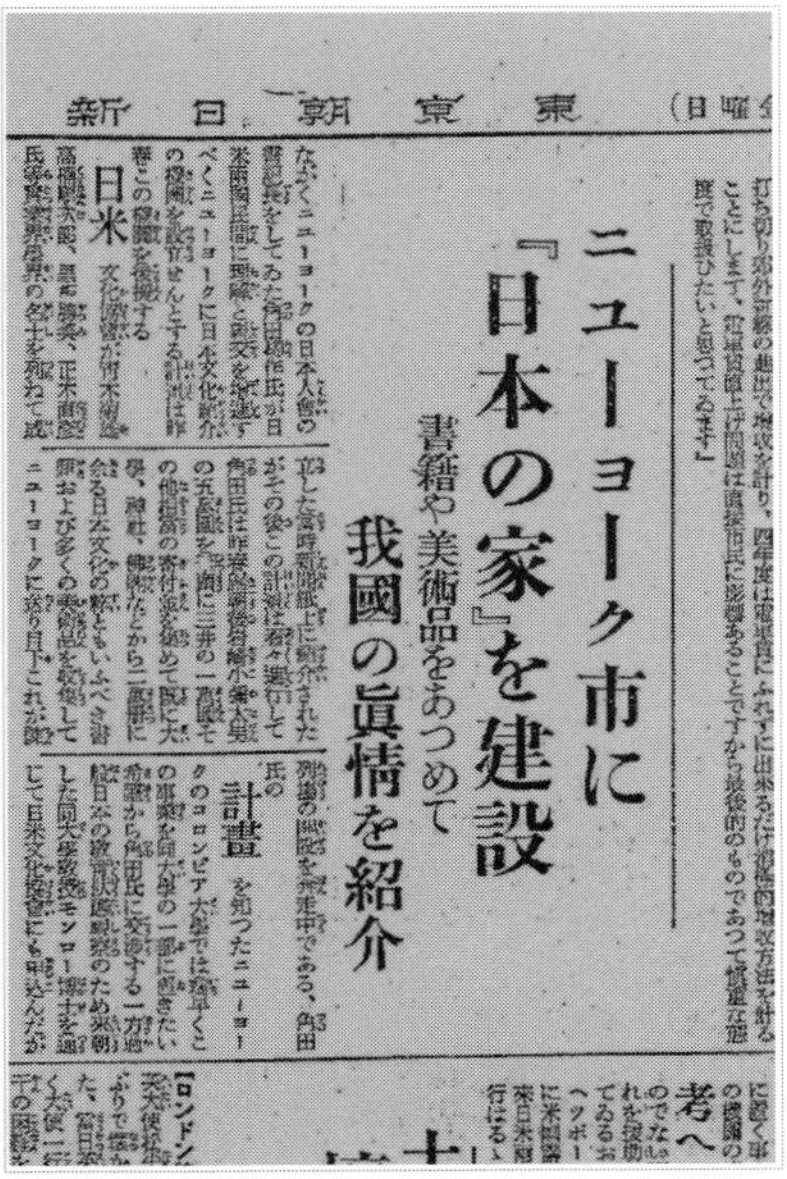
東京朝日新聞

ニューヨーク市に『日本の家』を建設

書籍や美術品をあつめて

我國の眞情を紹介

図20 『朝日新聞』（1929年2月15日）

財界での支援者である渋沢栄一や、外交面で支援していった外務省からも、この活動に関係する資料をたどっていくことが可能だ。外務省の資金をもとに、一九三六（昭和十一）年には、海外への日本文化紹介の活動を担う国際文化振興会が設立される。この機関の資料にも、当時の日本学振興にかかわっていた角田柳作をはじめとする人々の活動が記録されている。▼注(12) 日本の中国への侵略によって、米国をはじめとする国際的な批判が高まる中、こうした日本の文化宣伝は、より政治的な意味合いを担わされていくことにもなる。米国のスタンフォード大学のように、外務省が直接その機密費による支援で日本学講座を設けるような事例が出てくるのはこうした活動の一環である。▼注(13)

角田柳作が、日米文化学会のもとで収集し、米国にもたらした書物は、コロンビア大学に一時的に保管され、やがて同大学が日本学研究を立ち上げていくことを条件として正式に移管される。そしてコロンビア大学では一九三七（昭和一二）年に、これら豊富な書物を背景に、日本研究所が実質的に活動をはじめることとなる。

しかし、日本の書物と米国の読者をつなぐ角田の活動はまだ終わらない。彼は書物とともにコロンビア大学に移り、教鞭をとることとなる。それら書物を読み、活用することを教えることになるわけである。彼はまた、日本の書物を、図書館でどう扱い、管理するかについても早くから関心を向けてもいる。ただ書物があるだけでは役に立たない。それらの目録を米国内での様式にあわせて作り上げていかなくては、どこにどのような書物があるかさえも分かりはしない。米国のみならず、海外での日本語蔵書を作り上げるプロセスにはこうした人々の活動が深くかかわってきた。▼注(14)

彼は日本の書物をその場所に単にもたらすのみではなく、それらを読者と実際に結びつけるための仕組み、すなわちそれらを解説し、紹介し、利用するための条件を整えていったわけである。角田の活動は、こうして書物を介しながら、人と人、組織と組織とを国境を越えてつなげていく仕組みを作り出していった活動だと評価できるだろう。その活動は自身の著作という形を必ずしもとらないが、日本をフィールドとする多くの研究者や専門家がそこから生まれていったこと自体、書物の媒介者である彼の行為の力や影響を証することでもあろう。そしてそうしたつながりを作り出す力が、私自身をもその末端につなぎとめることになったわけである。

4　書物の仲介業

書物をもたらす人々の活動をとらえ、評価していく事例として、もう一つとりあげたいのが、チャールズ・E・タトルの事例である。書物の書き手に比べ、書物と読者の間をとりもつ編集者や出版社、印刷社や流通、販売業者はとりあげられにくいし、研究も多くはない。むろん出版社や書店の歴史が書かれていないわけではないが、関係者の自伝や回想記の形でしか遺されていない事例も多い。歴史資料が残りにくい出版社の歴史を掘り起こす方法とその実践では、磯部敦による東京稗史出版社（印刷所でもあった）の研究が参考になろう。[注15] ここで扱うタトル社の場合、その影響力や世界的な知名度に比して、その研究はおろか、回想や記録類もほとんど作られていない。

それは書物をもたらすという活動自体のとらえにくさゆえであろうが、タトル社の場合、その事業が日米間にまたがるものであったことや、さらには書物を仲介する多様な形の活動を展開していたことも、その全体像をとらえにくくする理由となっていたのかもしれない。タトル社は、日本の書物の輸出業者であり、洋書の輸入業者でもあり、また出版社でもあり、書店でもあった。翻訳出版を手がけてもいたし、翻訳する権利自体の売買をも行っていた。

とはいえ、米国本社には、先述したように比較的まとまって社の過去の資料が保管されている。また、その出版物も多く、日本国内に今日でもタトルの名を引き継いでいる企業はいくつか残っている。チャールズ・イー・タトル出版、タトル・モリ・エージェンシーや、沖縄にある書店のタトル・ブックストアも、もとをたどればタトル社に行き着く。問題は調べにくいかどうか、あるいは資料が遺っているかどうか、という以前に、まずこうした書物と読者のあいだにある組織に目を向けるかどうか、そして、読者の歴史にどうかかわったかを考えるかどうか、なのである。

チャールズ・E・タトルは、ヴァーモント州ラトランドで代々出版、印刷業を営んでいた家に生まれた。彼はハーバード大学で米国史や文学を学び、コロンビア大学の貴重書セクションで一年働いている。彼の父は貴重書や古書の販売で全米での取引を行っており、何もなければこの家業を継ぐことになっていたかもしれない。▼注(16)

その転機となったのは日米間の戦争であり、従軍したタトルが向かうこととなった占領地の日本という場所での体験だった。出版、流通ビジネスに詳しかった彼は連合国軍総司令部（GHQ／SCAP）の民間情報教育局（CIE）の調査室長となる。CIEは連合国軍総司令部のもとにおかれ、主に映画や出版メディアなど、文化的な側面から日本の改革、民主化を担当していた局である。特に出版社、新聞社や書店業界に対する施策を担当していた彼は、日本の出版、流通業界へのアドバイザーとして、業界との多様なつながりを作っていくこととなった。▼注(17) 一九四六（昭和二一）年に除隊するが、そのまま陸軍省雇用という形で、民間人として同様の職務を続けていくこととなる▼注(18)（図21）。

後にこの頃のことを回想したタトルは、「半分制服半分平服」と語っている。▼注(19) 日本と米国との間で、そしてまた軍と民間との間で、彼は活動していたこととなる。折しも、日本は米国の、米国は日本の書物を必要としていた。戦中の日本では欧米からの書物の流入が途絶え、当時海外との交流事業を担っていた国際文化振興会の文書では「洋書飢饉」といわれる状況にあった。▼注(20) 米国側でも対戦国であった日本の書物が購入できなかった

海外出版讀書界の動向

讀書週間記念講演会錄音

総額卅万ドルの文学賞

グンと廉い紙装釘大衆版

図 21　読書週間で講演するタットル

のは同様であり、そうした状況下で重要な地域として米国は東アジアに高い関心を向けてもいた。米国内の各大学は、日本学や中国学といった地域研究コースの設置を計画し、日本の書物を入手するためにしのぎを削ることとなる。

　しかし、占領地である日本は軍政下にあり、米国の大学や書店が直接日本の書店と取引することは難しい。このため各大学は、その大学出身で占領地にいた、将官、士官を通して書物の購入ルートを開拓することとなる。つまり、軍と民間との間で、日米間を仲介する位置こそ、国境をまたぐ書物取引には理想的だったのである。この時期の日本の出版物のコレクションとしては、米国メリーランド大学のプランゲ文庫が著名だが、ゴードン・プランゲも占領軍のスタッフであると同時に、もとはメリーランド大学の教員であり、大学

図22 「日本女性ってこうだとでも思ってた？」

と軍とをつなぐ位置にあった。▼注(21)

こうした中で、タトルは占領下の日本で一九四八（昭和二三）年にチャールズ・E・タトル社東京支店を設け、米国各地の大学図書館と書店とを結ぶ取引をはじめる。今日、米国大学の著名な日本語図書館では、必ずといってよいほど、タトルから送られてきたこの時期の書簡が数多く遺されている。米国大学の場合、こうした文書類は大学史記録文書として保存、公開されているケースが多く、そこからタトルの広範な活動をとらえていくことも可能だ。

一方でタトルは、洋書を日本に輸入し、販売する事業をも展開していく。洋書の需要は、占領地の外国人はもちろん、先に述べたような学術機関をはじめとした需要も多かった。一九四九（昭和二四）年の日本橋高島屋での店舗を皮切りに、国内各地に洋書店を展開していく。また、PXと呼ばれる占領軍内の販売店舗での書物販売もタトルが手がけており、その販売店網を通して洋書、洋雑誌を供給していく。

タトル社はまた出版事業に乗り出していく。初期のベストセラーとしては一九五三（昭和二八）年の『ベイビーさん』があり、米兵たちとつきあう若い日本人女性「ベイビーさん」が漫画仕立てで描かれて好評を呼び、続編も作られている▼注(22)（図22）。英語によって日本の文化や生活について紹介、説明する一般向けの書物は、当時多くはなかった。内外の顧客からこうした書物の要望を受けていたタトルは、この路線での出版事業を展開していく。日本文学の翻訳、紹介から武道や華道、料理や建築、麻雀ガイドにいたるまで、その範囲は広い。日本の情報を、書物として海外に向けて販売していくわけである。

日米間にわたるタトル社の広範な事業展開は、日本と米国、軍と民間とのあいだをつなぐタトル社の活動の特徴である。それを支える中枢スタッフもCIEの出身者によって構成されており、タトル社がもともと担当していたCIEの調査室のスタッフを引き継いでいた。こうして事業を拡大していったタトル社は、一九六〇(昭和三五)年には国内に五つの販売店を構え、日米にわたる一八〇人のスタッフを抱えた企業として、国境を越えた書物の複合ビジネスを展開していくまでになる。

5 仲介者の役割

書物を仲介する者として、タトル社の事例をとらえたとき、そこからどのようなことが見えてくるのだろうか。タトル社の歴史から見えてくるのは、何より書物の仲介者から派生していく事業の多様な広がりと可能性である。書物をもたらし、届けるという行為は、単に書物を運ぶということにとどまらない。確かにタトル社は、日米間において、双方の書物を運び、販売する事業を行っていた。だが、その事業は、ちょうどあるところにたまった水が細かい隙間を通って多様な方向へ浸透していくように、複雑な広がりを見せることとなる。タトルの事業は、書物を仲介するという行為が、むしろ積極的な創造行為であることをよく示してくれる。

もともとは日本から米国の読者へ、米国から日本の読者へと書物を届けていたタトル社は、書物が読者にたどりつく地点で活動していた。このことが、読者からの要望や新たなニーズをもとに多様な業態を展開する端緒となっていく。当時、日本の書物を求めていたのは規模の大きい大学図書館や研究機関だった。したがって必ずしも一般の書店に並んでいる書物を求めているわけではない。

例えば学術雑誌や、企業、政府の出す報告書の類も、書店には並ばないが日本を研究するにはきわめて重要なリソースになる。タトル社は、もともと販売目的として刊行されていなかったこれらの刊行物をリスト化して販売し、積極的に「商品」へと転換していくのである。▼注(23) 無償で提供されている刊行物や情報が、国境をまたいだ瞬間に商品価値を担うのは珍しいことではない。書物について言えば、例えば書物の書誌情報がそうである。

戦後から、海外の図書館で急激に増加していく日本語図書を前に、大きな問題となっていくのは、それらの書物についての目録作成である。読者が書物にたどりつくには、著者やテーマ、書名などの情報をもとにその書物にたどりつく仕組み、すなわち目録の作成と提供が重要になる。特に数千、数万冊を越える図書館では、目録は書物の不可欠な仲介者なのである。しかし、当時司書でなおかつ外国語（日本語）が読める人材は米国でもごくわずかだった。

終戦から一九五〇年代にかけて急激に増加していった米国内の日本語蔵書によって、六〇年代にはそれを米国内で目録化する方法や、人材の問題が深刻化していく。▼注(24) この章でとりあげた角田柳作にしても、この問題に早くから取り組んでいた。タトル社は、すでに五〇年代から、日本の国立国会図書館の作成していた図書カードをもとにし、書物のみではなく、書物の目録情報、図書カードの販売を行っていく。書物のみではなく、書物の書誌情報を商品化していくわけである。タトル社が各大学図書館に送った数々の書簡からは、こうした仲介事業の多様な展開を見ていくことができる。

日本の書物を米国に届けるにしろ、あるいは米国の書物を日本に届けるにしても、それを読めるのは外国語が読める読者に限られる。より広範な読者に届けるには、それらをその国の言語に翻訳し、出版しなくてはならない。タトル社はこうした翻訳書籍の出版、販売事業をも行うことになるが、そこでさらに新たな市場が生まれる。翻訳し、販売するための権利の売買である。

戦前においては、日米間の翻訳は互いに自由な状況にあった。米国にしても、ソ連にしても、著作権の国際条約であるベルヌ条約には戦前に加盟してはいなかった。日本と米国の間では一九〇六（明治三九）年に著作権に関する条約が結ばれ、互いに自由な翻訳が可能であったわけである。

しかし、戦後、GHQ／SCAPのもと、日本国内に向けて外国語文献を翻訳、出版する際の権利や手続きが、改めて問題化されることになる。一九四六（昭和二一）年以降、GHQ／SCAPは、日本で翻訳される外国語文献を統制する方策をとっていく。すなわち、占領軍よって許可された翻訳書に対して、その出版を希望する出版社が入札し、権利を手に入れる方式になる。これは、翻訳する書物をいわば占領軍側で選定することともなり、また、事実上ソ連（現ロシア）の著作物の翻訳を閉め出す役割を帯びたことが指摘されている。▼注(25)

翻訳、そしてそれを出版する行為は、書物と読者とを仲介する行為の一つでもあるが、それは単なる紹介というよりも、同時に書物を選定、排除し、ときには政治的な意図をも帯びる行為ともなる。書物と読者とをつなぐ役割に目を向けることが、読書の自由、あるいは不自由をとらえる重要な手がかりともなるのはそれゆえである。

この翻訳権について検討していたのはタトルのいたCIE、すなわち連合国軍総司令部の民間情報教育局である。日米両国の出版事情に通じ、CIEともパイプのあったタトルは、五〇年代に著名な米国文学作品を含めて数多くの翻訳許可をＣＩＥに申請し、その許可を得て日本国内で販売していく。米国文学の人気は、当時は仏、露、英、独に次ぐ位置にあったが、戦後の米国文化の翻訳、紹介によってその認知度を次第に高めていく。[注26]

　タトル社の出版事業もまた、書物と読者とを仲介するその独自の位置から生まれていった。タトル社は、まずは読者の要望をもとに本を集め、送り出していたわけだが、存在しない本は送りようがない。日本の歴史、文化や日常生活に関して英語で紹介する書物を五〇年代に次々と出版することで、タトル社は出版社としての特色を発揮していくことになるのである。

図23　『シルバー・ベルズ』

　こうした初期のタトル社の出版物の中でも、雑誌『シルバー・ベルズ』は異彩をはなっている[注27]（図23）。これは広島図書から当時出版されていた児童雑誌『銀の鈴』を翻訳した、海外向けの児童雑誌である。日本では、戦前から児童読者向けの雑誌出版が活発であり、大きな市場を形作っていた。占領期に米国から訪れた出版人が、児童向けのこれら多彩な出版物に驚き、強い関心を向けたことは前にも述べた通りである。[注28]

　『銀の鈴』は、終戦後間もない広島で一九四六（昭和二一）年に刊行され始めた児童雑誌である。この雑誌に注目していたのはタトルのみではない。今日ではあまり知られていないが、『銀の鈴』は創刊半年後に二〇万部、三年後には一〇〇万部を越える児童雑誌に成長していく。[注29]　終戦直後、全国的な書物の流通、販売ルートの確保さえ難しいこの時期に、『銀の鈴』は、全国の学校を販売拠点として、直接生徒に予約販売する方式をとって急速に成長し、その事業を「広島の奇跡」としてとりあげる海外メディアもあるほどだった。▼注(30)タトル社のこの雑誌の翻訳販売は、海外の読者、しかも海外の児童読者という領域を、日本独自の出版物をベースに開拓していこうとする試みであった。

書物を仲介するという活動は、単に書物を運ぶのみならず、書物と読者との様々なつながりを作り出していくことになる。タトル社の事例は、こうした仲介者の可能性をよく示してくれる。また、その活動をたどることを通して、占領期の出版規制や戦後の米国による対日文化政策を含め、読書環境を方向付け、制限する仕組みを浮き彫りにしていくことも可能となる。仲介者の行為を掘り起こし、歴史的に問い直すことは、不自由な読書の歴史を見いだしていく可能性とも深くつながりあっているわけである。

第 5 章◉

書物が読者に届くまで

書物を仲介する人、あるいは企業に目を向けてきたが、今度は、近代における この仲介する行為の歴史に目を向けてみよう。近代の書物の流通、販売史をふりかえりながら、書物を読者に届ける仕組みや道筋が、どのように作られ、そして変わってきたのかをとらえていくことができるだろう。このことを知るためには、どういう資料をもとに、どのように調べていけばよいのだろうか。

1 書物の販売・流通史

読者の歴史を考えるには、書物が具体的に読者に「たどりつくプロセス」、道筋をとらえていかなくてはならない。書物は読者に届かなければ意味をもたないのだ。私たちは書物の内容や表現から、そこで想定されている読者の姿や、それを受容した読者がどう変わっていくかを考えることもできようし、そこでどういった読者集団が生まれていくかを推測することもできる。だが、こうした仮定や推測も、それらの書物が実際にどういう経路で、どれだけの、どういった読者に届いたのかという情報と照らし合わせなくては、十分な裏付けを得ることはできない。書物で表現されたことが、そのまま読者に影響するわけでも、読者を変えるわけでもないのだ。

書物を読者に届け、もたらす人や組織の活動をとらえるには、どうすればよいのだろうか。この活動は、近代の日本では数多くの書店や取次によって担われてきた。むろん、書物をもたらす存在はそればかりではない。読者は書店で書物を買うばかりではなく、学校や図書館、あるいは貸本屋を通して書籍や雑誌と接していく。とはいえ、近代における書物の販売、流通システムを担ってきた書店や取次の歴史が、書物と読者をつなぐ大きな道筋の生成と変化を示してくれることもまた確かである。

そこで、ここでは書籍や雑誌、そして新聞といった書物を販売、流通させる機関がどのように成立し、変化してきたのかを述べていく。つまり、書物が読者に届く流れが近代にどう生まれ、広がり、変化していくのか、という問題である。その仕組みの成立や変化を、概説的にたどっていきながら、その調べ方や、そこで見つかってくる問題を考えていくことにしよう。

こうした読者への書物の流れを考えるとき、できあがった書物を集め、読者に送り出していく様々なターミナルとなるような地点が重要となる。先述の通り、そこでは書店や取次といった機関が重要になるのだが、それらターミナルを相互につなぐ経路やその変化が果たす役割も大きい。

つまり、各地の書店や取次、あるいは図書館といったターミナルの形成と変化は、それらを互いにつなぐインフラ、鉄道をはじめとする輸送、配達手段や、通信、郵便制度の変化と不可分にかかわっている。大手取次の東販（東京出版販売株式会社、現在のトーハン）が創立一〇年を記念して出した『出版販売小史』は、書物の販売や流通の歴史をふりかえる際に今日でもよく引かれる書物だが、そこでは交通網の発達と郵便制度の歴史に一つの章がまるまるあてられている。▼注(1)

書物の流通の歴史に焦点をあてた研究は、出版社や取次の社史を含めて少なくはない。ただ、それらは、読者と書物のつながりがどう生まれてきたのか、という点に必ずしも焦点をあてているわけではない。したがってここでは、できるだけ読者への書物の流れが近代において生まれ、広がっていく様相に焦点をあてて、近代の出版、販売史をたどっていくこととしたい。▼注(2)

ただ、近代の書物といっても、書籍と雑誌や新聞とでは流通、販売ルートの変化は大きく異なる。以下では、それぞれの流通経路がどのように変化し、関係し合っているかをたどっていくこととともなろう。

その後、教科書の生産、流通の歴史についてとりあげたい。教科書という書物は、一般的な書物の流通、販売ルートを概観した場合には、やや異質なメディアとして抜け落ちてしまう。だが近代の教科書は、それぞれの地域の書店の歴史を追ううえでも、また、それら地域をおおう全国的な流通網ができあがっていくうえでも、欠かすことのできない役割を帯びる書物なのである。

ただし、読者に書物が流れていく仕組みは、時代によっても、地域によっても異なる形をもっている。ここですべての地域について詳細に扱うことは難しいが、いくつかの地域での書物流通の事例をもとに、具体的な書物流通の違いをたどっていく方法や、それをとらえる意味についても述べていく。

近代の書物の流れが、どのように形成、変化してきたのか、という問いは同時に、その流れが何によって、どうさえぎられてきたのか、という問いとも表裏をなしている。したがって近代の書物流通は、同時にその流通をさえぎる制度の歴史とともにとらえる必要がある。書物をさえぎる要因は様々だが、組織的に大規模な制約を作り出していった点で、やはり検閲制度についてとりあげる必要があろう。したがって本章で書物の流通システムの形成、変化について述べた後、次章で戦前、戦中、および占領期の検閲制度を概観しながら、書物の流れがどうさえぎられたのか、を検討することとなる。

それはまた既存の文化史や文学史をとらえなおすことでもある。日本の文学史を描いた書物をひもとけば、明治期、そして大正期の文学として代表的な小説のタイトルが並んでいる。しかしながら、それらはいったいどれだけの読者に届き、どのように読まれていたのだろうか。読者の歴史は、著名な著者の列伝でもないし、書名の羅列ではない。そう、そこには書物と読者とのつながり、という観点が欠落しているのだ。こうした文学史記述と読者の問題については、後の章で再度とりあげることとなる。

むろんここで、多数の読者を獲得したかどうか、どれだけ読者に届いたかどうかのみによって書物を再評価すべきだと述べているわけではない。早くから前田愛が読者研究の重要性を指摘しているが、その実践として彼が強い関心を向けていたのは、新聞や雑誌メディアが生み出す大衆小説、通俗小説だった。▼注(3) それは多数の読者がそれを読んでいたからというより、大衆、通俗という曖昧な名のもとで総括され、多数の読者と表現との関係が十分問われないままになっていたからである。

学術、教養と大衆性や娯楽とを対立させて出版史をとらえる史観の危険性は、これまでにも指摘されてきた。それは例えば、戦前の日本のファシズムにいたる過程の責任を、後者の大衆文化に転嫁し、前者を免罪してしまう戦後民主主義の知的枠組みに通底する危うさをもっている。▼注(4) 重要なのは、選ばれた名作の羅列ではなく、またベストセラー書目でもなく、書物と読者とがどういうつながりを作り出していたのか、へと目を向けることなのである。

今一度、ごく当たり前の、しかし見過ごされがちで、かつ必ずしも明かされてはいない問いに立ち戻ることが必要なのだ。書物がどこへ、どのようにいたったのかという経路について。

2 取次・販売ルートの変化

近代の出版物の流通、販売の歴史を少しかいつまんでたどりながら、そこにどういった問題がうかびあがってくるかを検討していってみよう。むろん江戸時代においても、江戸や京都、大阪で作られた書物は地方に流通していた。寺子屋をはじめとする各地での教育活動が活発化していく一九世紀には、その教材となる往来物を地方に積極的に売り広げる拠点も全国各地に生まれている。▼注(5) こうした拠点が、明治期の義務教育制度にともなう教科書の流通、需要において果たす役割も大きい。

とはいえ、近代の流通の特徴を、大量の印刷物を広範に、そして早く届けるという点からとらえるなら、新聞の販売、流通をこそまず考えるべきだろう。というのも新聞は、まさにこの大量、広範で、いち早く読者に届くということ自体を商品化するメディアだからである。読者に流通する速度と広範さを価値づけていく新聞は、近代の書物流通の展開をとらえる鍵となる。

また実際に、近代の出版取次を「もとを正せば新聞輸送からはじまっていた」ととらえる見方もすでになされている。▼注(6) 新たなメディアである新聞は、最初はその印刷、発送、販売を書籍商が兼ねていたが、部数や紙数の増加もあって一八七七（明治一〇）年頃までに新聞を販売する部門が分化していく。そして、新聞を取次販売する独立した業態も生まれてくる。これら新聞販売店は雑誌の取次を兼ね、東京や大阪の新聞、雑誌を地方へと取り次ぐ拠点ともなっていく。

良明堂、東海堂、北隆館といったさらに大きな取次（元取次）はこうした中で生まれていく。一八七七（明治一〇）年には『読売新聞』の発行部数が二万部を越え、大阪では『朝日新聞』が一八八三（明治一六）年にやはり二万部を発行、と明治一〇年代になると平易で安価な小新聞が、かつては高額で比較的少部数でも利益をあげていた大新聞を圧倒していく。▼注(7) これら新聞は全国各地での需要を生み出してもいた。

しかしながら、東京で作られた新聞を全国各地に流通させる、すなわち中央から地方への書物の放射状の流通網がそのまま拡大、形成されるわけではない。新聞というメディアの流通経路が、東京という一点を中心とした同心円状の全国流通網となっていかないのは、新聞というメディアの性格ゆえである。情報の早さを価値とする新聞メディアにとっては、輸送時間がその勢力範囲を決定する大きな要因となる。東海道線の新橋、神戸間が全通する一八八九（明治二二）年でもその間は二二時間を要する。▼注(8) 昭和初期となっても東京で夕方列車に積み込んだ新聞が青森の販売店に着くのは翌日の夕方である。▼注(9) 地域新聞の発行が盛んになれば、むしろ地方都市を中心とした流通が生まれ、中央の新聞の地方での需要は減少する。

このため、明治期に新聞が作り出していく流通網は、関東、関西それぞれを中心とした大きな円と、地方で新聞を発行する各地を中心とした円のように大まかにはイメージできよう。東西の大きな円が接するのは日露戦争前は東海道では豊橋、北陸道では富山市であったというが、日露戦争後には東西の販売区域の争奪もきびしくなっていく。[▼注10] 一九〇七（明治四〇）年以降になると、中央の新聞がその地方版を発行するようになり、各地の地方紙の作っていた販売区域の中での対立も生まれていく。流通規模の拡大と、新聞社の直営、あるいは専属の販売店の増加によって、新聞販売は地方を含めて専業化が進んでいく。

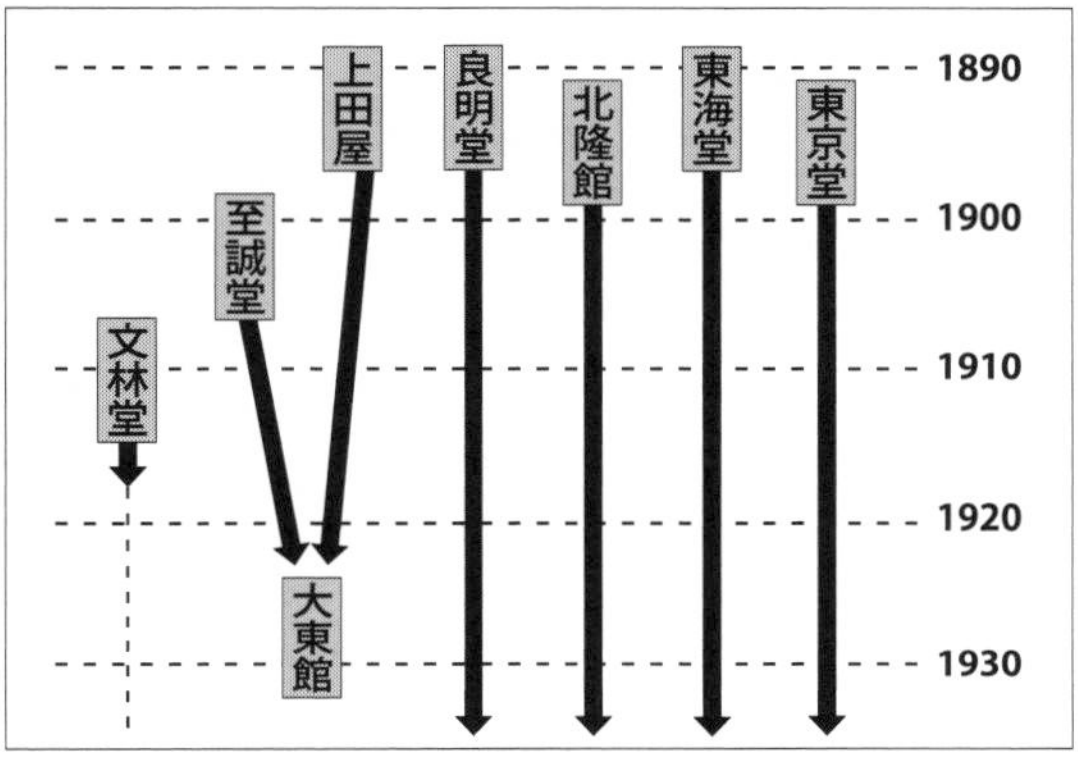

図24　元取次の変遷

一八八二（明治一五）年には郵便条例によって全国的な料金体系が整備され、新聞とともに雑誌も、距離にかかわらず全国に低運賃で送ることができるようになった。郵便制度の整備は地方への雑誌流通を活発化させるとともに、図書目録の地方への郵送という形を作り出し、中央と地域の取次や書店との取引を活発化させていった。[▼注11]

明治二〇年代には、中央から地方への流通拠点であった大小取次は、次第に新聞から雑誌・書籍へと重心を移していくこととなる。雑誌・書籍を専門とする取次、東京堂は一八九〇（明治二三）年に生まれ、先述の元取次とともに、いわゆる五大取次として、地方への流通経路をそれぞれに形作っていく（図24）。明治二〇年以前には販売店でもわずかの売上げしか占めていなかった雑誌だが、一八八七（明治二〇）年、博文館は『日本大家論集』を皮切りに矢継ぎ早に様々

図25　明治期の東京堂

な雑誌を刊行し、廉価で大部数の雑誌事業を成功させていく。▼注(12) 博文館はこの雑誌を地方に流通させていくために、全国の主要都市にある書店と直接取引を行う特約契約を結び、全国的な販売網を形作っていく。▼注(13) 東京堂は、この販売網によりつつ、博文館以外の書籍や雑誌の取次も強化し、取次事業を拡大していった▼注(14)（図25）。

ただ、地方への書物流通は、こうした元取次によってのみ担われていたわけではない。特に書籍の場合は定期的に発行するわけでもなく、発行の規模も各書店の要望もまちまちである。出版社が取次を兼ねて直接地方書店と取引する場合も多く、東京や大阪の出版社を回って仕入れる地方書店もあれば、書籍を専門として地方に販売する小規模な取次もあった。雑誌の販売店と書籍の販売店は別々に存在しているケースも多く、明治期のみではなく、大正から昭和初期にいたってもこうした多様な書籍の経路が存在していた。▼注(15)

大正期に入ると、それまで書籍が主、雑誌が従であった各書店の意識は「一八〇度転換」し、雑誌が大きな商品価値を担ってくる。▼注(16) 売れない場合は出版社に返品が可能（委託制）という雑誌が増え、部数も数万部、数十万部といった大量発行の雑誌が登場してくる。大規模な宣伝でこの動きを牽引していたのは実業之日本社であり、博文館の雑誌をも凌駕していく。また、講談社が次々と人気雑誌を作り出し、大規模な宣伝活動とともに隆盛を迎えていくのも大正期である。一九一四（大正三）年には雑誌の取次と出版社とで東京雑誌組合が生まれる。また東京や地方での小売書店による組合も次々と生まれ、連携して雑誌の定価販売が次第に広がっていくこととなる。こうした地方への販売ルートや方法が整備されることで、小売書店は全国的に急増していくこととなり、大正初期には三千軒に達し、中期にはさらに倍増、昭和初期には一万軒超えたという。[注17]

そしてこの昭和初期に円本ブームが到来することとなる。経営に苦しんでいた改造社が、一冊あたり一円の廉価で『現代日本文学全集』を企画し、予約販売を行って大成功を収める。この企画を皮切りに各社がこぞって様々な全集企画を打ち出していく。雑誌のみではなく書籍においてもまた、大規模な広報活動と廉価、大量販売がなされ、地方にまで大量に輸送、販売する体制も整っていく。このブームは数年後に終息するが、雑誌のみを扱う販売店もこの流れの中で書籍を扱うようになり、雑誌と書籍の販売店の違いが薄れていく。

また、この時期に書籍も返品可能な委託制が広がっていったとする見方もある。[注18] ただ、中央から離れた地方では、書籍については戦前を通して委託制ではなく買い切りに近い形での販売が多かったと思われる。[注19] 戦前の書物流通においては、一九四〇（昭和一五）年までは小売書店側が運賃を負担することとなっていた。全国一律の特別運賃をもつ新聞、雑誌と異なり、書籍は遠いほど運賃がかかり、地方の小売書店の負担は増える。書籍の定価販売を、地方にまで強いることが難しいのはこうした理由もあった。返品制度の広がっていない明治期には、書籍も雑誌も売れ残れば割り引いて販売、処分されていた。

大正期には台湾や朝鮮、後には満州といった外地への販路も広がっていく。こうした外地への取次で著名な大阪屋号書店は一九〇七（明治四〇）年に活動をはじめており、昭和初期には満州や台湾でもそれぞれに三〇軒、朝鮮には三〇〇軒を超える書店が書籍商組合に登録しており、広範な書物の流れが生まれていた。

一九三八（昭和一三）年には国家総動員法が公布され、出版統制が進んでいく。雑誌は、先述したように、書籍と異なり定価販売と委託制が全国的に広がっていた。東京堂、北隆館、東海堂、大東館の大手四社（元取次）は結束して雑誌の流通を担い、発行元も他の取次、販売店もこの元取次を通した取引を行うという強固な規約のもとにあった。それはまた、当時の量産、量販体制を効率的に支えてもいた。

出版統制は、編集や資材という生産面のみではなく、この流通機構にも向けられていく。内地に先行し、満州では一九三九（昭和一四）年に満州書籍配給株式会社が設立され、一元的な配給体制ができあがっていく。そして翌年、出版業者の各団体は解散、日本出版文化協会へと統合され、書物流通も一九四一（昭和一六）年以降、日本出版配給株式会社に一元化されていくこととなる。書物の流れの統制は古書流通にまで及び、古書組合も一九四四（昭和一九）年には全国古書統制組合に統合されていく。[注20]

こうして流通機構が一元化され、統制されていくが、それは皮肉なことに、より効率的な書物の生産、販売体制を形作ることにもなった。内閣情報部主導による雑誌の統廃合も進められていくが、一方で有力雑誌については返品も生じず、販売も活況を呈することとなる。戦時統制下は、出版業界の衰退時ではなく、流通や販売という側面からとらえるとき、かなりの好景気にあったことも指摘されている。[注21]

書物が読者に流れていくルートがどう生まれ、広がり、変化してきたのかを、書籍、雑誌の取次や販売という側面からたどってきた。だが実際にはこれほど単純ではなく、地域や時期によって、これまで述べた枠組みと異なる流れも当然存在し、出版、取次、販売の複数にまたがった組織や、その隙間に生まれる人々の活動もそこにはある。これらの流れが生まれてくる場に、どのような人々や組織が、どうかかわってきたのか。それを掘り起こしていくことが、書物の読者との歴史を埋めていくためには必要だ。

しかしながら、書物やその著者に比べて、それら書物を読者にもたらす人や組織、例えば取次や書店に関する資料は十分な関心を払われてきたとは言いがたい。こうした書物の仲介者に関する歴史資料の発掘や復刻が望まれる。戦前の図書の販売目録や古書の展覧会目録、印刷業界紙や組合紙、図書館の各種目録や書誌雑誌の復刻を刊行するゆまに書房や、書店や貸本屋に関する歴史資料を外地をも視野に入れて発掘、復刻している金沢文圃閣などの活動は、読書の歴史研究の展開と深くかかわっていくことになろう。▼注(22)

3　教科書が読者にいたるには

読書の歴史を考えるときに、教科書というメディアを逸することはできない。それは、教科書というメディアがリテラシーをはぐくみ、読者を作り出していくからであり、そしてまた、その広範な影響力によって読者の思考を規制していくからでもある。だが、教科書が読書の歴史において重要なのは教科書という書物を読者が「理解するプロセス」においてのみではない。教科書は、近代の出版、流通システムが生まれ、書物が読者に「たどりつくプロセス」が成立していく歴史にも深くかかわっているメディアなのである。

教科書の内容、特に教材の歴史やそこから見えてくる問題については後の章で再度とりあげることとなる。ここでは、教科書の販売や流通の流れがどう生まれ、変化していくかに焦点をあてる。大規模な安定した書籍の需要を全国的に作り出していく教科書というメディアは、近代の書物の流れが生まれ、変化していく中で大きな役割を果たしていく。

文部省は一八七二（明治五）年に制定された学制のもと、同年「小学教則」を制定する。そこでは小学校で用いる教科書目が示されるが、それらは小学校教科書というよりも、教科書に使える既存の翻訳書などを当面の用として例示したものだった。[注23] 翌年には文部省による教科書編集作業が本格化するが、全国にそれら教科書がゆきわたる体制にはほど遠い。このため、それら作成した教科書をもとに各地域で翻刻、出版することを文部省は許可していった。[注24]

これに対応して、各地では教科書の翻刻、出版事業がそれぞれに展開していく。地域による事情や違いも大きいが、各地での事業の詳細については埼玉県、筑摩県（後に長野県）、宮城県の事例が明らかにされている。[注25] これらは、県の公文書、学事文書や地方紙の情報から、さらには地方の書店に遺されていた資料から明らかにされていったものである。

中央からの教科書輸送には時間と費用がかかる。教科書の決定権は府県にあり、明治前期においては地方の教科書出版は東京での出版点数に劣らなかったとみられる。[注26] 近世から地方で書物の出版や販売、貸本を担ってきた有力書店の中には、こうした教科書事業で近代の出版社や書店へと成長していく事例も見られる。長野県の西沢書店や高美《たかみ》書店、岐阜県の岡安書店や滋賀県の五車堂など、こうした例は多い。[注27]

こうして生まれた多数の教科書は、同時にそれに応じた多様な教育内容の幅を許容するものだったが、やがてその内容が統制されていく。一八八一（明治一四）年の「小学校教則綱領」は教科内容を詳細に規定するものだが、これによって、小学校のための教科書が具体的な教育内容に準拠して作られるようになっていく。[注28] また、各府県はこの綱領にそった教科書を採択して文部省に申請するよう制度化（開申制）、さらに二年後には教科書の認可制がしかれることとなる。

各地で自由に出版された教科書は、文部省の版をもとに場合によっては図版や注記を削り、粗悪な印刷を行うこともなされ、制作費用を低廉にすることで利益を得る事例があとをたたない状況にあった。[注29] また、この時期の文部省年報からは、価格や供給の面で適切な教科書をゆきわたらせることが実際には困難であったことが各府県の報告を通してうかがえる。[注30] 一方教科書の採択は府県の学務官と文部省の官僚によってなされるため、教科書会社との癒着、贈収賄が早くから問題視されてもいた。[注31]

一八八六（明治一九）年には教科用図書検定条例が公布され、翌年には教科用図書検定規則が制定される。府県には小学校用教科書の審査委員会が設けられ、そこで審査、採択がなされることとなる。ともなって出された一連の文部省訓令の中で、小学校教科書は、各府県で採択したものをその管内で一律に用い、四年間その同じ教科書を用いることとなった。[注32]

教科書の市場規模の拡大にともなって、地方を含めて大小様々な規模でなされていた民間の教科書制作は、一定の資力や人脈をもった出版社でなくては難しくなっていく。それができない小さな書肆は大手の出版社の販売網のもとに組み込まれていった。[注33]

これら教科書の流通に、一八八七（明治二〇）年の文部省出版図書払下規則は大きな影響を与える。文部省による教科書製造事業は本格化し、同年には四七万部に及ぶ教科書を作成していたが、それを各府県単位で一括して取り次ぐ図書売捌所《うりさばきじょ》が生まれる。地域でそれぞれに教科書を扱ってきた書店、販売店は、文部省の出版物の流通を軸として、図書売捌所と売捌人という形で全国的に組織化されていく。また、翌年には全国の売捌所に文部省の教科書を送る図書取扱所が関東と関西にそれぞれおかれ、全国的な教科書流通をカバーする体

制ができあがっていくのである。その中枢となっていたのは、関東、関西の有力出版業者である。▼注(34)

教科書の出版と流通は、文部省による事業に先導されてきたのだが、この文部省の教科書出版事業は一八九〇（明治二三）年には民間事業として分離、委託されることとなる。先述の関東、関西取扱所がその母体となり、大日本図書会社として教科書の製造、流通に加わっていく。

教科書の流通網は、国定教科書制度への転換によって、全国的な流通体制の編成と整備に向かっていく。ちょうどその転機に位置しているのが、教科書をめぐる大規模な汚職事件の摘発、いわゆる教科書疑獄事件である。府県管内の小学校に一律に、しかも長期にわたって教科書を提供できるという点で、教科書会社にとっては自社教科書の採用は大きな利益となるものだった。教科書採用をめぐる贈収賄は教育雑誌の記事や当時の小説の素材ともなっており、▼注(35)一九〇一（明治三四）年の小学校施行規則の変更に見られるように、取り締まりのための法制度も強化されていった。▼注(36)だがその年の末に全国的な贈賄の摘発がなされ、各地の学校、教科書関係者一五二人が予審に付される教科書疑獄事件が起こる▼注(37)（図26）。

事件の審理が進む中、それまでも建議がなされていた教科書国定化の動きは、一九〇三（明治三六）年四月の勅令によって小学校教科書（修身、日本歴史、地理、及び国語読本）を国定化する方針として具体化する。▼注(38)こうして、具体的な翻刻、発行規則の制定が進められ、それに対応した製造、販売システムが整えられていくことになっていく。▼注(39)

同年、教科書国定化のもとで小学校教科書はその翻刻発行規則が発布され、翌年の実施に向けて教科書供給の準備が進められていくこととなる。博文館の大橋新太郎をはじめ、一九名の出版業者が翻刻、発行の許可を受けるが、全国規模の事業でもあり、競合をさけて共同で国定教科書出版協会が設立された。そのもとで教科書の製造、販売機関である日本書籍株式会社が同年設立、その教科書発行にしめる占有率は九割、約一九七四万冊に及んだという。[注40] そして翌年、国定教科書の販売は法改正によって事業の統一が進められ、合名会社国定教科書共同販売所（翌年株式会社）となる。

一方教科書を作る発行事業の方は、一九〇九（明治四二）年の翻刻発行規程の変更とともに日本書籍株式会社、東京書籍株式会社、大阪書籍株式会社の三社が担うようになり、その制作した教科書の販売、供給を先の国定教科書共同販売所が担うわけである。[注41]

大まかに言えば、教科書の流通は中央におけるこの国定教科書共同販売所を中心として、各府県にそれぞれ一つおかれた国定教科書特約販売所、さらにその下におかれた国定教科書取次販売所という階層構造をもった供給体制が作り上げられていた。

図 26　教科書疑獄事件をめぐる出版物

全国同時期に、大量の書籍を安定的に供給するネットワークが生まれていくうえで、地方の各書店を組織的につなぐ教科書の販売、流通が果たした役割は大きい。このネットワークは、教科書のみならず通常の書物流通の流れをもともなうものだった。内地のみならず、満州をはじめとする外地への書店進出においても、教科書の供給が大きな役割を果たしてもいる。[注42]とはいえ、国定教科書共同販売所自体がそれまでの教科書会社や書肆が合同してできあがっていることからも分かる通り、この特約販売所や取次販売所は、このときにできた新たな機関というよりも、それまでの各地の取次や書店がその役割の多くを担っている。ここで、地域における教科書流通を、地方書店の側から、長野県を事例に見ていくと、どういうことが見えてくるだろうか。

4　地域での書籍の流れ

この章で述べてきたように、博文館は明治二〇年代に全国各地の有力書店と特約契約を結び、その雑誌や書籍の販売網を作り上げていく。長野県では、松本市の高美《たかみ》書店がその有力書店の一つであった。高美書店は一七九七（寛政九）年創業の歴史ある書店であり、古くから書物の販売や出版、貸本業などを行っている。文化年間（一八〇四〜一八一八）には十返舎一九《じっぺんしゃいっく》を招き、一九は、その著『金草鞋《かねのわらじ》』でこの書店の店頭のにぎわいを挿絵とともに鮮やかに描き出してもいる。書店の日記や営業資料等が豊富に遺っているため、江戸時代の書物の流通や販売についての研究もそこからなされている。▼注(43)

高美書店は明治期においても、書籍や文具の販売のみならず活発な出版活動も行っており、一八八三（明治一六）年には東京に店員を派遣、支店として博愛書房を設け、東京の書籍の仕入れや出版、印刷事業についての情報収集を行っている。▼注(44)　教科書のみならず、例えば鉄道の篠ノ井線が塩尻まで開通した一九〇二（明治三五）年には『篠の井線鉄道旅行案内』を、近代登山がめばえ、小島烏水《うすい》らが東京で山岳会機関誌『山岳』の発行をはじめる一九〇五（明治三八）年には『槍が嶽の美観』を刊行するなど、時宜にかなった出版活動を展開して

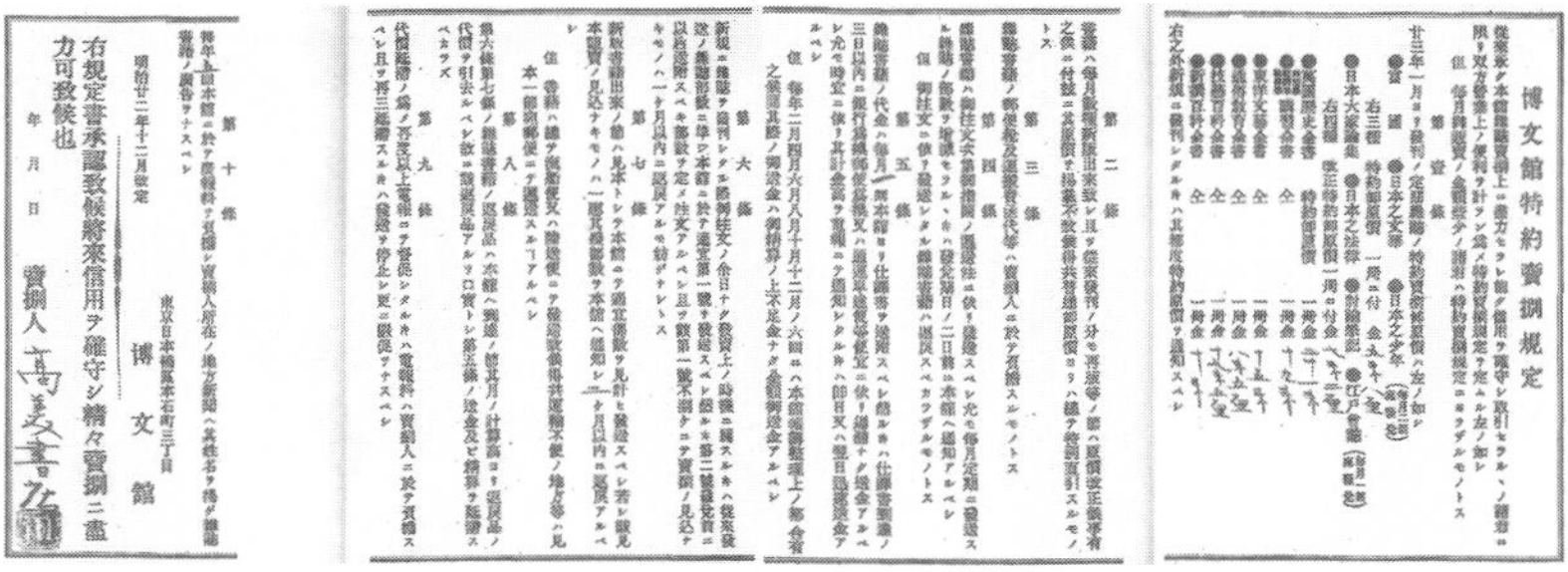

図 27　博文館から高美書店へ（1889 年 12 月 25 日付）

いた。▼注(45)

高美書店には、明治期の販売資料が約四〇〇〇点ほど遺されており、その中の主な資料が複製、刊行されている。▼注(46)明治期に地方への流通していく書物の流れや、その変化を追うことのできる貴重な資料群である。この中には一八八九（明治二二）年に博文館との間でかわした特約販売規程が遺されている▼注(47)（図27）。高美書店の博文館との取引書類は明治期を通して数多く見られる。博文館と近い関係にある東京堂が取次業を始めるのはこの二年後、一八九一（明治二四）年であり、先述した通り東京堂は博文館を含めた書籍、雑誌の地方への取引を展開していく。ただ、高美書店の資料を見る限り、博文館は明治期を通して、古くから関係のある書店とは雑誌、書籍の直接取引を続けていたことが分かる。

とはいえ、東京堂をはじめとする有力な元取次は、次第に地方への書物の流れを変えていく。このこともまた高美書店の資料からはっきり見えてくる。例えば民友社の『国民之友』は当時の有力雑誌の一つであり、高美書店は一八九一（明治二四）年段階ではこの雑誌を民友社と直接取引をしている。▼注(48)しかし、一八九四（明治二七）年からは、ここに元取次が入った取引となる。間に入ってくる元取次は、北隆館である。北隆館はこの年、雑誌取次で力をもっていた巌々堂《がんがんどう》の取引先を引き継ぐ形で、業務を大き

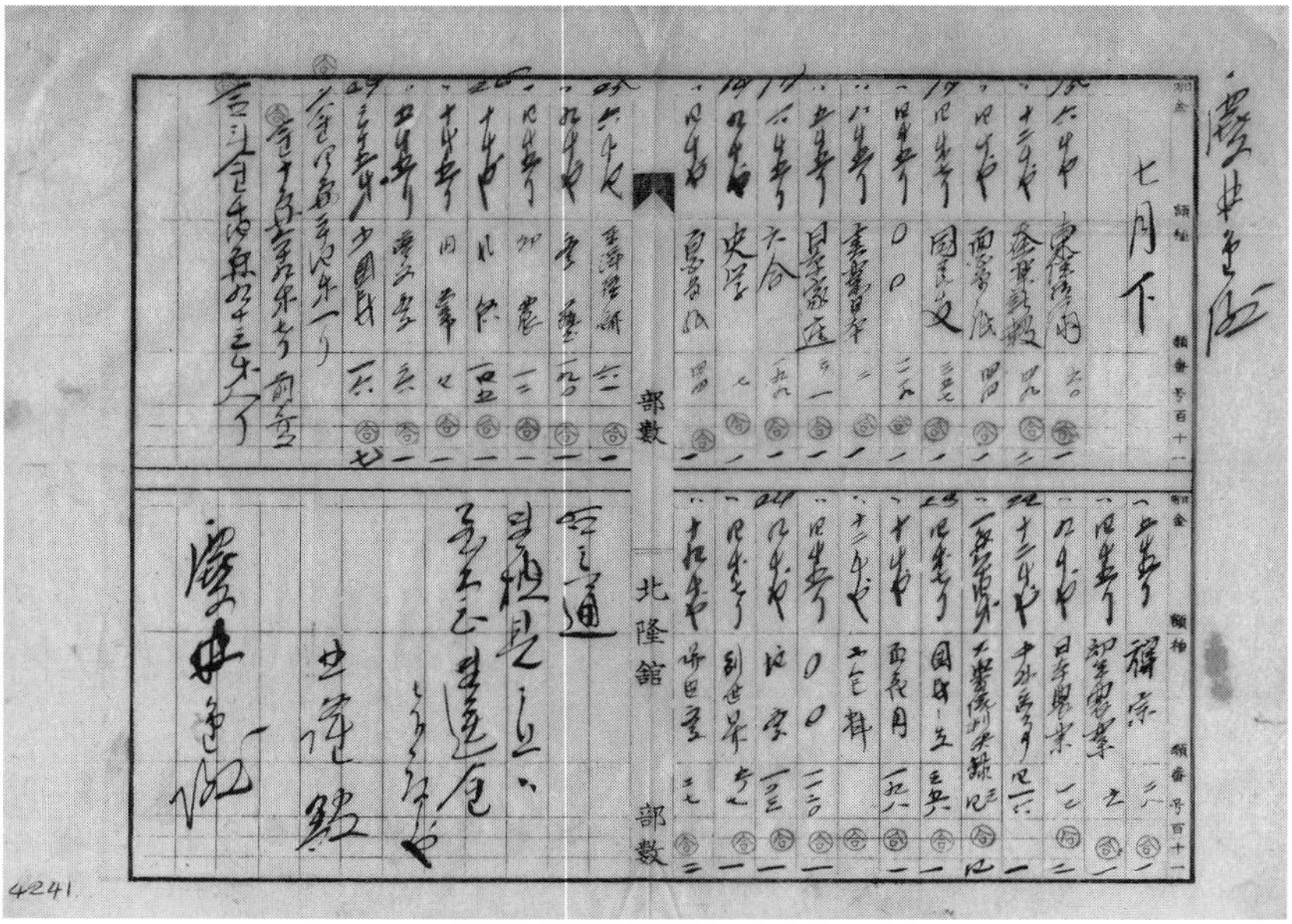

図28　北隆館の仕切り書（1897年9月3日）

く拡張していく。[注49] これ以降、高美書店もこの北隆館の供給ルートを利用する。資料は、この北隆館から高美書店に送られた雑誌、書籍リスト（仕分け書、仕切り書等と呼ばれる）であり、『国民之友』もこの経路に移って入荷されていることが分かる[注50]（図28）。一方、文部省が全国に教科書を流通させていく拠点となる教科書売捌は、長野県では西沢書店となる。[注51] とはいえ、それ以前からも高美書店は金港堂をはじめとする有力な教科書出版社と活発に取引をしており、特に南信地域を中心に教科書や教育書を県内の小売店に流通させる拠点のような役割も担っていた。

書物の流通をとらえる際に、博文館や文部省による全国的な販売網の形成という形で概括すると、あたかもこれらの組織が一方的に地方に流通拠点を作り上げていったかのようにイメージされてしまうかもしれない。だが博文館の創業時点でさえ、すでに高美書店は他の数多くの東京の出版社や県内の書店との間で取引ルートを作り上げており、明治期を通して活発な書物のやりとりが続いていく。高美書店にかかわらず、地域の書店の側もまた書物流通ルートを広げ、つながりあい、直接、間接的なネットワークを広範に作り上げていったと言えよう。

一九〇四（明治三七）年の国定教科書制度のもとで作り上げられる教科書流通網も、新たにできたものというよりも、それまでにできていた書物の販売・連絡網を整備しながら生まれていったものと言えよう。それまでの教科書出版社や書店は国定教科書共同販売所を構成し、その教科書は各府県に一箇所設けられた教科書特約販売所に送られ、そこから県内各地の教科書取次販売所を経由して学校に供給される。前者は長野県の場合は西沢書店であり、高美書店は後者の教科書取次販売所となる。ただ、高美書店は一方で前者に近い役割、つまり県内の他の書店に教科書を取り次ぐ機能も担っている。国定教科書の流通を通して、県内全域の書店どうしのつながりや連携が強まっていく。▼注(52)

日清戦争から日露戦争にかけて、中央で発行される書籍や雑誌は、地域での需要が活発化し、県内でも書店が増え、その競争が目立ってくる。その時期に松本市で教員となっていた歌人の太田水穂は、当時松本市の書店で『日本人』、『帝国文庫』や『新小説』といった多様な月刊雑誌が店頭に並んでいたことを回想している。▼注(53)日露戦争以降、書店の増加や、書籍、雑誌をめぐる値引きや乱売競争が次第に深刻化していく。一九〇八（明治四一）年に長野県で信濃書籍商組合が結成されるのは、こうした背景がある。この組合の中心となるのは、西沢書店や高美書店であり、教科書や雑誌の定価販売を規約で定め、県内で六二名が組合員となっている。▼注(54)

一九一四（大正三）年に東京では元取次が雑誌の発行元にも働きかけて東京雑誌組合が生まれ、地方も含めて雑誌の定価販売が広がっていく。元取次を経なくては大部分の雑誌を仕入れることができない以上、各地書店は取次の規約に従う以外の道はない。各地の書店組合はその規約に見合った形で組織化が進み、これら全国各地の書籍、雑誌商組合は一九一九（大正八）年には全国の連合組織となる。信濃書籍商組合もここに加わるが、その段階で、それまでの県内の書籍商以外に、雑誌を主として扱う雑誌商も加わる。組合は七二名の増加をみたというところから、雑誌を主とする販売店も、かなりの数が県内にあったことがうかがえよう。▼注(55)

中央からでは見えない書物と読者との細かい経路やつながりが、そしてまた関東、関西の出版状況や流通、販売網とのかかわり、影響関係や、その地域固有の問題も、地方書店の動きからは見えてくる可能性がある。そしてそれは、日本を均質に同時におおう流通のイメージとはほど遠いものでもあろう。むろん、地方、中央を含め、いたずらに細かく書物の流通や販売事情を掘り起こせばよいとは思わない。ただ、書物が読者にいたる大小様々な経路が近代に生まれていくが、その流れを支え、作り出し、あるいはそれに対抗する動きの中で、私たちはそこにかかわった人々の活動を今一度見直し、意味づけていく必要があるのではないだろうか。書物の流れを掘り起こすことは、同時にその流れが途絶える意味や理由にもかかわる、読書の歴史を問う重要な方法なのだ。

さて、戦中に統合されていった書物の流れは、戦後、どう変化していくことになるだろうか。日本出版配給株式会社（一九四四年に統制会社化）は、終戦後商事会社となるが、この一元的な流通の寡占体制は、一九四九（昭和二四）年に解体、分割される。当初は九つの取次が生まれたが、東京出版販売株式会社（東販、現トーハン）と日本出版販売株式会社（日販）による寡占化が次第に進んでいくこととなる。

一方で、教科書流通網も大きく変わる。国定教科書は、様々な教科書会社が作り出す検定教科書へと移り、教科書販売株式会社（教販）をはじめとする教科書専門の取次が生まれていく。その一方で、各県で学校への供給を担っていた国定教科書の特約販売店網は、教科書特約供給所と名を変え、再編成されていくこととなる。とはいえ、各県で教科書特約供給所から取次供給所を経て学校へと流れる教科書の流れは、それまでの教科書流通ルートが引き継がれている場合も多い。

ただ、戦後においても、書物の流れはけっして均質な読書空間を作り上げているわけではない。また、日本の書物は場所に応じて異なった経路で広がってもいく。では、このような均質ではない読者への書物の広がりを、どのような場所で、どのような資料からとらえていけばよいのだろうか。この点について、以下、これまで十分に明らかにはなっていない二つの場所を対象に具体的に示してみたい。とりあげたいのは第二次世界大戦後の占領下の沖縄の事例、そしてもう一つは、その戦争を間近にひかえたブラジルにおける日系移民の事例である。

5　占領下の沖縄で

書物は、距離と時間を経て読者にいたる。読者の歴史を考えるとき、この距離と時間は決定的に重要だ。例えば東京で出版された書物から、単純にそれを読んだその時代の読者を想像することはできない。その書物は高知県には届かなかったかもしれないし、数十年後に高知県で販売されたかもしれない。書物の生産は、過去の時間の中で言えば点であっても、書物と読者のつながりは、線であり、面ともなる。

読書の歴史を考える際に、東京という地点から離れた、あるいは現在という時点から離れた読書をも考えていく必要がある。その隔たりこそが、複数に折り重なった読者の歴史を見いだす糸口ともなろう。異なる場所、異なる時間の読者に目を向けずに、ただ書物からそれを読む共同体を想像したところで、それは限られた、偏った「想像上の」共同体の枠を出ない。

読書の歴史をとらえるときに、書物が遠く離れた場へどのように流通し、広がるかに目を向けることの重要性はここにある。教科書にしても遠く離れた場へと流れ、読者へと流れていく。その流れには、まだ明かされていない部分も多い。ここでは占領期の沖縄への教科書の流通をとりあげよう。この書物の流れもまたこれまで研究がなく、かつまた教科書の流れが、書物全体の流れに大きく作用している点でも貴重な事例となろう。

終戦を迎えた沖縄で、民間貿易が再開されるのは一九五一（昭和二六）年であり、それまでは教科書のみならず印刷物の輸出入は民間では行えなかった。▼注(56) こうした中、沖縄で教科書供給にあたるのは一九四五（昭和二〇）年八月設立の諮詢会《しじゅんかい》文教部（翌年より沖縄文教部）であり、教科書編纂とその翻刻、頒布を行った。初等学校教科書については、四六年に編纂趣旨の伝達講習会が設けられ、翌年以降各地に送付されたことがうかがえる。▼注(57) ガリ版刷で作成されたもので、ガリ版教科書と呼ばれるものである。

一九四八（昭和二三）年からは、日本からの輸入教科書が本島、及び八重山、宮古に入り、使用されていくこととなり、占領期の沖縄では、この後も日本からの輸入教科書が使用されていく。『うるま新報』は「先週日本より大量の教科書が到着した」として、初中高等学校用の各教科書書一七〇〇余箱、一三〇万余冊の到着を報じている。▼注(58) しかし、実際にはその後の記事から、この時の冊数は三〇万冊余りであり、その後八月までに一九万冊、八万冊と、数回に分けて到着している▼注(59)（図29）。また、その整理、配給作業にもかかわった屋良《やら》朝《ちょう》苗《びょう》は、七〇万冊と記しており、文教部の要請を米国民政府が受けた形で行ったとする。これらは、同年六月に、「軍政府よりの有難い無償の配給品」を供給する手立てとして、文教部、沖縄教育後援連合会、沖縄教育連合会が

中心となった配給体制が取りきめられ、各教育地区に送られていく。[▼注60]

八重山では四六年に教科書編集の動きがあったが、やはり「一九四八年七月の第一次の送付から毎年のように送られ、一九五〇年までに九回にわたり、小学校用、中学校用、高等学校用総計一四、五五三七冊という膨大な数量に」のぼったとされる。[▼注61] 宮古についても一九四八年度の二学期から日本からの輸入教科書が使えるようになってきた。[▼注62] だが米軍による供給は安定したものとはいえず、不足やあるいは重複もかなり見られた。[▼注63]

一九五〇（昭和二五）年までに沖縄に入ってきたこれらの教科書は、教科書を米軍が入札する形をとっており、日本出版配給株式会社が小学校教科書を、日本出版貿易が中学校教科書を軍へと納入している。日本出版貿易は、書籍の輸出入を担っていた戦時期の統制会社だが、民間の手で一九四八（昭和二三）年に再開、沖縄への教科書輸出で大きく売上げを伸ばし、さらには沖縄との民間取引が再開された一九五一（昭和二六）年、いち早く沖縄への図書輸出を担っていく。[▼注64] 日本にとって五〇年代の沖縄は、「国外」最大の図書輸出先であり、日本の出版物輸出高約一二億円のうち、沖縄がその三分の一を占め、教科書取引は年間一五七万冊に及んでいた。[▼注65]

では沖縄と日本本土間の民間貿易再開後、これら書物の流れ

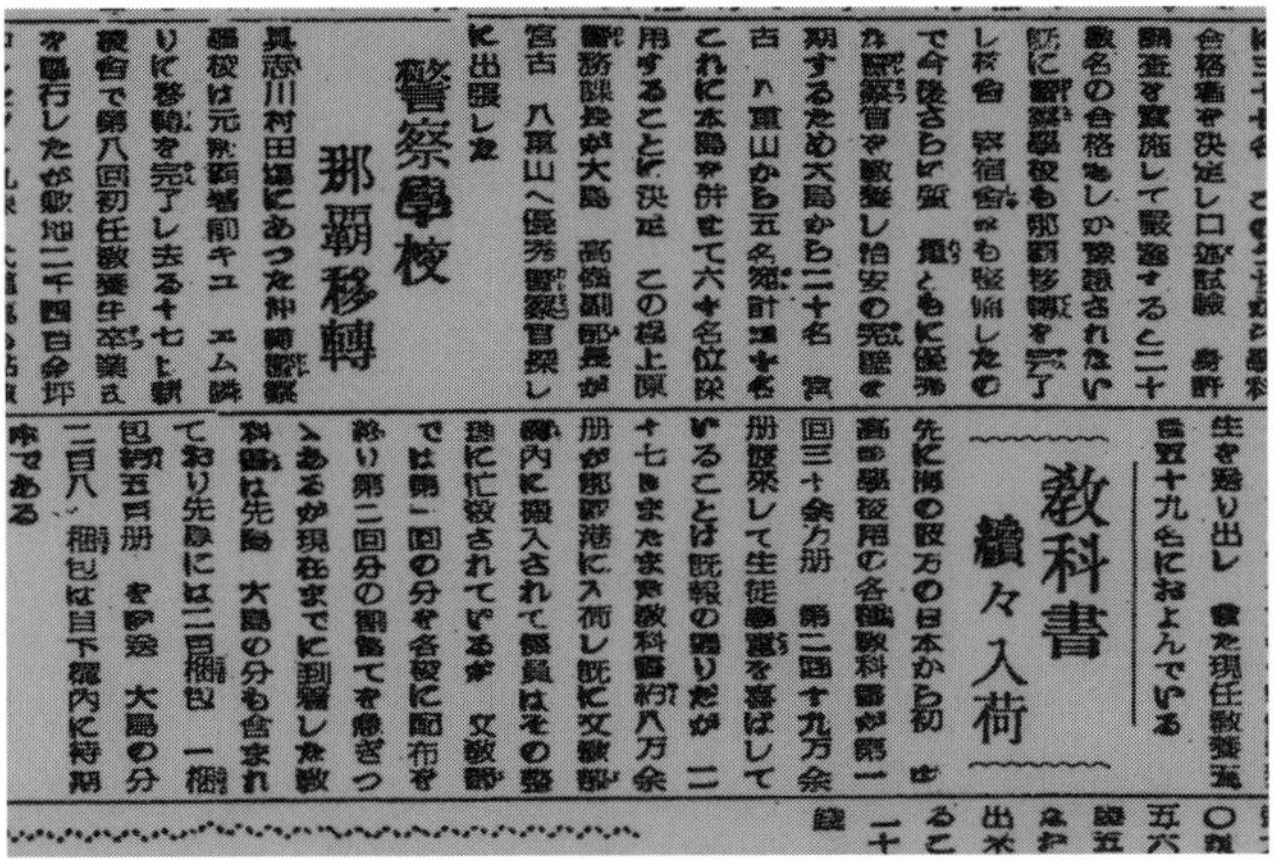

図 29 『うるま新報』（1948 年 8 月 6 日）

はどうなったのか。日本国内では、先述したように戦前の国定教科書を供給していた府県の特約供給所を再編する形で、教科書供給網が整備されていった。[注66] 沖縄は別である。沖縄では教職員やＰＴＡが、教科書取次会社を「作る」ことになるのである。後の沖縄教職員会となる沖縄教育連合会は一九四七（昭和二二）年に組織されるが、この連合会は、後にＰＴＡとなる教育後援会とともに、米国政府援助による教科書や学用品の配給事業に取り組んでいた。ここでできた組織を基盤として、各教育地区が株式を引き受ける形で、教科書を輸入、配給する会社が一九五〇（昭和二五）年に設立される。それが、琉球文教図書である。当時名護中学校の校長であった当銘《とうめ》由金《よしかね》が社長となり、教職員会、ＰＴＡ、共済会、教員による団体株が総株数五万五千株の半ばを占めていた。[注67]

各地の教職員と密接な関係をもち、各学校への供給ルートをこの組織はもつことができたわけだが、問題は教科書の仕入れである。輸入業者が介在すれば、中間マージンが発生する。また、当時沖縄では軍票（Ｂ円）での取引であり（五八年にドルへと切り替え）、書籍の輸入、販売業者による価格設定は一方的、かつ不安定でもあった。このため琉球文教図書は書籍の輸入、取次業をも自ら担う道を切り開いていく。一九五四（昭和二九）年に東京、大阪に連絡所を設置し、日本国内の教科書の版元と直接交渉し、代理店契約を結んでいくのである。[注68] 琉球文教図書は東京書籍、学校図書、大日本図書、光村図書といった教科書の主要販売元の特約供給所となり、急成長をとげる。[注69]

琉球文教図書は、一九五二（昭和二七）年に国頭支店、中頭支店、翌年には牧志に本社、五四年には宮古、八重山と支店を増やし、その収益は「沖縄に多くの企業があったが年一割五部の配当の出来る会社は銀行とオリオンビールと本社だけ」であったという。こうして一九五〇年に職員四人、年間売上げ四九三万円であったこの企業は、一〇年後には職員八〇人、四億二千五百万円の売上げをあげる企業となっていた。本土復帰前の一九七〇年には職員一七五人、売上げ高は一四億一四〇〇万円にのぼる。[注70] また、琉球文教図書は、教科書のみならず沖縄における学校図書館への図書販売も担っていく。[注71]

重要な点は、この琉球文教図書は、単に教科書のみではなく、日本からの一般図書の輸入、及びその店舗販売も広く行っており、占領期沖縄の読書環境全体にかかわっている点である。[注72] 一九五三（昭和二八）年には、琉球文教図書の販売は教科書のみならず、二四の支所を通して沖縄での輸入書籍、雑誌の六割を取り扱っており、全島の書籍流通の枢要な位置を占めていた。[注73] 初代社長を務めた先の当銘の回想によれば、沖縄での不安定な輸入書籍価格を、一般書籍は二割高でおさえ、価格安定のベースを作り上げていったという。[注74] また、教科書の定価販売を実現していったのは先に述べた通りである。とはいえ、書物の売り方にしても本土と同一ではない。売れなければ出版元に返本する委託制ではなく、古くなれば通常の書店でも値引き販売される。新刊書店が古書店でもあったわけであり、沖縄で古書業界ができあがってくるのは本土復帰後のこととなる。[注75]

戦後の沖縄での教科書供給の歴史は、教科書にとどまらず、一般書を含めた読書環境全体の成立、変化と密接に関係してきたことが分かる。[注76] 琉球文教図書は、沖縄の教職員、ＰＴＡを基盤として生まれ、教育現場と密接な連携を保ちながら、沖縄での書物流通に大きな役割を果たしていく。そしてそこで忘れてはならないのが教育現場と、米国民政府（ＵＳＣＡＲ）との対立、緊張関係である。沖縄教育連合会は五二年に沖縄教職員会となるが、その活動は祖国復帰に向けた基本方針をはじめ、教育、表現を含めて、米国民政府のきびしい干渉を受けていく。

米国は、占領した各地での対米感情を好転させるため、米国情報を積極的に発信する文化政策を展開していく。書籍のみならず視聴覚資料を豊富に備えた情報センターである琉米文化会館を五〇年代には石川、名護、知念、宮古、石垣に設置し、米国民政府の美麗な広報誌を無償配布する。▼注(77) 今日、『那覇市史』をはじめとして、琉米文化会館については、当時の資料の再録や、当事者からの聞き取り、研究も積み重ねられている。▼注(78) 琉米文化会館の司書でもあった儀部守男《ぎべもりお》によれば、移動図書館による一〇〇箇所近い巡回文庫の展開などにより「五文化会館の一年間の閲覧者を総計すると実に七十二万人」に及んだという。▼注(79) ただ、儀部は後に回想し、「購入希望図書のリストを作成するわけですが、反共的なもの、アメリカに有利になる本が許可の対象となる」と述べており、▼注(80) その日本蔵書の選定も米国の文化政策の力の中にあった。

一方、一九五二（昭和二七）年に設立された琉球政府の側でも図書館は運営されていた。現在の沖縄県立図書館の前身となる図書館である。ただ、琉球政府立の公共図書館とはいえ、占領期にはきびしい財政状況の中、貧弱な建物、体制での運営であった。六四年にいたるまでわずか四名の職員により「唯一の政府立図書館として細々と命脈を保った」わけである。▼注(81) しかも、こう記した玉城盛松《たまきせいしょう》によれば、勤務していた当時、図書館側の希望購入図書もまた米国民政府側による干渉を受けていたという。▼注(82)

このように、公共図書館自体への図書流通は、占領期において米国民政府による干渉、制限の中にあった。沖縄における書籍の輸入、販売自体に向けられた統制、制約をとらえるとき、書籍流通の仕組みをそこで独自に作り出していく琉球文教図書の重要性や政治性もまた見えてこよう。

日本の書物の流通は、戦後といえどもけっして均質なものではない。沖縄への書物流通は、読者を国家や国民という形で一律にくくって論じることの危うさを私たちに示してくれる。ただ、占領期の沖縄への図書の流通が示してくれるのはそればかりではない。読ませるべき書物と読もうとする書物、あるいは読むことのできる書物とが、政治的な思惑や状況を背景としてぶつかりあう地点でもあったこともそこからは見えてくる。書物が読者にたどりつく流れをとらえることは、同時にその流れを制限し、統制する力や、そうした力と対峙し、あるいは別の流れを創り出してきた歴史を明かしていくことにもなろう。

6 サンパウロの読書空間

一九三八（昭和一三）年、ブラジルで、日本語雑誌『文化』が刊行される。裏表紙の側にはポルトガル語での記事も数頁含まれる。当時サンパウロ市で日本の出版物を扱っていた遠藤書店が刊行したこの雑誌は、日本の出版物や読書に関する豊富な情報、記事を含んでいる。では当時のサンパウロで、日本の出版物はどのように読者を作り出していたのだろう。

一九三〇年代後半は、ブラジル国内で国家による言語、文化統制が強まっていく時期にあたる。一九三七（昭和一二）年に議会を解散させ、独立政府を樹立したヴァルガス大統領のもと、ブラジルでは外国系ブラジル人の同化促進がはかられていく。一四歳未満（サンパウロ市、サントス市では一〇歳未満）の者への外国語教育が禁止され、一九三九（昭和一四）年には外国語出版物取締法で日本語出版物にはポルトガル語併記が義務づけられる。▼注(83) 雑誌『文化』はまさにこうした時期に刊行されているわけである。

日本からブラジルへの移民数は一九三八年段階で二〇万人近くに及ぶ。当時の総領事館の調査によればサンパウロ市とその近郊のみでも一万人を越える日本人が在住していた。▼注(84) 日本語の新聞では一九三八年当時、『日伯新聞』が一九五〇〇部、『ブラジル時報』はそれに次ぐ一七〇〇〇部を発行していたという。▼注(85)

当時のサンパウロ州の各地に点在する日系人移民地については、書店の店舗を通した流れでのみ書籍、雑誌の流通をとらえることはできない。ブラジルでは一九三二（昭和七）年の協同組合法成立以降、各地で日系協同組合の組織化が進むが、こうした日系人の組合では購買部を設けて、日用雑貨を含めた注文、販売を取り次ぐこととともなる。また、届いた書籍や雑誌を各植民地で読者にまで届ける事業は、各地の日本人会や青年会が担うことになる。一九二七（昭和二）年に生まれた汎リンス青年団の場合、一九三六（昭和一一）年には三つの青年団の連合組織となるが、一年間の郵便物取扱量では雑誌類が一万件、新聞は六二万四千件に及んでいる。[注86]つまり出版物の制作や輸入、販売から、読者への取次、配送にいたるプロセスに、各地の協同組合や日本人会、青年会、処女会が多様な形でかかわり、その流通を支えていたわけである。

例えばサンパウロ市の西二五〇キロ、鉄道ソロカバナ沿線のアバレーの事例を見てみよう。アバレーには当時五〇〇世帯ほどの邦人移民地があった。この移民地では一九三六年から日本語の『アバレー時報』が発行されている。同地の小学校に勤め、この新聞の編集にもかかわっていた紺野堅一は青年会の中心ともなっていた。彼はこの新聞社で「遠藤書店代理店」として書籍、雑誌の取次販売を行い、翌年六月にはアバレー書店として独立、九月には古本の取り扱いにまで事業を広げることとなる。[注87]ちなみにアバレーではこの頃、一ヶ月に二五〇冊の邦字雑誌が売れており、ブラジルに輸入される邦字雑誌の一・二五％に相当していたという。[注88]青年会が出版物の流通、販売にかかわるとともに、それが書店へと転換していく形がここには見られる。

では日本語の図書館はどうだったのだろう。一九三六年のブラジルの日本領事館による調査報告では外国人（日本人）による設置は皆無とある。[注89]しかし、アリアンサ移民地の調査を行ったところ、小規模な日本語図書館は実際には存在していた。サンパウロ市から五〇〇キロ離れたノロエステ沿線のアリアンサ移民地は、一九二四（大正一三）年の建設で、教員、官吏、牧師といった多様な階層構成をもった移民地として知られる。一九三〇（昭和五）年には『アリアンサ時報』の発刊を始め、同地にはそれら刊行物が保管されている。そこでは、すでに同年、読書会を組織し、入会金を募って定期的に図書購入にあて、二〇〇冊以上の図書を備えた図書室が生まれている。[注90] また、翌一九三一（昭和六）年には第三アリアンサに岩波書店からの寄贈図書をもとに図書館ができていた。[注91]

先述の日本領事館の調査報告はまた、将来的な活動としてサンパウロ日本人学校父兄会の巡回図書館にもふれている。この会は一九二九（昭和四）年に、ブラジル各地の日系小学校の父兄会を統括する形で再編され、総領事館からの支援の窓口ともなっていた。ブラジルの日系小学校は一九三二（昭和七）年段階でも一八五校、そしてこの頃、すなわち一九三八（昭和一三）年には四六七校にまで増加している。[注92] この会は、日本からの支援をもとに図書、雑誌を集め、各地の父兄会を通して小学校に分配する、あるいは巡回図書の形で貸与するわけである。報告書の段階ではまだこの事業には着手されていないが、一九三六（昭和一一）年には地方を含めて三二箇所の父兄会で、総計で単行本一五四八二冊、雑誌が八〇九五冊の図書が提供されている。[注93] 先述のアバレーにも同年からこの図書の配給がはじまっている。[注94] サンパウロ市の場合、この図書館は保証金を支払っての一般利用も可能だった。[注95] この図書室について、雑誌『文化』の編集にもあたっていた安藤潔はこう記す。

> 文教普及会の図書室といふのもあるが、目的が一般の青年や少年を相手にした通俗的な書物が主で、それに冊数も少なくほとんどが特価本程度のものばかりで、ほんとうに良い本といふのは数へるほどしかない。（中略）少し学究的なものとなると全然役にたゝたない。[注96]

この時期のブラジルにおいて日本の雑誌や書籍が流通していく状況についてここでは述べてきたが、一方で、既存の読書環境にあきたらない当時の読書環境に対する批判的なまなざしもまた、すでに生まれていたわけである。

雑誌『文化』の特徴は、このように移民地の読書環境を批判的にとらえ、より質の高い読書の環境を作り出そうとしたところにある。そこでは読書が推奨され、植民地文学賞の選定や読書を勧める標語の懸賞応募企画まであらわれている。この雑誌の編集には東京外国語大学のポルトガル語科出身で、ブラジル時報社や日伯新聞社に籍をおいたこともある安藤潔(全八)があたっていた。出版元の遠藤書店は、一九三六(昭和一一)年には印刷機を導入し、この時期には書籍販売部以外に印刷部も設け、出版事業にも乗り出している。遠藤は販売していた書籍の広告を掲載してもらうかわりに、出版費の大部分を負担していた。[注97]

安藤と同じくその編集にかかわった半田知雄は、ブラジル移民史研究でも著名だが、戦後まとめた『移民の生活の歴史』で、この頃にはサンパウロ市では総領事館の吏員や嘱託、組合や日本人会の事務職、新聞記者などのホワイト・カラー層がすでに形作られていたことにふれる。[注98] こうしたホワイト・カラーによる読者層を含め、より客観的で、専門的な体系化された情報を求める読者層が生まれていたわけである。半田知雄には詳細な日記が現在遺されており、彼を含めたこうした読者層が求め、また実践していた読書がどういったものであったかをうかがうことができる。そこでは、まさにこの雑誌『文化』で紹介がなされるような、総合雑誌や芸術、学術に関する刊行物に関心が向けられている。一九三八(昭和一三)年の日記では月遅れで読む『改造』、『中央公論』や『セルパン』の雑誌記事に関する言及や、刊行間もない春山行夫『現代詩の研究』、ブルーノ・タウト『日本文化私観』といった著述を読んでいることがうかがえる。[注99]

雑誌『文化』は、こうした新たな読書空間を求め、作り出そうとしていたわけである。日本の出版物でも評

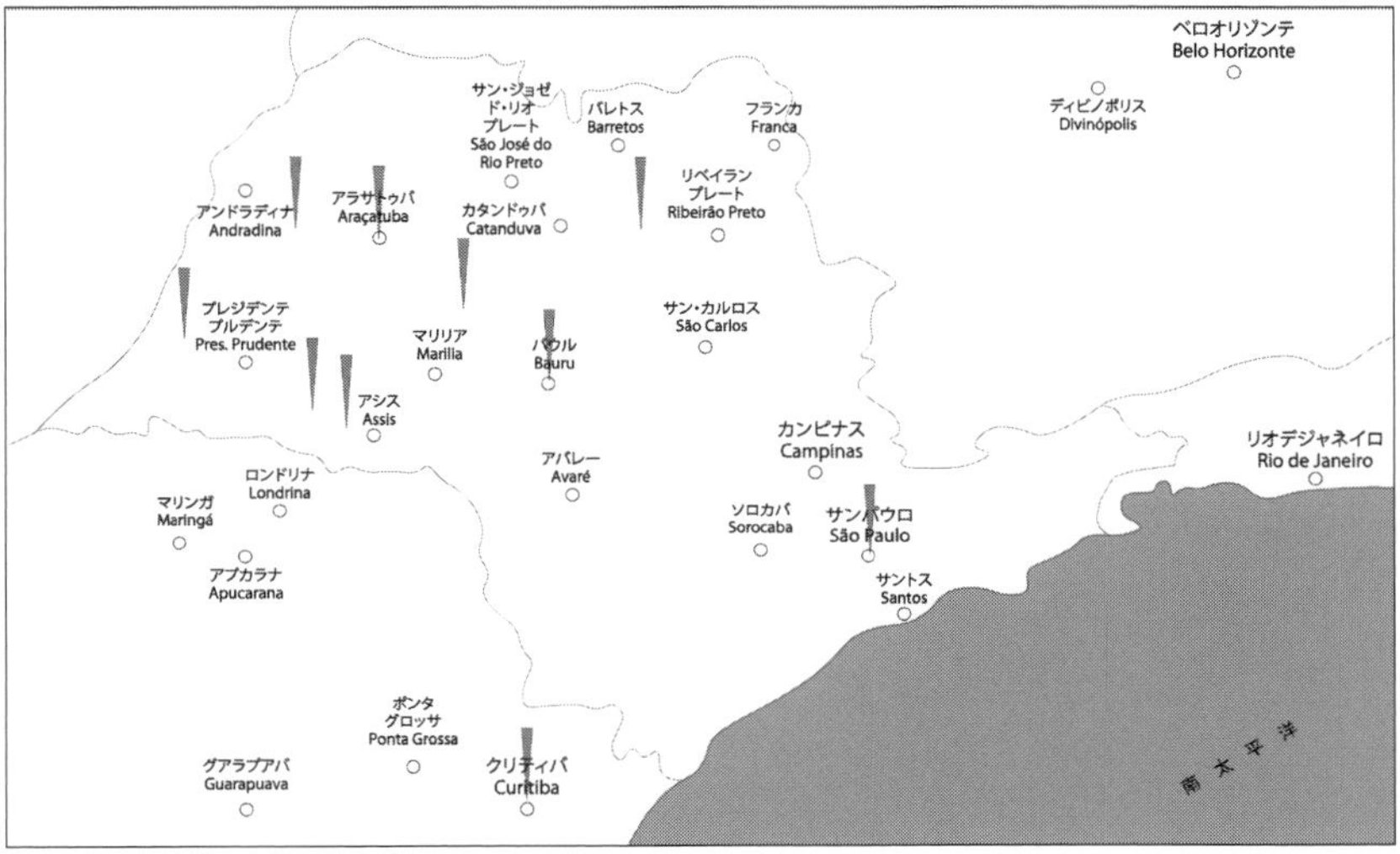

図30　『文化』の流通範囲

価の高い書籍や、教育、学術に関する図書を広く紹介するとともに広告・販売し、上記のような日本の総合雑誌や文芸誌から記事を選んでは転載した誌面構成を作り上げていく。そしてこの雑誌の記事や論説からはまた、移民地の読書や出版環境を意識化し、批判的にとらえていたことをうかがうことができる。▼注(100)

しかしながら本節の冒頭でも述べたように、ブラジルでは日本語を中心とした雑誌の出版は困難になっていく。『文化』は一九三八（昭和一三）年の九月の刊行が最後となった。この雑誌の部数や広がりについては定かではない。あるいはサンパウロ市内で、わずかな知識人層にしか読まれなかったのかもしれない。だがそうであったとしても、知識人層が移民共同体に果たす役割もまた軽視できない。佐々木剛二は、移民共同体における知識人層の役割に改めて注目し、こうした人々が、移民共同体を指導、組織化する一方、移民共同体を見つめ直し、語り、表象する行為を通して移民共同体に作用していった点に関心を向けている。▼注(101) ここで述べてきた『文化』の特徴が、こうした指向性を生み出す母体ともなり得たことは十分考えられよう。

また、この雑誌は先述したように誌上で読書を勧める懸賞募集「読書宣伝　懸賞募集標語」を行うが、そこに記された懸賞応募者の発信元を地図上に配置してみると図のようになる。▼注(102) 実際に、隣のパラナ州クリチバをも含む、広範な読み手の可能性をうかがうこともできる（図30）。

終戦後の沖縄で、あるいは戦前のサンパウロで、日本の書物はそれぞれに多様な制約の中にありながらも独自の経路で広がり、享受されている。そしてここでの事例から分かるように、その書物の経路にかかわった人や組織が生み出した資料、書店の発行雑誌、個人の日記や、聞き取り、地域の新聞・雑誌など、いろいろなリソースにそれを明かすための情報が豊富に含まれているのである。

第６章 ◉

書物の流れをさえぎる

読書の歴史をとらえるには、書物が読者にいたる流れに目を向け、その変化や、そこに介在する人々や組織について考えていく必要がある。そこには書物と読者とのつながりを作り出し、支える活動もあれば、逆にその書物の流れをさえぎり、統御しようとする活動もある。新聞や書籍への検閲を含め、この流れをさえぎる仕組みへのアプローチは、読書の歴史をとらえる重要な方法となる。

1　検閲と読書の関係

近代における検閲は大きく分ければ二つの時期に、つまり戦前、戦中における検閲と、占領期における検閲とに分けられる。これまでにも様々な角度から研究されてきているが、そもそも読書の歴史研究と、検閲の研究はどのような方法で、どうかかわっているのだろうか。

読書の歴史は、書物が読者にいたる道筋が生まれ、広がり、変化していく過程としてとらえることができる。検閲は、書物が読者にいたるまでのこの流れをさえぎることで、読者を作り替え、制御する手法としてとらえることができる。こうして読書の歴史の中で検閲を位置づけ、考えていくときに注意しておくべき点を特に二つあげておきたい。一つは、書物の流れをさえぎるのは、検閲制度のみではないということ。そしてもう一つは、書物の検閲を、検閲の時点のみでとらえず、その書物と後の読者との長い関係のもとでとらえるということである。

まず注意すべきは、検閲制度は、書物が読者にいたるまでの流れをさえぎる手法の一つにすぎないということだ。検閲によって情報がコントロールされ、制限されることは確かだが、検閲という方法を用いなくとも、書物の流れを制限する方法はいくらでもある。書物が読者にたどりつく一連のプロセスの、どこかをさえぎることができれば、検閲によらずとも検閲と同様の効果をあげることができるし、実際にそれがなされてもきた。

例えば一八九三（明治二六）年の出版法は、戦前の書籍の発禁、すなわち発売頒布禁止の処分を内務大臣の権限として定めていた。これは発売や頒布を禁じたものであり、発行や所蔵を禁じているものではない。だが出版の草稿段階の取り締まりがなされた時期もあれば、図書館で読者に提供する段階で閲覧に制限を設けられた時期もある。▼注(1)検閲という措置をとらずとも、書物の流れる様々な段階で、制約は作られ得るのだ。雑誌に対する郵送料金の優遇措置（第三種郵便物）の許認可や、書物のもととなる紙の供給の許可、制限なども同様である。▼注(2)

検閲を読者の歴史の中でとらえていく際に、もう一つ重要な点としてあげておきたいのは、検閲を、検閲された時点の書物と読者の関係のみではなく、現代を含めた後の時代の読者との関係の中でとらえることだ。検閲によって読者にたどりつけなかった書物は、その後、ふたたび読者にたどりつくのか、つかないのか。たどりつくとしたら、どのようにして現在の読者にたどりついたのか。検閲と読者の関係は、歴史上の点ではなく線、あるいは面なのである。

この問題を考えるには、例えば戦前の発禁図書が、今どれだけ読めるか調べてみるのがよいだろう。戦前の発禁図書はどこで、どれだけ見られるだろうか。

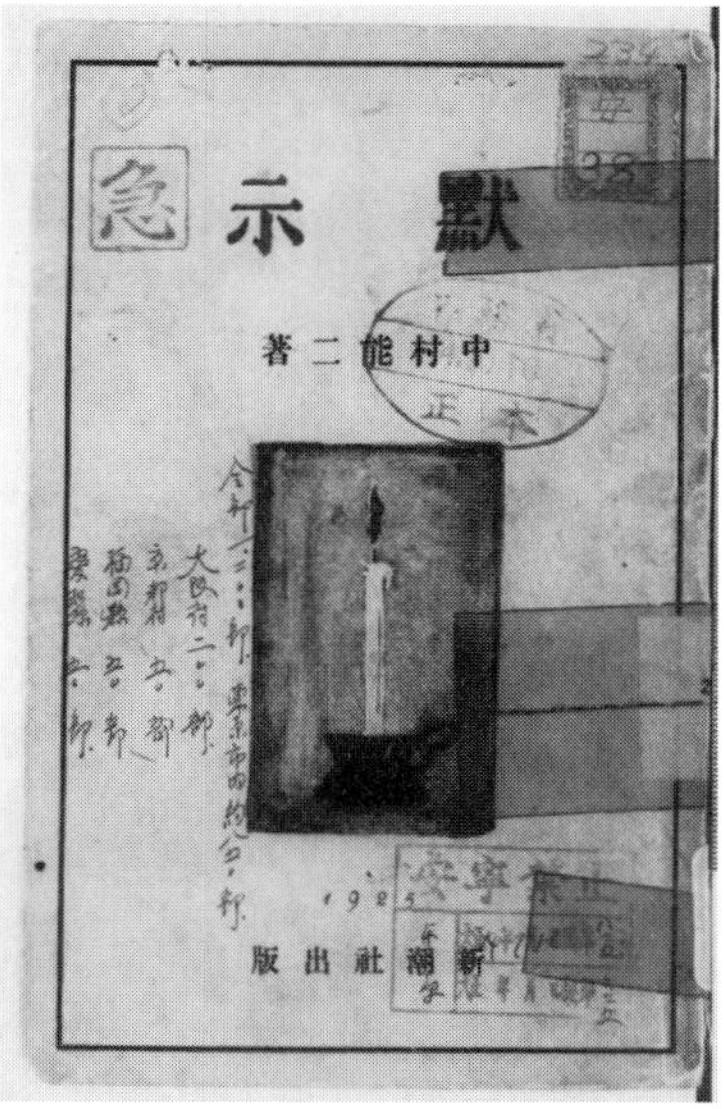

図31　戦前の検閲原本

国立国会図書館が所蔵するここに掲げた書物は、戦前に内務省が発禁処分とした書物だが、今日ではデジタル化され、インターネット上で容易に閲覧できる▼注(3)（図31）。なぜこの書物は読者にたどりつけるようになったのだろう。国立国会図書館は戦前には存在していない。ではどこからこの書物は来たのだろうか。そして内務省が検閲して発禁処分を下した書物は、すべてこのように国立国会図書館にたどりついたのだろうか。いったいいつから、読者とのつながりを回復したのだろうか。検閲された書物と読者の関係を、検閲された時点のみで考えると、こうした問いに結びつかない。けれど書物と読者がつながるか否かは、まさにこうした問いによって見えてくるのである。

この本はもとは内務省に提出されて、そこで検閲を受けた書物なのだが、内務省で発禁処分が下されれば、提出された以外の在庫の書物は発売頒布ができなくなる。だが実際には、発禁処分が下されても読者への流れは必ずしもさえぎられない。残部を差し押さえようとしても、すでに流通ルートに流れている場合もある。前章で見た通り、明治、大正期の書籍の流通ルートは非常に多様で、取次業者も多く、書物の流れをさえぎるのは容易ではないのだ。

発禁が、むしろ書籍や雑誌の評価を高めることも多く、それが古書として取引される場合も珍しくない。森鷗外の小説「ヰタ・セクスアリス」は発禁処分を受けた小説だが、ここで引いた一九三〇（昭和五）年の古書目録では、それを掲載した雑誌『スバル』を高値で取引している▼注(4)（図32）。昭和に入っても、その初期においては左翼系言論による発禁や執筆者の処分が、逆に雑誌の経営的にプラスとして作用していた事例が多く見られた。▼注(5)

戦前、戦中の検閲であれ、占領期の検閲であれ、検閲された時点の資料が、どれだけ、どこに、どのように遺っていくかに常に注意を向ける必要がある。これは、単に検閲の対象となった資料ばかりではない。検閲する側の資料、検閲を行った内務省や、あるいは連合国軍総司令部（GHQ／SCAP）の資料、そしてまた検閲された側の資料がどれだけ遺されており、どれだけ公開されているのか、整備されているのかが、検閲と読者の関係をとらえる場合の鍵となる。

もともと検閲は、読者への書物の流れをさえぎる行為であり、さえぎられた書物は当然のことながら資料と

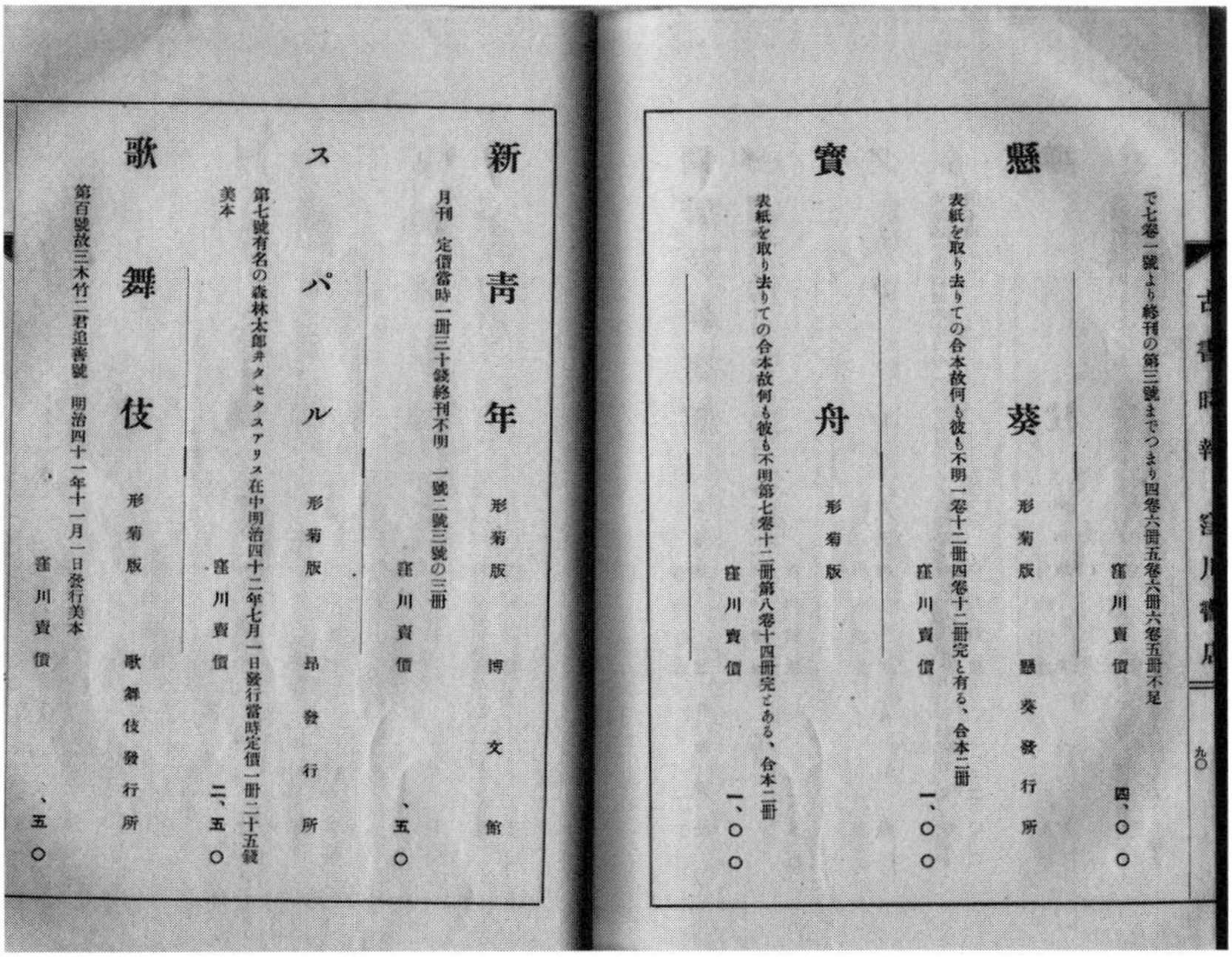
九〇

で七巻一號より終刊の第三號までつまり四巻六冊五巻六冊六巻五冊不足　窪川賣價　四、〇〇〇

懸葵　表紙を取り去りての合本故何も彼も不明一巻十二冊四巻十二冊完と有る、合本二冊　形菊版　懸葵發行所　窪川賣價　一、〇〇〇

寶舟　表紙を取り去りての合本故何も彼も不明第七巻十二冊第八巻十四冊完とある、合本二冊　形菊版　窪川賣價　一、〇〇〇

新青年　月刊　定價當時一冊三十錢終刊不明　一號二號三號の三冊　形菊版　博文館　窪川賣價　、五〇

スパル　第七號有名の森林太郎ヰタセクスアリス在中明治四十二年七月一日發行當時定價一冊二十五錢美本　形菊版　昴發行所　窪川賣價　二、五〇

歌舞伎　第百號故三木竹二君追善號　明治四十一年十一月一日發行美本　形菊版　歌舞伎發行所　窪川賣價　、五〇

図 32　発禁本の載る古書目録

しては遺りにくいし、さえぎる行為自体もしばしば秘密裏になされる。戦前、戦中の検閲に関しては豊富に資料が遺っているとはいいがたく、その資料の遺り方に応じて、検閲のプロセスでも明らかになるところと不分明なところが生じる。

一方で占領期の検閲は、逆に検閲された資料も、また検閲した側の資料も、豊富に遺されている事例と言えよう。とはいえ、占領期の検閲についての研究も、その資料の整備状況によって、研究自体が大きく様変わりしてきた。検閲した側の資料や検閲された対象資料が遺っているかどうかということと、それが利用しやすいかどうか、とはまた別の問題なのだ。こうした点に注意しつつ、ここではまず戦前、戦中の検閲についてとりあげ、その後、占領期における検閲について述べることとする。

戦前、戦中の検閲制度は、大きく分けるなら新聞紙法による新聞や雑誌の検閲と、出版法による書籍や雑誌の検閲とに分けられる。戦前、戦中の検閲についての研究は数多いが、概観したものとしては西田長寿や奥平康弘の研究が参考となろう。[注(6)] また近代の出版法規についても、利用しやすい形で文献としてまとまって刊行されている。[注(7)] ただ、法制の変化のみで検閲が分かるわけではない。そこからは具体的にどういう検閲官がいかなる手順で検閲していたかという具体的な実務が分かるわけではないし、処分となる表現が具体的にどこからどこまでなのかも判然としない。このため、検閲の研究では、法制度、検閲機関の人員や体制、検閲官、処分対象となった表現、処分された出版物の流通やその影響、それぞれがその時期や地域的な違いを含めて重要なテーマとなるし、テーマに応じて役立つ資料も多様な広がりをもっている。

また、新聞にしろ、書籍にしろ、時期や地域に応じて異なる統制があることを忘れてはなるまい。外地の場合、日本統治期の台湾における新聞や図書の検閲の法制度については、自身検閲にあたっていた鈴木清一郎による『台湾出版関係法令釈義』に詳しく、復刻版も刊行されている。[注(8)] しかしその具体的な運用をうかがう内部資料はきわめて限られており、総督府警務局が作成した『台湾出版警察報』が部分的に遺されているにすぎない。法制度のうえでは内地よりもはるかにきびしく、新聞の場合であれば発行の許可は自由な届け出制ではなく総督による許可制をとっている。内地では次節で述べるように、新聞発行と同時に検閲のための納本がなされるが、台湾の場合、発行前に総督府や所轄庁に納本することが義務づけられていた。[注(9)] 内地で発禁となった出版物の輸入はむろん禁じられ、内地で刊行できた出版物でも輸入される際に発禁や削除処分となる場合も多かった。当時日本で発行された『改造』や『中央公論』と、台湾に遺されているそれら雑誌の記事を比較すれば、処分対象となった記事を特定することができる。比較を行った河原功は、それらの雑誌の台湾に関する記事や台湾

に取材した小説が処分対象となっている事例が多いことを明かしている。▼注(10)

一方、植民地期朝鮮では、一九〇七（明治四〇）年に新聞紙法、一九〇九（明治四二）年に出版法が公布され、やはり内地と異なる法制度であった。検閲の人員や体制とその変化は、朝鮮総督府の職員録や総督府警務局の出版物をもとに鄭根埴が具体的に論じている。▼注(11) 検閲機構は、一九一〇年代の武断政治の時期、日本への同化をうながしながら朝鮮を支配、利用していこうとする三・一運動前後からの文化政治期、そして出版文化の伸張と検閲体制が本格化する一九二六（昭和元）年以降とで三段階に変化していく。この段階で出版警察の中核となる警務局図書課は、直接検閲にあたりつつ、各地の検閲業務を指揮、朝鮮と日本、さらには米国やソ連、中国からの情報の検閲にもあたっていた。満州国や日本とも連携した検閲体制が生まれており、一九三〇年頃には内地、外地を含めた出版警察の情報ネットワークが緊密な連携を形作っていたと思われる。▼注(12) こうした外地を含めた検閲の実態は、日本語以外の多様な現地資料の掘り起こしによって今後明かされていく可能性もある。

2 戦前・戦中の新聞検閲

同じ出版物とはいえ、書籍と新聞とは流通する速度も、また範囲も異なる。特に新聞はその情報の早さを特徴としたメディアであり、それゆえに書籍とは異なる方法でその流れを統制する必要があった。明治のごく初期には新聞の発行は奨励され、官費による府県での新聞の買い上げまでなされてもいたが、一八七五（明治八）年の讒謗律《ざんぼうりつ》と新聞紙条例の制定によって新聞はその掲載内容が規程され、厳罰主義による取り締まりの対象となり、内務省がその発行の許可を担うようになる。この折の取り締まりの苛烈さと処罰者の詳細については、

検閲研究の草分けでもある宮武外骨の『筆禍史』が詳しい。[注(13)]

翌年には内務省に新聞発行を禁止する権限が与えられ、行政による出版規制の原形が生まれ、一八八三（明治一六）年には新聞紙条例として体系化される。定期刊行物を発行する出版元は高額の保証金を納めることが義務づけられた。小資本で新聞を刊行していた事業者はこれが大きな負担となり、公布後ひと月の間に東京では三〇を超える新聞、雑誌が廃刊を余儀なくされたという。[注(14)]

書物の流れをさえぎるのは、実際の検閲のプロセスのみではない。保証金制度のように、作る側に制約を課すことによってもその流れは統制される。また、編集者や印刷者の国籍、性別の制限もやはりそうした役割を担う。新聞紙条例は「内国人」「男性」にこれを限ったため、新聞紙条例のもとで新聞や雑誌を発行するには、社主や編集人は男性でなくてはならなかった。[注(15)]

一九〇七（明治四〇）年の改正法で内務大臣による新聞の発行禁止の権限は削られるが、一九〇九（明治四二）年制定の新聞紙法では、発禁、すなわち内務大臣による発売頒布禁止の権限が定められる。裁判所、すなわち司法からは独立して、強力な行政処分を下すことのできる権限である。司法処分ではないためにその処分を裁判で争うことさえもできはしない。[注(16)] また、新聞紙法では陸軍、海軍大臣や外務大臣による掲載記事の禁止や制限の権限も盛り込まれていた。この新聞紙法が、戦前、戦中の検閲活動を支えることとなる。

新聞は発行後、すぐに流通する。書籍は発行三日前に内務省に届け出を行う体制がとられていたが、より速い新聞というメディアへの発禁制度は、どのようにして運用されたのだろうか。新聞紙法では、新聞は発行と同時に内務省と、地方庁への納本が義務づけられている。内務省、警察庁を中心としつつ、地方の警察との連携のもとで地方紙を含めた検閲がなされていた。

だが新聞や雑誌は書籍と異なり、その流通の速度から、発禁処分が出てもすでに流通している場合が多く、現物を差し押さえることは難しい。このため、よりきびしい体制をとっていた台湾の場合、新聞でも事前の納本を義務づけていたわけである。内地の場合、実際の差し押さえ率はかなり低く、発禁によって新聞の流れを効果的に制限されるようになるのは満州事変の頃以降、差し押さえの重視と迅速な連絡体制が整備されてからである。▼注(17)

新聞の流れをさえぎる方法として、こうした発禁処分以外に、内務大臣による記事差し止め命令制度がある。検閲ではないが、掲載すべきでない情報を発行元に知らせることで、記事の掲載を抑制するわけであり、大正半ば頃から確認できる。▼注(18)発禁処分は新聞社側にとってダメージが大きい。明治、大正期には大手新聞社側は発禁をさけるために事前に内務省の内閲を求めることもしばしばなされていた。ふれてはならない事項をあらかじめ新聞社が知らされるこの制度は、発禁への威嚇として、大きな実効性をもつこととなる。こうした記事差し止めは陸海軍や外務省からの要請で内務省から出される場合もあった。

また、検閲を単に一方的な統制と見るのではなく、新聞社側による自発的な政府への協力や譲歩の中で双方向的に考えていくうえでも、差し止め命令の役割は重要である。記事差し止め命令は、中央の大手新聞社に有利に働いたという指摘もある。▼注(19)情報収集や発行体制の充実している大手全国紙の場合には、差し止め通達よりも速く記事を出すことで、また通達が出た後に初版のその部分を改定して次版を販売することで発禁処分を事実上回避することが可能となるからである。このため、発禁処分は地方紙に圧倒的に多く見られるようになる。

新聞の検閲がどのような形でなされてきたかを大まかにまとめてきた。では、具体的にある時点に焦点をあて、あるいは特定の報道をめぐって、新聞がどのような規制を受け、その結果新聞の表現が、どう変わったのかをとらえるには、どうすればよいのだろうか。検閲する側、される側の資料のうち、まず検閲する側の資料で、具体的な報道の禁止事項、その基準や、先に述べた特定の事件や出来事に対する新聞報道の差し止め命令や諸注意の記録があれば、そのことがとらえられよう。

これらは内務省の出版警察に関する資料となるが、実際には自然災害や戦災、終戦時の意図的な廃棄、日本占領時の連合国軍による接収を経て、失われてしまった部分も大きい。とはいえ、接収資料についてはこれまでに返還、複製もなされ、遺っている資料類が現在ではかなり整備されてきてもいる。検閲にあたっていた内務省警保局では、一九二八（昭和三）年以降、内部雑誌である『出版警察報』を発行している。[注20] 月刊で終戦まで続き、発禁となった出版物についての具体的な情報を含んでもいる。また、より長期的な出版、取締動向を統計とともにまとめた『出版警察概観』もいくどか出されており、現在これらはいずれも復刻、刊行されている。[注21] また、これらを補う資料として特高警察の時報や月報を含めた関係資料も集成、刊行されている。[注22] 植民地では台湾で『台湾出版警察報』が、朝鮮では『朝鮮出版警察月報』が発行されていた。[注23]

これ以前の時期については一九二〇（大正九）年以降、こうした情報を含んだ内務省の出版物がいくどか出されており、大正半ばからは取締統計を含めて確認できる。これらも『出版警察関係資料集成』として複製、刊行されている。[注24] とはいえ、大正前期や明治期についてはこうしたまとまった形での内部資料は見いだせない。したがって検閲された側、すなわち新聞社や編集者による回想や記録、新聞自体に含まれる情報をもとにとらえていく必要がある。

さて、新聞においては、検閲以外に、それに劣らぬ統制を可能にした記事差し止め命令があった。では、この記事差し止め命令やそれに対応した文書類はどの程度遺っているのだろうか。これについては一九一五（大正四）年以降のものが『内務省記事差止資料集成』や『戦時新聞検閲資料』に収められている。▼注(25) これらが刊行されたのは戦後五〇年も経てからである。いずれも占領期に日本から接収された資料であり、それが国立国会図書館によって複製され、さらにその膨大な資料群の中から研究者が資料を掘り出し、整理していく作業を経てまとめられたものである。

検閲の研究は、どのような資料が遺っているか、あるいは見られるかによって大きく左右される。例えばこうした新聞統制関係の資料がまとまってくれれば、それをもとに具体的な差し止め命令と新聞社側の対応、関係を探る研究も可能になる。中園裕の『新聞検閲制度運用論』はそうした具体的な事例として参考となろう。差し止める出来事の選定、差し止め内容の幅や、その解除時期を操作することで、同じ出来事の報道であっても異なる読者の反応を引き起こすことを、具体的な報道事例から明かしている。▼注(26)

ただ、こうした資料が遺されていないケースもむろん多く、検閲された側に関する資料を含め、具体的な事件や問題について、読者への情報の流れがどうさえぎられ、制御されていったかを追っていく必要がある。雑誌においても、社史や編集者の回顧録は多く、編集者側からみた検閲について知ることできる。出版社側の過去の資料が保存、あるいは公開されることによってもこうした研究が大きく展開しよう。▼注(27)

3 戦前・戦中の書籍検閲

一方で書籍については、戦前、戦中の検閲は、出版法のもとで行われた。また、出版法のもとで刊行された雑誌も、この範疇に入る。新聞の場合は、発行されて読者にいたるまでの時間、流通の速度が、その価値の大きな要素となっていた。書物と読者とのつながりを考えれば、それをつなぐ速度が重要であり、検閲はその速度に対応した運用が必要となっていた。一方、書籍や、あるいは学術・文化を主とした雑誌の場合、それら出版物が読者へと流れ、たどりついていく速さよりも、出版された後の読者との長期的な関係が重要となる。新聞は発行日をすぎればその価値は激減するが、書籍は発行されて一〇日後に読む読者も一〇年後に読む読者もごくふつうに存在する。また、かつては流通していた書籍が、後になって発禁の指定を受けるという場合もある。例えば一九一〇（明治四三）年の大逆事件の折には、すでに三〇版となっていた『良人の自白』をはじめ、それまでに出ていた木下尚江の著作の多くが発禁となる。書籍の読者への流れがどうさえぎられたのか、という問題は、書物が作られた時点のみではなくそれ以降の長い時間を視野に入れて考える必要がある。▼注(28)

これまで発禁となった書籍のタイトルについては、戦前からその書目がいくつか出ているほか、内務省の作成した目録も復刻されている。▼注(29) では具体的に、それぞれの書籍は、どういう表現が処分の対象となっていたのだろうか。出版法のもとでは、風俗を乱すもの（風俗壊乱）と治安を乱すもの（安寧秩序妨害）が禁止され、違反した者への司法上の制裁や、発禁という行政処分がなされていた。だがこれはきわめて曖昧で抽象的な基準である。より細かい検閲の対象、例えば安寧秩序妨害には皇室の冒涜や植民地独立運動の支援、共産主義、無政府主義の紹介、宣伝といった具体的な取締項目やその変化は、先の出版警察関係資料によって大正から昭和期にかけて見ていくことができる。▼注(30)

といっても、これらの基準となる資料は戦前には一般には公開されてはおらず、どの部分がどの理由で発禁の対象となったかも公表されない。戦中、戦前の出版物には、しばしば○○とか××、という形で本文が読めなくなっている箇所がある。これは伏せ字と呼ばれるが、これは検閲によって削られた部分ではない。あくまで、発禁になりそうだと思われる表現や箇所を、作家や出版社が自主的に伏せ字に変えているだけであり、それが必ずしも発禁にあたるものだったとは限らない。例えば、ここで示した堺利彦『楽天囚人』の場合、編集にあたった高島米峰《たかしまべいほう》が、やや危ういと思われる表現について「文字に代ふるに○符号を以て」したと記している（図33）。[注31]

中野栄三「伏字考」では、こうした伏せ字部分のみを別に刷って配布するような事例を含め、伏せ字に多様な表現の形があったことを示している。[注32] 伏せ字は単なる空白や、欠落ではなく、字数分の空欄をあけた試験問題のように読者に作用するため、空白以上の意味を担う場合も生じよう。[注33]

内田魯庵の小説「破垣」は一九〇一（明治三四）年に『文芸倶楽部』一月号に掲載され、発禁処分となる。処分を受けた夜に魯庵は処分への疑問、批判を記し、『二六新報』に書き送っている。[注34] 魯庵や当時のメディアは「風俗壊乱」とされたことを前提に議論してはいるが、この小説が、「風俗壊乱」の理由によるのか、「安寧秩序妨害」の理由によるのかは、今もってはっきりしない。妻ある男爵が、家に働きにきた女中を無理に自らのものにするという話が風俗壊乱として扱われたとする立場もあれば、それが当時の大臣をモデルとした批判であって安寧秩序妨害にあたるとされたとする立場もある。[注35]

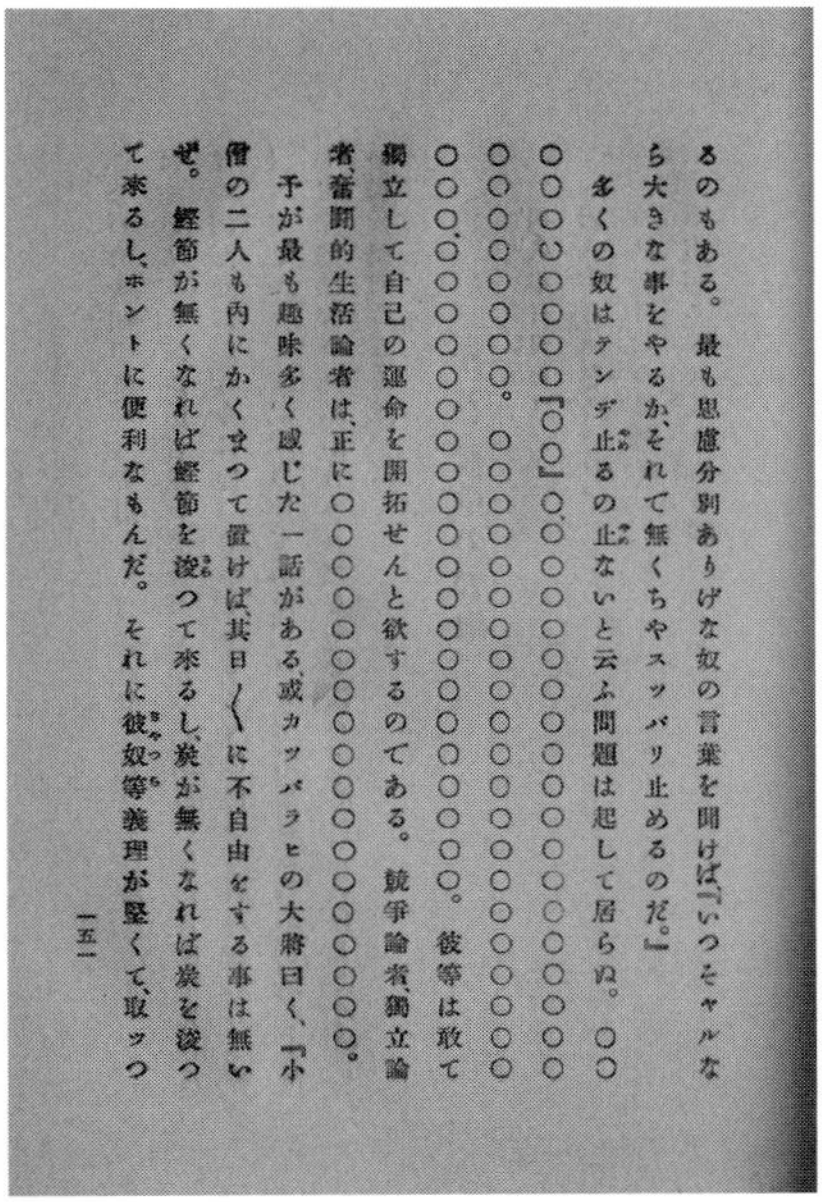
るのもある。　最も思慮分別ありげな奴の言葉を聞けば、『いつそヤルな
ら大きな事をやるか、それで無くちやスッパリ止めるのだ。』
　多くの奴はテンデ止るの止ないと云ふ問題は起して居らぬ。　○○
○○○○○○○○『○○』○、○○○○○○○○○○○○○○○○○○○
○○○○○○○○。　○○○○○○○○○○○○○○○○○○○○○
○○○、○○○○○○○○○○○○○○○○○○○○○。　彼等は敢て
獨立して自己の運命を開拓せんと欲するのである。　競争論者、獨立論
者、奮闘的生活論者は、正に○○○○○○○○○○○○○○○○○○○。
　予が最も趣味多く感じた一話がある、或カッパラヒの大將曰く、『小
僧の二人も内にかくまつて置けば其日〳〵に不自由をする事は無い
ぜ。　鰹節が無くなれば鰹節を浚つて来るし、炭が無くなれば炭を浚つ
て来るし、ホントに便利なもんだ。　それに彼奴《きやつら》等義理が堅くて、取ッつ
一五一

図33　伏せ字の事例

内務省は発禁処分は下しても、具体的な事由や問題箇所を知らせるわけではない。具体的な禁止表現の基準などは曖昧であり、検閲の細かさについても揺れがあった。多くの目にふれるはずの新聞に掲載された時点では処分の対象とはならず、書籍になって出版されると発禁となった小栗風葉『恋ざめ』のような事例もある。▼注(36)同じような表現が、地域によって、あるいは掲載誌によって禁止の対象となったり、ならなかったりすることは戦前でも問題視されていた。▼注(37)

こうした検閲基準のゆれの背景には、当時検閲を担当していた内務省警保局図書課の人員が不足しており、出版物の発行点数に検閲作業が追いつかないという実態もあった。▼注(38)とはいえ、こうした基準の曖昧さや制度上の不完全さは、一方で書き手には、どこまでの表現が発禁にあたるのか分からないという不安を抱かせようし、そうなりかねないような表現や素材を回避する見えざる規制としても機能しよう。

具体的に検閲によって発禁となる表現は、時期によっても大きく異なる。規程の変化もあるが、政治状況や出版状況に応じて、それまで流通していた書籍が急に発禁対象となるのは前に述べた通りである。風俗壊乱にしても、どういった表現を猥褻なものとするかは時代に応じて変わる。

馬屋原成男《うまやはらしげお》はこの点を「接吻の文学史」という形で論じている。明治、大正期の文学では、キスシーンは基本的に取り締まりの対象となり、タイトルに接吻とあるのみで発禁となるほどであった。接吻は西欧文化においては恋愛に限らず、宗教的儀礼として親愛や尊敬を示す行為として公然と行われていたが、日本における接吻は、近世以前は性愛表現の一種であり、秘事であったためと馬屋原は述べる。接吻のタイトルやシーンが取り締まりの対象となるというのは現在からすれば奇妙に見えようが、そうした私たちの違和感自体、時代に応じて読者が感じる猥褻さの変化の大きさを示してくれよう。▼注(39)

文学領域では、明治、大正期においては風俗壊乱による発禁が多いが、そもそもこの風俗壊乱と安寧秩序妨害という区分そのものが、検閲する側の作り出した区分であることに注意をしておかねばなるまい。大正後半からの発禁件数の推移は『出版警察概観』でたどることができるが、安寧秩序妨害による処分件数は、一九二八（昭和三）年に風俗壊乱の件数を上回り、以後急激に増加していく。▼注(40) だがこの区分を前提として発禁となった表現をとらえてしまうと、例えば風俗壊乱の恐れのある表現のはらむ政治性や社会性が見過ごされてしまう。

恋愛や性に対して過剰な関心を寄せ、その告白や描写に視点の工夫をこらした小説が数多く生まれていく明治期末は、風俗壊乱の名のもとで小説の発禁処分が急増していく時期でもある。これらの表現は、性をめぐる私的、内面的な問題にとどまるものではない。それらの表現は、どのような男女、家族関係が正常であり、どういった恋愛や性的関係が異常なのか、といった境界を揺るがせる危険性をもはらむ。こうした表現への発禁処分は、そこに異常／正常という明確な境界を作り出し、そこからはずれる者への統制、規制としても働く。▼注(41)

風俗壊乱は、こうした点から言えば非常に政治的な行為でもあり、それらを非政治的で風俗的な事象として見なすのではなく、その表現のはらむ危険性を改めて評価し、見直してみる必要があるだろう。▼注(42) 自然主義の爛熟期を迎えるこの時期にはまた、文学を国家によって保護し、あるいは顕彰しようとする文芸院構想が具体化してくる時期でもある。文学の推奨、公認と禁止との関係も、こうした中で考える必要が出てこよう。▼注(43)

ただ、明治、大正期の検閲は、書籍の流れをさえぎるほどの迅速な差し押さえ体制によるものではない。制度上からは、当時の書籍の検閲では、出版する書籍を発行日の三日前までに内務省に提出することになっていた。だが先の『恋ざめ』の刊行された一九〇八（明治四一）年には、実際にその内容をチェックし、発禁処分が下されるのは、発行後、三日から一週間ほどたってのことが多かった。▼注(44) 雑誌でさえも、発行当日の発禁は珍しいほどであった。▼注(45) したがって実際には発禁処分となった書物が、その時点ではすでに完売しているということも珍しくなかった。永井荷風『ふらんす物語』のように内務省に提出してすぐさま発禁処分を受けるといった事例もあるが、これはむしろ当時としては珍しいことといえよう。▼注(46) 一九三〇年代には新聞を含め、全国的な差し押さえの連絡網が強化され、流通ルートの統合、統制も進んでいく。それでも、例えば石川達三「生きている兵隊」（『中央公論』一九三八・三）の場合であれば四分の一は差し押さえられておらず、同時期に海外でも多様なその翻訳が生まれていく。▼注(47)

　一方で、検閲の果たした役割は、上からの一方的な統制として考えるのみでは見えてこない。明治末から大正期にかけては、作家や出版社が内務省に事前に出版可能かどうかチェックしてもらう場合も多く、この時期には削除箇所を指定されたり、その部分を削って出版する事例も多い。

　例えば昇曙夢《のぼりしょむ》は、こうした事前審査についての自身の体験を記しているが、当時の作家の記録からは、こうした言及を数多く見いだすことができる。▼注(48) また、こうした事前検閲が廃止された一九二七（昭和二）年以降、雑誌の場合、内務省から指摘された箇所のみを切り取れば発行できるケースも出てくる。▼注(49) また、一度発禁となって差し押さえられた書籍も、問題箇所が削除されたと判断されれば出版可能ともなった。▼注(50) 戦前、戦後を問わず、書き手や出版社が一方で検閲にどう協力し、組み込まれてきたのかを視野に入れてとらえる必要があろう。

　こうした事例は、むしろ作家や出版社側での回想や資料から分かることが多い。まとまった形で出版社の業務資料が公開されることは必ずしも多くはない。改造社の資料群は、豊富な資料が公開され、さらにそこから検閲を含めた盛んな研究が生まれている珍しい例と言えよう。▼注(51) また、書物の流れということから考えれば、書店や図書館、あるいは発禁図書を手に入れた読者側の情報を含めた様々な流れの中で、資料を掘り起こし、集成していく必要がある。

4 占領期の検閲

占領期の検閲研究は、その関係資料の所在や公開の状況に応じて大きく変わってきた。検閲という活動は、その不透明性によって自らの活動をしばしば正当化、効率化することもあり、関係資料が遺りにくい。ただ、占領期の検閲資料については検閲した側、された対象についての資料が、むしろ豊富に遺されている点が特徴でもある。とはいえ、占領期の検閲は連合国軍総司令部（GHQ／SCAP）によってなされており、検閲した側の資料も検閲対象となった書物も以前は米国にまとまって所蔵されており、研究が難しかった。

一九七七（昭和五二）年から米国では占領期のGHQ／SCAPに関する公文書が公開され始め、その膨大な文書をもとに数多くの研究が展開していく。▼注(52) これら三千万枚に及ぶ記録文書が、十三年をかけて国立国会図書館によってマイクロ化され、さらに関連資料を加えて整備、公開されていくのは一九九〇年代であり、これによって占領期の研究の環境は格段によくなっていく。▼注(53) 史料の膨大さに変わりはないが、これら史料を駆使した研究は、そこに分け入っていく導きとなってくれるし、国立国会図書館の付した記号さえ示されていれば、容易に一次資料にたどりつける。現在では、検閲政策の決定過程や、具体的な検閲の推移、プロセスもこれら資料からあとづけられている。▼注(54)

検閲対象となった書物は、メリーランド大学に一括して保管されていた。これがプランゲ・コレクションで

VIO. DELETE SHUPPAN. BUNKA

出版文化

代理店案を提示 消費團體は反對

新聞廣告掲載を自粛

緊急用紙割當委員會

図34　プランゲ・コレクションの複製資料

あり、二〇〇〇年代になると、そのうちの雑誌、そして新聞がマイクロ化され、日本国内の図書館でそれらが閲覧できるようになった[注55]（図34）。さらにはその目録、データベース化が近年進み、オンラインでの検索データベースも公開された。プランゲ・コレクションには出版物とともに検閲官の文書も付されている場合もあり、具体的な雑誌や新聞をもとに検閲の様相をとらえていくことも可能となった。[注56]

以降では、占領期の検閲について述べていくわけだが、それ以前に、この時期の書物の出版、流通の仕組み、すなわち読者に「たどりつくプロセス」がどうなっていたかを述べておく必要があろう。前章では、戦中にいたるまでの書物の流れについて概観しておいた。ではその後、書物の読者への流れは、戦中から占領期にかけて、どのような変化をとげていくのだろうか。

戦前に多様な流れを作り出していた書物の流通

経路は、戦中にその統合、一元化が進められていく。それまでに雑誌や教科書を含めた書籍の出版社で構成していた協会や組合組織は、一九四〇（昭和一五）年末に日本出版文化協会（四三年には日本出版会）へと一元化される。日本出版文化協会は、各出版社の事業、計画、用紙割り当て、流通販売や経営、編集責任者の変更にまで及ぶ、強大な権能を持っていた。▼注(57) 新聞社も統廃合が進み、販売店も発行元とのつながりを断ち切られて日本新聞会へと統合された。▼注(58)

出版社のみならず、流通を担っていた四大取次を含め、二〇〇を超える取次が、翌年日本出版配給株式会社に統合される。つまり、生産、流通のルートの統合と、そこに向けた制御という体制ができあがる。一方でその流れを統御する側では一九四〇年、内務省の図書課（この年から検閲課）や陸海軍、外務省の情報部門を統合する形で情報局が生まれ、他省と連携して出版社や編集者に向けた直接的な指示、指導が進められていった。▼注(59)

こうした書物の生産から流通までを効率的に統御するシステムは、占領期にどうなっていくのか。書物の流れを統制したければ、まずは内務省からの命令系統を切り離し、このシステムをうまく引き継げばよい。一九四五（昭和二〇）年九月、GHQ／SCAPの指令によって出版、言論統制に関する法制度は失効し、同年中に内務省の検閲課や情報局は解散する。▼注(60) また、この時期には日本における民間検閲の基本計画も形を整える。▼注(61) その検閲は治安維持を批判、妨害する情報を取り締まるとともに、占領政策に対する国内の反応を把握するねらいをもっていた。そしてそれにそった規制がプレスコードとして、同月日本政府に通告される。

検閲活動を担ったのはGHQ／SCAPの参謀第二部（G2）民間諜報局（CIS）に属する民間検閲局（CCD）であり、戦時中の諜報部門を母体としている。検閲は、影響力の大きい出版物に対しては、出版前の校正段階で検閲を行う事前検閲がなされた。また、それ以外のすべての出版物も、出版後の事後検閲の手続きを経ねばならなかった。書籍の場合は当初ほぼ事前検閲であり、新聞の場合、主に東京、大阪の全国紙が事前検閲に、地方新聞は事後検閲扱いとなった。雑誌は検閲の開始時にはその半数が事前検閲扱いとなっていたが、内容や影響力に応じて段階的に事後検閲へと移されていく。書籍は一九四七（昭和二二）年一〇月、雑誌は一二月に事後検閲へと移行した。▼注(62)

事前検閲では、新聞社や出版社がゲラを二部提出し、検閲官は問題のある箇所があれば、削除や変更の指示を記し、出版社側は指示に応じて手を入れ、そのやりとりを繰り返して承認を得る。▼注(63) そのやりとりは、先の検閲対象となった新聞や雑誌、あるいはそれに付された意見に遺されている場合もある。むろん先述した膨大なSCAP文書の中にもそれはあるが、具体的な書名や作家からそれを掘り起こすことは現在では難しい。むしろ検閲対象となった具体的な記事や作品をもとに、当時の書き手側の資料や記録をあたってみる必要があろう。

検閲を経て刊行された出版物自体を見ても、どこがどう訂正、削除されたかは分からない。これは、印刷面で検閲の痕跡を遺さないように指導を受けたためである。出版社側が指摘された箇所を訂正しても、版面をつぶして読めなくしていたり、削除によって空白部分が生まれていれば、そのこと自体が不許可の対象となっている。▼注(64) 占領軍の検閲に関する言及自体もまた規制となっており、GHQ／SCAPによる検閲は、それによって情報を制限するのみならず、検閲したこと自体を見えないようにする方策をとっていたわけである。とはいえ、検閲にあたっていた民間検閲局では検閲という行為自体を隠蔽する方策を一貫してとっていたわけでもなく、読者に検閲という行為を意識させなかったのは、検閲に従順であったメディア側にも要因があったことが指摘されてもいる。▼注(65)

新聞や雑誌については、このように検閲を経た資料や、そこに遺された痕跡に近づきやすくなっているが、検閲された書籍については事情が異なる。児童・教育関係の書籍についてはデジタル化され、国立国会図書館や国際子ども図書館で閲覧が可能となったが、それ以外は現在のところ、まだ日本で閲覧することができない。

書籍の検閲のプロセスについては、永井隆の『長崎の鐘』や石田雅子『雅子斃れず』等の原爆を扱った書籍をめぐる研究事例があげられる。▼注(66) 原爆に関する情報は、一般的な論説から科学的な情報まで、広く検閲による制限を受けた。検閲に際して、検閲官が判断を下せない場合、上級の管理職や別の部局に意見や判断をあおぐこととなる。原爆を描き、記憶し、伝えるという行為は、検閲する側においても、その判断をめぐって様々な議論を生み出すことになる。モニカ・ブラウ『検閲』は、その過程を追ったものだが、こうしたやりとりを詳細に追うには、やはり検閲にあたった側の資料を丹念に掘り起こす作業が必要となる。▼注(67)

一方で、検閲された側に遺される資料が重要なことは言うまでもない。そうした資料をまとめた事例として先述の『雅子斃れず』をとりあげることができよう。『雅子斃れず』は、長崎で被爆した当時一四歳の石田雅子の手記をもとにしたものである。占領期の検閲で出版が禁止されたが、現在では当時の記録や関係者の証言を含め、検閲された側の資料を集めて『長崎・そのときの被爆少女』として刊行されている。▼注(68)

占領期における検閲は、一方で報道や表現の自由を推し進め、その一方で表現の統制を行うという、理念的には相容れない活動だった。このことは検閲する側においても部局や立場、時期に応じた意見の違いや議論をも生み出すこととなる。ただ単純で一方的な言論弾圧としてのみでなく、検閲する側とされる側の関係や、それぞれの側での葛藤を含めた状況の中で、書物の流れが受けた制約をとらえていくことが必要になろう。そしてそれをとらえるための手がかり、資料が、占領期の表現には豊富に含まれている。

検閲は、やがて事後検閲に移行し、そして一九四九（昭和二四）年一〇月末には検閲は終了する。しかし、それはむろん言論の自由を意味しない。プレスコードが廃されたわけではなく、むしろふれるべきでないことが、書く側や出版する側によって内面化され、自主規制が浸透していったとも言える。また、書物の流れへの制約は検閲という時点のみでとらえるべきではない。書物の流れへの制約は、その流通、販売から、もととなる紙や情報の供給まで、流れの様々な位置でなされる点に注意を向けねばなるまい。

戦中では日本出版会が、出版企画の審査や用紙分配を担うことで強力な支配力を出版界にもっていた。▼注(69) この権限は終戦でいったん廃止されたように見えるが、実際には日本出版協会に引き継がれていく。占領期には用紙割り当ての原案作成を担い、それゆえに協会への加入出版社も急増する。この強力な効力をもった組織をGHQ／SCAPは解体するよりもむしろメディア指導のうえでの有用性という面から温存した点が指摘されている。▼注(70)

また、新聞の場合、情報ソースとなる通信社の役割も忘れてはなるまい。近代における日本の国際関係は、海外との情報のやりとりという点で通信社の役割やその変化と大きくかかわっている。▼注(71) その通信社は一九三六（昭和十一）年に同盟通信社に統合され、やはり独占形態をとっていた。▼注(72) 情報局との緊密な関係のもと、戦前、戦中の情報の流れを支えていた同盟通信社は一九四五（昭和二〇）年に解散し、米国の大手通信三社にとってかわられることとなる。▼注(73)

書物の流通面では、戦中は日本出版配給株式会社（日配）は、取次会社を一元化した独占形態をもっていた。終戦によって取次業は自由化され、日配は一取次業者となるものの、その流通網はその後も機能する。独占的な企業形態として解体されるのは、一九四九（昭和二四）年三月であり、占領軍の検閲がなされた間は存続し、七割代のシェアを誇っていた。▼注(74) GHQ／SCAPによる検閲は、こうした戦時期に統合、統制された書物の流

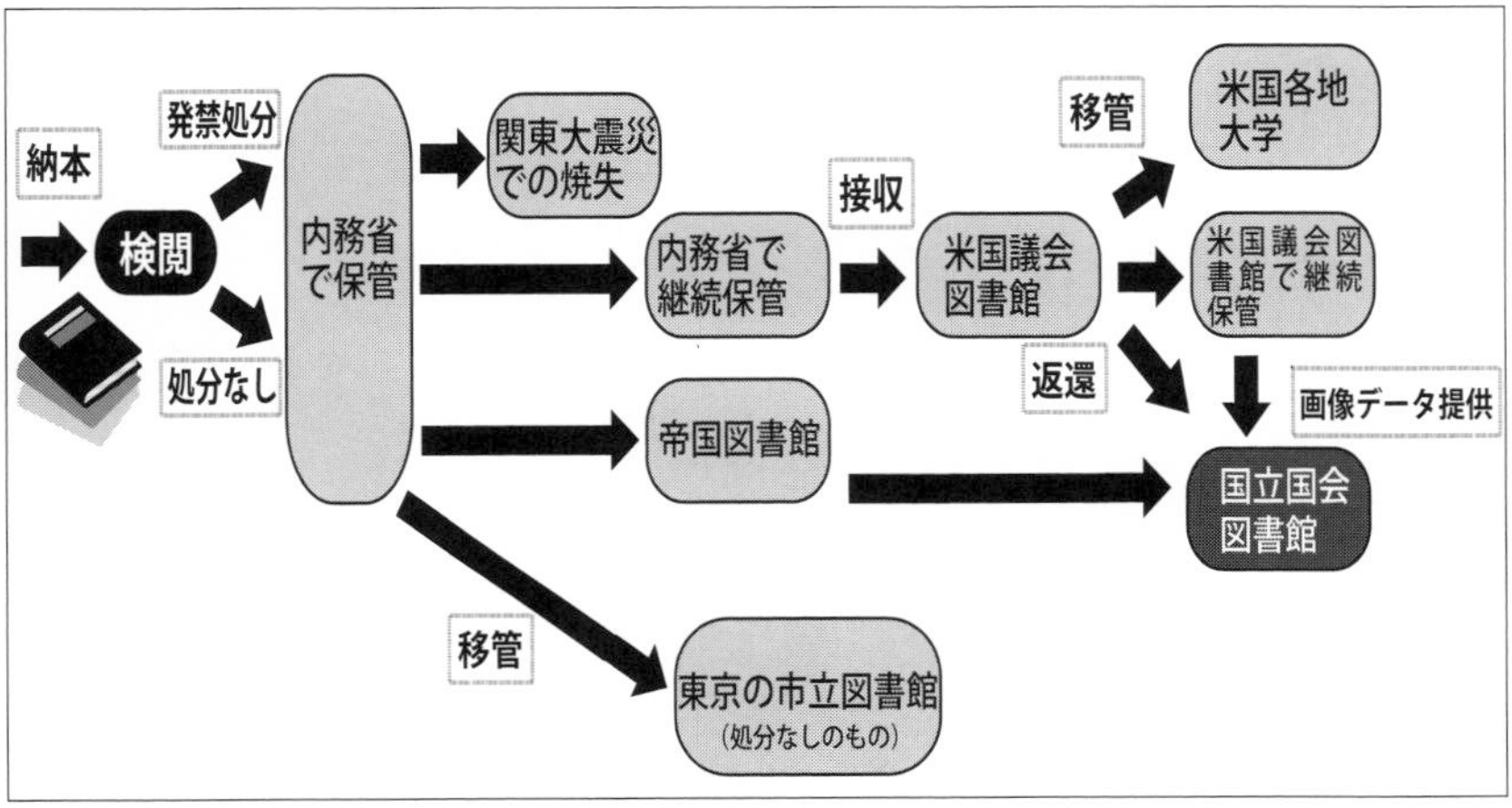

図35　検閲後の書物の行方

れを取り込み、馴致する中で可能となっていったものである。終戦を迎え、さらに占領期を終え、書物の流れに遺されていった制約や力関係についても、今後改めて問い直されるべき課題と言えるだろう。

5　検閲資料の探し方

これまで、戦前、戦中の検閲制度やその運用を概観するとともに、どのような資料によってどういった研究が展開しているのかを述べてきた。そして、検閲する側、される側、そして検閲対象になった書物がどの程度遺され、公開されているか、整備されているかに応じて、研究状況が大きく変わってくることも指摘してきた。ここでは、戦前、戦中、及び占領期の検閲する側の資料、そして検閲のために納本された資料がその後どうなり、どこで、どれだけ閲覧可能なのかをまとめておこう。

この章の冒頭でも述べたように、戦前、戦中において内務省に納本されて検閲を受け、その結果発禁となった書籍が現

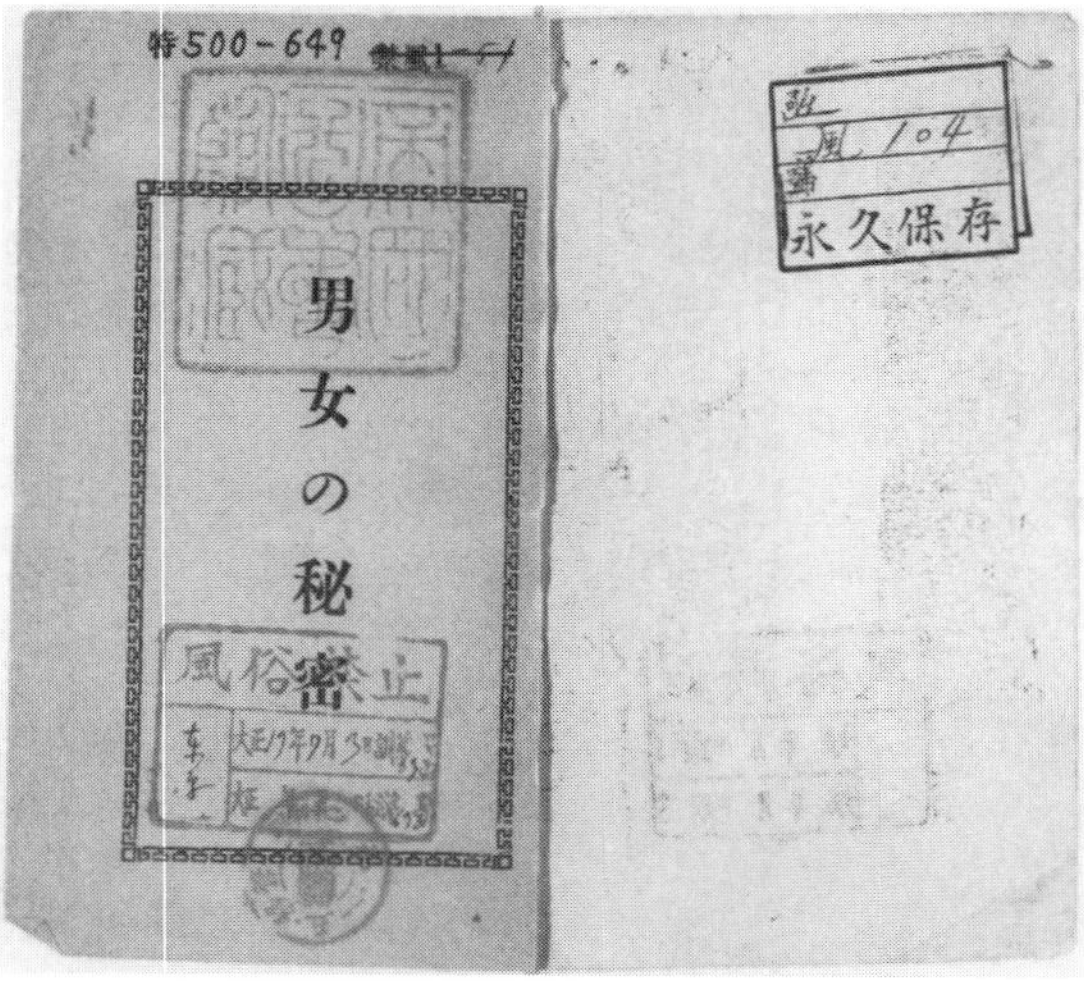

図36　帝国図書館に移された発禁図書

在では国立国会図書館に所蔵されている。これらの書物はどういう経路をたどってそこにたどりついたのだろうか。その流れの概略は図のようになる（図35）。内務省は、届けられた二部の出版物を検閲するわけだが、発禁となる、ならないにかかわらず、この書物は出版社には返却されない。発禁とならなかった場合は、二部のうち一部は帝国図書館（上野図書館）に送られた（内務省交付本・内交本と呼ばれる）。

それ以外は内務省書庫で保管されていたが、書庫が関東大震災で被災した後は、発禁となった書籍も内務省と帝国図書館とで分散して保管された。また、発禁とならなかった書籍は、帝国図書館以外にも東京の市立図書館に送られ、今日の蔵書の一部となっている。[▼注75] 国立国会図書館は、このうち、帝国図書館の蔵書を引き継いでいるのである（図36）。これらについては国立国会図書館の蔵書検索で一覧も容易にできる。[▼注76]

ただ、この章の冒頭でふれた国立国会図書館所蔵の『黙示』は、この帝国図書館の蔵書には入っていない。これは内務省が保管していたものである。内務省の保管図書は戦後、占領軍によって接収され米国に送られてしまう。このうちの一部分が国立国会図書館に返還されるが『黙示』はそこに含まれていたわけである。これらの返還された書目も、現在では特定、閲覧が可能となっている。[▼注77] 返還されていない出版物は今日でも米国議会図書館には大量に遺されている。発禁になったもの、ならなかったものも含め、内務省に検閲のために納本された書物である。

米国議会図書館に遺されていたこれらの図書には、したがって検閲の痕跡のある図書、処分を受けた図書も含まれている。二〇一七年、国立国会図書館は米国議会図書館と協力してこれら一三二七点の資料をスキャニングし、日本国内でもオンラインで閲覧できる体制を整えた。▼注(78) これらは戦後半世紀を経て、はじめて実質的に研究可能な資料となったわけである。ここで注意したいのは、書物がどこから来て、どこにあるのか、という情報の重要性である。これまでに述べたように、書物と読者の関係は歴史の一時点で終息するわけではない。検閲の問題は、まさにそのことをよく示してくれる。書物は発行されるときの読者との関係のみではなく、その後の読者との長い関係の中におかれるのだ。検閲でとぎれた書物と読者のつながりが、その後の読者とどういう形で結びついたのか、あるいは失われたのかという歴史が、読書の歴史からみれば重要なのだ。このことは書物に限らず、文書資料についても同様だ。

では、戦前、戦中の検閲する側の資料についてはどうだろうか。『出版警察報』などの出版警察関係の主要な内部情報誌はすでに復刻、刊行がなされている。では内務省の文書資料や、言論統制を求める陸海軍省や外務省の資料はどこにあるのだろう。出版警察関係の資料は、終戦時に組織的に廃棄、焼却されるが、遺された多くの資料は戦争裁判の参考資料としてGHQ／SCAPの接収の対象となった。そして米国のワシントン文書センターに集められ、その後、陸海軍文書については一九五八(昭和三三)年に防衛庁に返還され、内務省を含むそれ以外の資料が返還されるのは一九七四(昭和四九)年のことである。両者はあわせて二万六千点にも及ぶ。▼注(79)

これらは国立公文書館、そして防衛省に所蔵され、それぞれに目録化、公開がなされており、両者はアジア歴史センターでデジタル化、公開されてもいる。[注80]例えば「記事差止」で検索すれば、オンラインでその文書が容易に見られるわけである。また、それらの中に含まれる出版警察に関する主要な文書資料を集成した文献も出版されている。[注81]

ただ、接収文書はこれがすべてではない。その後に見つかった資料や公開された資料で、ようやくそれらが目録化され、参照できるようになった資料も多い。米国の国立公文書館の所蔵しているＳＣＡＰ文書は、国立国会図書館によってマイクロ化され、九〇年代に国内でも公開されるようになったが、その中には戦争裁判に関する膨大な資料群（国際検察局文書）が含まれている。そしてこの中には多くの戦前の出版警察関係の一次資料が含まれてもいた。これらの資料が掘り出され、その集成が刊行されてきている。[注82]

また、先の接収資料返還後に、米国議会図書館で見つかった文書群があり、その複製が公開され、目録が刊行されたのは二〇〇九年である。[注83]このように、戦前や戦中の検閲した側の資料は、近年整備、環境が非常に整ってきたといってもよい。

では占領期の検閲に関する資料はどうだろうか。まず検閲の対象になった書物の現物は、現在もメリーランド大学に保管されており、現地での閲覧が可能である。このうち、新聞、雑誌については、すべてマイクロ化されている。日本国内で所蔵している機関も多い。とはいえ膨大な雑誌や新聞のマイクロ資料から、目当ての記事の有無を探すのは労力のかかる作業である。だが、二〇〇六年にはこれらのタイトルのみでなく、雑誌、新聞に収められた記事のレベルまで検索可能なデータベースが完成、公開されたため、研究状況も活発化してきた。[注84]これらをもとに記事を特定し、マイクロ資料にあたればよいわけである。

一方で、書籍についてはどうだろうか。書籍はメリーランド大学が所蔵しているわけだが、書籍やパンフレットの所蔵タイトルについては現在オンラインで検索が可能となっている。これらの資料もまた検閲の過程でのゲラや、関係文書を含んでもいる。▼注(85) 二〇〇五年から七万点に及ぶそれらのデジタル化作業が進められている。すでに児童書八千点が複製作業を終え、この部分については日本の国内でも閲覧ができるようになっているのは前述した通りである。▼注(86) それ以外の書籍も、近い将来に国内の図書館での閲覧が可能になる日が来るだろう。それをもとにした復刻、研究も盛んになるはずだ。検閲によってさえぎられた書物と読者の流れが、未来においてふたたび流れ始める。読者と検閲された書物の歴史は、終わることがない。

検閲した側の資料としては、SCAP文書の複製が国立国会図書館で閲覧可能となっているのはこれまでに述べた通りである。ただ、この資料の問題点は、それらが保存段階で組織だって整理されておらず、様々に異なる重要度、種類の資料が混ざり合っているという点である。大まかな分類や、リサーチガイドが作成されてもいるが、より詳細なタイトル検索や、資料のデジタル化、公開がなされるようになれば、やはりまた大きく研究の環境も変わるだろう。

むろんこれら検閲した側の資料や、検閲対象となった書物以外に、占領期にしろ、戦前、戦中にしろ、検閲された側の資料がある。これらは別に一箇所にまとまって所蔵されているわけではない。それぞれの地域や個人レベルで、検閲についての記憶として、それは様々な形で遺される。有名、無名を問わず、そして刊行される、されないにかかわらず、様々な形でその記憶は表現として散在していよう。それらを少しずつ拾い集めていくことからもまた、検閲に光をあてることは可能だろう。

手間のかかる作業だが、検閲した側、された側の資料のその後に注意を向け、それを追っていくことが、そのとぎれた書物と読者との流れをやがてはとりもどすことへとつながる。そうしなければ、読者はそのつながりが途絶えたこと自体も知ることができないだろう。そして書物と読者との流れがどこで、いかにさえぎられたのかを考える意味もそこにある。

6 規制する仲介者

戦前、戦中の検閲にしろ、占領期における検閲にしろ、すでに終わった問題なのではない。何より、こうした時期に処分され、読者に届かなかった書物や資料が、各国の図書館や研究機関の協力のもとで現在、そして今後新たに私たち読者に届けられていくのだから。戦前に内務省に納本され、検閲に用いられていた書物で、米国で長く所蔵されていた図書が二〇一七年に日本国内で閲覧可能になったことについては先にふれた。

これら図書には、検閲官による書き込み、各種の指示や判断、問題とした箇所が印されている。また、図書に地方自治体から内務省にあてた通信や、接収された折に米国側で付したコメントが見られる図書も含まれている。こうした検閲官については、どのように研究していけばよいのだろうか。

戦前、戦中における検閲資料、特に検閲業務にあたった人々によるまとまった記録は必ずしも多くはない。戦後ではあるが、一九二七（昭和二）年から二九（昭和四）年にかけて内務省警保局図書課長の職にあった土屋正三、一九二六年に内務省に入省し、図書課での検閲にあたるとともに後に情報局にも勤務する佐伯慎一（郁郎）については聞き取りがなされている。[▼注87] また、土屋や、同じく図書課長を務めた生悦住求馬《いけずみもとめ》、宇野慎三らは、いずれも戦前に出版法制度についての著述を刊行してもいる。[▼注88]

ただ、作品の検閲作業への踏み込んだ記述をこれらからうかがうことは難しい。内務省で映画検閲にあたっていた田島太郎の『検閲室の闇に呟《つぶや》く』や、戦中に刊行された佐伯郁郎『少国民文化をめぐって』は、こうした点がうかがえるが、むしろ希少な事例と言える。検閲図書への書き込みは、そうした点で検閲官の読み方をとらえる大事な糸口となり得る。▼注(89)

検閲官は特定の用語や表現を切り取る単純な機械ではない。検閲官としてコメントを記している佐伯慎一は言うまでもなく詩人でもあり、検閲課に勤務しつつ創作活動を続けていく。▼注(90)また、この時期に同じく検閲の実務にあたっていた内山鋳之吉は東大英文科出身で、池谷信三郎、村山知義らと劇団「心座」で演劇活動を続けていたことが指摘されている。▼注(91)検閲への違和や検閲する対象への共感はどう処理されるのだろうか。佐伯の場合、自身を含めた教養ある読者と、管理、指導すべき大衆的な読者や児童読者とを切り分け、検閲を正当化する意識もうかがうことができる。▼注(92)

植民地警察では、日本語のみならず現地の言語も対象となるため、検閲や翻訳に高学歴の現地職員も採用される。そこではより複雑で深刻な葛藤が生じよう。▼注(93)戦前、戦中のみならず、日本占領期における日系アメリカ人、あるいは日本人の検閲官や通訳、翻訳者をとらえる際にも、そこに作用する多様な力を注意深くとらえる視点が必要とされる。▼注(94)

本書では書物が読者へといたる間を仲介する人や、組織、制度に関心を向けてもきたが、検閲の問題もまた、仲介者の問題といえる。つまり仲介者は書物を届けたり、翻訳、紹介したりするばかりではなく、読者への書物の流れを管理、コントロールし、場合よっては途絶させる可能性もある。仲介者は、書物をもたらし、広げていく機能としてのみでなく、規制し、さえぎる役割もあわせ考える必要があるわけである。そしてこうした規制や制限は、むろん現在にも多様な形で存在する。

検閲された書物と読者との関係は、今もなお継続している関係である。ただ、検閲制度自体はすでに過去のものとなった。しかし、読者への書物の流れをさえぎるという点から言えば、書物の流れに対しては、現在でも様々な規制や制度が存在する。例えば教科書について言えば、検閲ではないが、検定制度があり、それが教科書における表現を規制しているのは確かである。

文部科学省の教科書調査官が、学習指導要領をもとに各出版社の作った教科書の内容を審査し、合否を決定するこのシステムもまた、けっして自明のものではない。実際に、終戦後、それまでの国定教科書による教育への国家統制に対する反省から、教科書はその検定も採択も文部省の権限からはずす方向で検討されていた時期もある。一九五三（昭和二八）年の法改正を経て教科書への文部省による統制力は増し、学習指導要領の強制力も次第に強化されていく。教科書内容への検定処分の違憲性、違法性を訴えたいわゆる教科書検定訴訟は一九六五（昭和四〇）年に始まり、市民運動や教育運動としても広がって広範にその問題性を認知され、その後三二年に及ぶ長い裁判となっていく。▼注(95)

二〇〇六年度の検定、修正意見では、沖縄戦における「集団自決」についての表現が問題化した。「集団自決」を強いた軍の強制力が、修正を通して教科書記述で曖昧となったことを受け、翌年にはそれを批判する活動が沖縄では活発化、検定意見撤回を求める県議会での決議にいたった。教科書の検定において、どのような表現を、どういった根拠で規制するのかということは、けっして自明ではないし、規制するその仕組みや強制力自体も同様である。重要なのは、検定の仕組みのみではなく、具体的な審議や修正意見のとりまとめ過程ができるだけ公開されることである。現在、文部科学省では検定の仕組みを公開し、また各教科書についての修正意見も一定期間公開しているが、より長期的で詳細な情報の公開を求めていく必要がある。

一方で、検定は統制する側の単純な規制としてのみとらえるべきではなく、教科書会社や執筆者の側の役割や責任も問われよう。教科書会社や執筆者が、検定で問題が生じないよう自主的な規制を制作段階で行ってしまうこともあり得るからである。これは歴史や政治領域に限らず、すべての教科の記述において常に注意しておくべき問題である。

ただ、書物が読者に「たどりつくプロセス」をさえぎるという点では、教科書の場合検定のみが問題なのではない。教科書への制約は教科書を作る段階でも、そして採択や販売においてもとらえる必要がある。戦後においても採択のプロセスが学校から自治体の教育委員会へと移る大きな変化が起こっている。書物の流れの様々な地点で、どのような力がそこに働いているかに関心を向ける必要がある。

書物の流れから言えば、流通や販売コストの問題も看過できない。小中学校教科書は無償で提供されているが、無償で制作されているわけではない。文部科学省に配分された義務教育書購入予算によって購入され、それが無償供給される。この予算が低く抑制されれば、教科書の制作や供給のコストも頭打ちになり、シェアの小さな教科書会社は採算がとれず、結果的に教科書を作る側の寡占化が進む。▼注(96)

教科書の作成から審査、流通経路を含め、読者に「たどりつくプロセス」全体に向けて、批判的な目を向けていく必要がある。教科書の電子化によって将来的にその形態や流通の仕組みが大きく変化することも予想されよう。その時に、それまでのどのプロセスがどういった影響を受けるかを見極めるためには、それまでの書物の流れを理解しておくことが決定的に重要になる。

現在の表現の規制は教科書という場に限らない。表現や出版は自由であっても、それが他者のプライヴァシーや権利侵害にあたる場合には、訴訟のうえ出版差止となった事例もあるし、猥褻文書、図画の販売頒布には刑法上の罰則もある。ただ、どのような表現を猥褻と見なすか、あるいは芸術性と猥褻性の境界は今もって明確ではない。▼注(97) また、猥雑さなるものが表現に属するものか、あるいは読者の感じ方に属するかも截然と分けられはしない。現在のこうした表現の自由と規制をめぐる問題に対して、読書の歴史をとらえることはどのような意味をもつのだろうか。

読者と書物の関係は、一時点で生まれているのではない。読む側の能力や判断、感性は読者を取り巻くそれまでの表現によって作られ、また作り替えられていく。特定の表現が果たす役割や影響は、時代に応じて変化することとなる。とはいえ、それはどのような表現でも許されてよいというわけでもないし、表現が人を傷つけることを正当化するものでもない。

読者の歴史を通して、どのような表現が、どのように広がり、影響を与え、それが場合によっては個人や集団をどう傷つけてきたのか、ということをも検証していく必要があるだろう。こうした検証を軽視したまま、暴力表現や猥褻な表現を、特定の事件や行動に安易に結びつけることになれば、それはまた書物への無際限な規制を生んでいく恐れも出てこよう。特定の表現を危険、あるいは猥褻として一方的に、固定的に決めつけるのではなく、それを読者が具体的に享受し、「理解するプロセス」が明らかにされねばなるまい。そのためにも、これまでの表現と読者との関係は重要なのだ。

これまで述べてきた通り、読書の歴史は、読者にいたる書物の一連の流れをとらえ、その変化を考える視点を提供する。そこから、書物の流れる一連のプロセスの、どこに、どのような規制が働くかを、過去の事例に照らしながらとらえていくこともできよう。

繰り返しになるが、書物や情報の流れを含め、私たちの知る権利への規制は今でもあらゆるレベルで見いだし得る。法制度では二〇一三年に特定秘密保護法が成立し、翌年には施行された。行政機関が、その管理する情報の一部を特定秘密とし、それを保護しようというねらいをもつ。実際には、この法案は、ある情報に接するということを規制するという意味で、情報の流れのどの地点へでも規制の範囲を広げることができる。また、特定秘密の範囲自体が曖昧であり、いわば何が特定秘密なのかが秘密、という意味でも規制の範囲は自在に変更可能な危うさをもっていた。二〇一五年には集団的自衛権を拡大解釈し、その行使を許容する安全保障法案が採決され、二〇一七年には犯罪の計画や準備段階からの取り締まりを含めた、いわゆる「共謀罪」を含む法整備が進んでいった。本章でも扱ってきた戦前は言うまでもなく第二次世界大戦前のことだが、現在こそがもはや戦前となる危惧さえ抱かざるを得ない。読書の歴史を調べ、考えることが、現在の統制や規制を敏感に感じ取り、その手管の細部を見通すうえで役に立っていくとよいのだが。

第７章◉

書物の来歴

書物は、その書物が生まれた時点の読者とのみ関係をもつものではない。その書物が遺り続ける限り、読者との関係は続いていく。その書物と後の様々な読者との関係はやがて堆積し、歴史となる。これが書物の来歴であり、蔵書の歴史である。それは単にいつから、どこにその書物があるという問題としてではなく、読者との関係の歴史としてとらえるべき問題なのだ。

1　書物の来歴をとらえる

書物が読者に「たどりつくプロセス」を考えるとき、そこには書物が生まれ、流通し、販売され、あるいは貸借されるプロセスがある。そしてこのプロセスは書物の出版時点で終わるわけではなく、その書物が遺る限り続いていく。つまりその書物が一〇年後、一〇〇年後の読者へとたどりつくプロセス、通史的なプロセスもそこには生まれるわけである。例えば大正期に発禁処分を受けて帝国図書館へとたどりついた書物が、一〇〇年後の現在にデジタル化されてオンラインで読者へとたどりつくように。

書物が生まれ、同時代の読者へとたどりついても、両者の関係は終息しない。場合によってはその書物はさらに様々な人の手に渡り、様々な場所を経ていく。書物の来歴とは、書物がどこから、どこに、なぜ移ってきたのか、という歴史である。それは単にどこにいつからその本があるという問題というよりも、その書物と読者との関係の歴史、その堆積といった方がよいだろう。

このような書物の来歴を考えること、調べていくことがなぜ重要なのだろうか。これは一冊の書物の場合ばかりではなく、まとまった一群の書物、例えばある蔵書を構成する書物がどこから、どのようにやってきたのか、といった蔵書の来歴を考えることでもある。それはいつ、どのような読者が、なぜその書物を必要としたのか、という読者の歴史をたどるうえの手がかりともなるのである。それはある地域や場所、機関において読者が何を知り、どう考えていたのかをとらえていく、基礎的な情報ともなろう。

ただ、蔵書はその読者を単純に反映するわけではない。ある書物がそこにあるからといって必ずしもその書物が読まれたとは限らないし、利用した書物がその後、別の機関に売られたり、譲られることでその蔵書が変化しているかもしれない。重要なのは蔵書全体を静的な知の全体ととらえることではなく、それぞれの書物が、どこで、どういう読者とのつながりを作り上げ、変化してきたかをとらえることなのだ。

書物は常に時空間を移動するプロセスの中にある。同じ場所に置かれて動かないように見えても、異なる時間の読者に向けてそれは移動しているのだ。書物は常に移動し、あるいはその場所にとどまり、そして出ていく。そうした中で読者との関係を次々と作り出していく。読者と書物の歴史は、こうした移りゆく関係としてある。そして図書館のような所蔵者に視点を固定してこの動きを見ていくのが、蔵書史という方法と言えるだろう。蔵書史の研究は、どちらかと言えば動かない場所を対象とする傾向にあるが、むしろ重要なのはこの書物の動きの方なのである。

書物の移動は、書物が読者と新たな関係をもつ契機であり、あるいはそれを失う契機でもある。このため、書物の移動は読者の歴史を考えるうえで大きな意味をもつのである。ある蔵書を、静的にとらえれば確かにその蔵書構成や傾向、利用冊数が明確にとらえられよう。しかしそのようにとらえている限り、その書物がどこからやってきたのか、あるいはどこへといってしまうのか、という時間的・空間的な動きはとらえられない。

ある蔵書の歴史は、それらがいつ、どれだけ購入されたかということとともに、どこから購入され、なぜ、どこにいったのか、という移動先や移動元との関係とでとらえる必要がある。それによって新たな読者が生まれ、あるいは消えていく読書の歴史を見いだしていくことができる。書物と、そこでそれらの書物を必要とし、手に入れてきた読者との動的な関係の歴史が、蔵書史から明かされる可能性もあろう。

書物が移動するとき、そこには様々な要因がかかわっている。それらは寄贈によってもたらされたのかもしれないし、どこかから奪ってきたものかもしれない。大規模な蔵書の歴史は、しばしば奪われたり、奪ったりした書物の歴史を含んでいる。こうした書物の移動には、それを必要とした読者と、その読者を取り巻く状況がある。そして書物の移動は、それら読者とその周辺の環境自体をさらに変えていくことになろう。

書物の動き、特に大規模な書物の移動の歴史には、異なる地域間、あるいは国家間の関係がそこから見いだし得る。例えば近代における日本から米国への書物の移動には、その時期に応じた両国間の関係が大きく作用してきた。遠距離の大規模な書物の移動は、困難をともなう。それでもなおその移動を必要とした要因をそこに見いだしていくこともできよう。第一次大戦以降、日本を含め各国で対外的な自国文化の発信や宣伝政策が広がっていくが、書物はその具体的な担い手として移動することともなる。むろん海外から日本、あるいは日本から中国、東南アジアといった書物の流れを歴史的にとらえることもできようし、日本の国内で地方と中央都市との間での移動をとらえていくこともできる。

先にも述べたように、日本から米国への書物の移動の場合、一九二〇年代に米国内で大規模な日本語図書館を構築しようとする動きが活発化していった。ハワイ大学では日本から原田助を招聘し、日本学コースの整備が進められ、あわせて日本語蔵書の収集に力を入れ始める。イエール大学では、教鞭をとっていた朝川貫一の呼びかけで、日本からの図書寄贈の計画が進められてもいた。ニューヨークでも、二〇年代にはコロンビア大学に日本語図書館を設置しようとする在学生の運動が見られ、ニューヨーク日本人会の元幹事でもあった角田柳作による日本語図書館設立の準備活動も本格化していく。ハーバード大学では一九二八（昭和三）年に東洋研究を目的としたイェンチン研究所が設立される。その所長としてフランスから迎えられるのが、本書の冒頭でも登場したセルジュ・エリセーエフである。▼注(1) 米国における日本への関心の大きな変化がその背景にはある。

三〇年代には日本は中国をはじめとした固有のブロック経済へとシフトしていくが、二〇年代には米国は日本にとっての輸出入の枢要な相手国であり、米国からの日本への直接投資も盛んに進められ、経済交流が活発化していた。▼注(2) こうした経済関係の一方で、特に米国の西海岸を中心に日系移民に対する差別、排斥は深刻化してもいた。しかし、両国の利害関係の深刻さを、書物の移動は単に反映しているわけではない。日本の書物を米国に、という運動は、米国における日本に対する理解と関心の深まりを求めた、財界や学会を含めた幅広い民間の運動として展開していた。▼注(3) つまり、書物の移動は、政治・経済状況を単に反映しているのみではなく、その状況にかかわり、状況を変えていくための役割を担わされてもいたのである。

その後に訪れる日米間における戦争という状況は、まさにそうした書物の移動と政治状況とが互いに依存し合い、作用し合っていくことを明確に物語ってくれる。日本の書物を読み、学ぶことが、そして日本語を理解し、表現することが、戦争の重要な手立てとなっていくからである。戦時期にかけて、米国の日本学はより実践的な日本語教育と対日情報分析を担い、急成長していく。今日、コロラド大学には米国陸海軍が展開した日本語学校の関係資料が数多く保存されている。▼注(4) こうした機関からは戦後、政治から学術にわたる幅広い日本専門家が数多く生まれていくこととなる。皮肉なことに、対日戦とその後の日本占領、東西の冷戦構造の展開は、さらなる日本への関心と、日本の書物の需要を作り出していくこととなる。書物が読者にいたる経路が生まれ、成長していく過程が、こうした政治、経済状況とどうかかわり、作用し合っていくのかを、そこから見いだしていくこともできよう。

2 書物の受難

書物の来歴を問うことの意味、そしてそれによって明らかになってくる点について述べてきたわけだが、ではそのような書物の来歴は、具体的にどうやって調べていけばよいのだろうか。こうした書物の移動をうかがうことのできる資料は実に多様ではあるが、大規模な移動では、介在する人や組織、資金の規模も大きく、その痕跡が遺される可能性は高い。所蔵機関だけではなく、書物がそこにたどりつくまでの過程で、様々な地点にその痕跡は遺されていく。

書物自体にその来歴の手がかりが遺されていることも多い。蔵書印や、貸し出し印、付された整理記録、ラベル等の形で、その書物がこれまでに経てきた場所の手がかりが遺されている事例である。こうした情報は近世以前の書物を整理する際に重視されてきた情報だが、近代以降の出版物においても、大規模なその移動をとらえる際に役立ってくれる。近代の書物は、同一の書物が多数印刷され、存在するという前提で扱われ、所蔵されている。しかしながら、来歴という観点から言えば、近代においても全く同じ書物は一冊も存在しない。タイトルや刊年が同じ書物も、それぞれに異なる読者との接点、来歴をもっているからである。そして一見同一に見える書物も、それが寄贈されたか、あるいは購入したか、収奪したかによって、つまりその来歴によって、全く異なる蔵書の歴史をうかびあがらせることになる。

具体的な痕跡の事例をいくつかとりあげながらこのことを考えてみよう。日米間の戦争を色濃く反映した痕跡が残っている事例として、『ア・ハンドフル・オブ・サンド』をとりあげよう（図37）。これは石川啄木『一握の砂』を坂西志保が翻訳し、一九三四（昭和九）年に米国で出版したものである。▼注(5) ここに掲げたのは早稲田大学図書館が所蔵しているものだが、米国コロンビア大学が所蔵する一冊には、見返しの部分に「Japan Institute」という印が押されている。この機関はもはや存在しない。これはニューヨークのロックフェラーセンターに一九三八（昭和一三）年に開設された日本文化会館であり、日本の外務省の資金を背景に日本の文化宣伝を最前線で活発に展開していた機関である。▼注(6) 文化交流を掲げてはいるが、日本のアジア侵略に対する欧米の批判をかわし、文化交流という側面から日本への理解を求めていく、日本の対外情報戦略の一環でもあった。

日本文化会館は、日米間の緊張が高まっていく中、日本文化紹介の講演や展示といった様々なイベントを開催するとともに、日本についての情報を提供する情報センターとして、日本に関する外国語文献を中心とした図書館をも運営していた。そして『一握の砂』の訳書を出した坂西志保は、当時、ワシントンの米国議会図書館司書の職にあり、この日本文化会館の所長である前田多門と頻繁な書簡をやりとりしながら、同じく日本文化の米国への紹介に力を入れていた。▼注(7) したがって坂西のこの訳書が日本文化会館の図書館蔵書に含まれているのは、当然といってよい。

ではなぜそれを現在、コロンビア大学が所蔵しているのだろうか。この日本文化会館は、日米開戦によって在米日本人資産が凍結された結果、閉鎖を余儀なくされてしまう。一方、コロンビア大学では、一九三〇年代には日本学コースと日本語図書館の構築が進んでいた。角田柳作らによって米国での日本語図書館の建設のために収集された書物を、コロンビア大学は日本学コースの充実を条件に引き継いでもいた。そして日本文化会

図 37　坂西志保訳の『一握の砂』

館とコロンビア大学は、日本学振興という同じ目的のもと、深い協力関係と人的ネットワークによって結びついていたのである。このため、日本文化会館の前田多門は、会館閉鎖の際に一万二千冊に及ぶその図書館の蔵書を、コロンビア大学に預けることにしたのである。[注(8)]そして英語による日本関係文献を豊富に含むこの蔵書は、後に対日戦における重要な情報源として米国側で活用されることとなる。『ア・ハンドフル・オブ・サンド』に印された刻印は、この書物がそうして流れていった来歴を文字通り「刻印」しているわけである。

この移動に関する資料は、ここでふれた関係機関にいずれも遺されている。米国議会図書館にも、当時日本学コースがおかれていた各大学のアーカイブズにも遺っている。また、日本文化会館自体の報告書も国際交流基金に引き継がれ、遺されている。書物の移動については、そこにかかわる人々や機関の数だけ、多様な資料が遺っていくわけである。

このように、日米間の戦争を機に大規模な移動を余儀なくされた日本の書物は他にも数多い。米国西海岸、カリフォルニア大学ロサンゼルス校にある一冊の日本の書物、早稲田大学出版部から出た煙山《けむやま》専太郎の『政治史』を見てみよう。この書物の裏表紙には、図書館の貸し出し証が貼り付けられており、図書館の印も付されている。かつて所蔵していたとおぼしき図書館は日本語で「ツーリレーキ図書館」と印されており、一九四四（昭和一九）年の五月から八月にかけて八回の貸し出しが記録されている[注(9)]（図38）。

米国西海岸の都市で、この年にこのような日本語図書館は活動してはいない。そもそも日本人そのものが、一九四二（昭和一七）年の大統領令九〇六六号によって、西海岸から強制的に内陸部に移動、収容されることとなる。この年にあり得るとすれば、それはいわゆる日系人収容所の中、ということとなる。そしてこの図書はそのツールレイク（ツーリレーキ）の日系人収容所の図書館にあったものである。収容所の中でも、米国への無条件の忠誠も条件付き忠誠もともに拒否した人々、後にジョン・オカダの小説のタイトルともなる「ノー・ノー・ボーイ」たちが集められた収容所である。▼注(10)

つまり、この書物は開戦によって、日系人とともに収容所へと移動していった。収容所は一九四六年に閉鎖される。その後、そこにおかれていた図書は、ロサンゼルス内の日本語学校に寄贈されることとなり、再度カリフォルニアにもどってくる。そしてその日本語学校の蔵書がカリフォルニア大学ロサンゼルス校へと寄贈されて移動する。それが二〇〇五年のことである。書物もまた、人のごとく災厄に巻き込まれ、流浪し、あるいは帰還する。それぞれの場で、読者と関係をとり結び、その来歴を身に刻みながら現在の場所にいたっているのである。

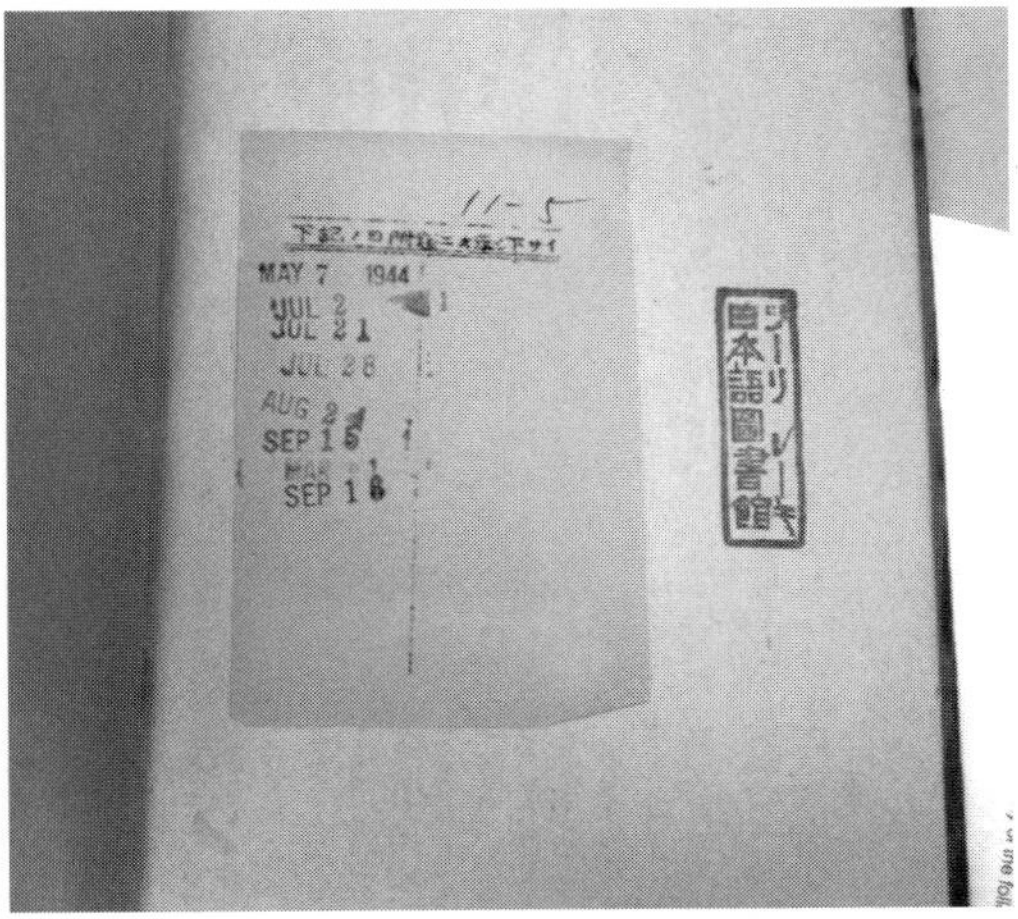

図38　日系人収容所図書館の書物

この場合でもやはり書物に遺された痕跡が大きな手がかりとなるが、それに加えて、寄贈もととなった機関の情報、資料が役に立つ。また、日系人収容所での体験については、多くの回想記や記録も遺されており、その場所でどういう読書がなされていたのかを掘り起こし、集成していくことも可能だろう。▼注(11)

これは戦時期の米国での日本の書物の事例ではあるが、むろん日本国内で、あるいは別の国や地域との間での書物の移動からも、多くのことが見えてくるに違いない。たとえ小規模な移動であっても、異なる読者集団の間での協力や対立が、そしてその背景にあった状況とのかかわりがそこからはうかがえよう。北米以外でも、冒頭でふれたように、ベトナムの社会科学院には一万冊を超える戦前の日本語図書が移動してきており、また後述するようにインドネシア国立図書館にも第二次大戦中に作り上げられた日本語蔵書が大量に遺されている。いずれも戦禍を超え、時代を超え、その来歴を身に刻み込んで、今なお読者をその地で待っているのである。

3　書物の大移動

書物の移動、流れへと関心を向けることは重要だが、単に移動すること自体に意味があるわけではない。書物の移動にのみ関心を向けて論じても読書論となるわけではないのだ。書物の動きが重要なのは、そこで書物と読者との関係が変わるからである。特に大規模な書物の移動の場合、それによって読者と書物との大きな関係の変容、新たな読者とのつながりや、その消失がそこで起こるから重要なのだ。

例えば占領期における日本からの大規模な書物や文書の接収を考えてみればよいだろう。内務省がそれまで所蔵していた資料は、戦争裁判の資料として連合国軍の接収の対象となった。そこには、検閲のために提出されていた膨大な書籍や、出版警察に関する資料も含まれている。それが日本から海外へと移動してしまえば、それら書物と読者とが作り出していたそれまでの歴史が問えなくなってしまう。いやそればかりか、それら書物が失われることで、その後の読者とのつながりもまた絶たれてしまう恐れがある。だからこそ、多くの研究者が、その失われた資料を探し、複製し、返還をうながし、読者と書物とのつながりをとりもどしてきたのである。

書物の移動を明かすこと、それは同時に、今、私たちが何を読めるのか、何が読めなくなってしまったのか、という私たちの読書の自由に深くかかわっていることなのだ。書物の行方や来歴を知ることが、今の読書環境の空白や限界を把握することにもなるのである。

占領期は、もっとも多くの日本の書物が海外に流れていった時期ということができる。その意味で、この時期の書物の移動は重要な意味をもってもいる。その移動は、占領軍による接収によるものと、海外の民間学術機関の購入によるものとに大きく分けられよう。さらに前者の接収資料のうちの大規模なものとして、国際軍事裁判に備えた資料接収によってワシントン文書センター（ＷＤＣ）に送られた資料と、占領期の検閲を担っていたＧＨＱ／ＳＣＡＰの民間検閲局からメリーランド大学に寄贈された資料とをあげることができる。

ワシントン文書センターは、日本の内務省や外務省、陸海軍や関連学校、研究所等の機関を接収の対象としており、接収された文献の量は膨大で把握しがたいが、書籍・雑誌の数がおよそ二七万点との当時の数字がある。▼注(12)一方メリーランド大学に送られた、いわゆるプランゲ・コレクションは、検閲のために出版社が占領軍に提出した書籍、雑誌、新聞、パンフレットが中心となり、雑誌や新聞が約三万タイトル、書籍は七万点にも及ぶ。

これは、日本という場所から見れば書物の大規模な消失と言えようが、一方で書物の移動は、新たな読者との関係が生まれる契機でもある。ではこれら書物は、その後、どのような読者との関係を作り上げていくのだろう。そして日本における読者との関係は、ふたたび生まれることになったのだろうか。

このことを知るには、これら接収資料のその後の動き、流れをとらえればよいわけである。その後、その資料のうち、どの部分がどこに行ったのか、を追っていくことで、その後の読者との関係も明らかになっていく。プランゲ・コレクションの場合、検閲についてとりあげた折に述べた通り、書物の場所はメリーランド大学から移動することなく保管されている。日本の読者との距離は離れたものの、失われたわけではない。そして新聞、雑誌については複製という回路を経て、日本へともどってきた。書籍もやがて、電子化され、日本の読者とのつながりがふたたび生まれる日もやってこよう。

一方で、ワシントン文書センターに送られた文書や書籍のルートはより複雑となる。基本的には文書類は米国の国立公文書館に移り、その後、日本へと大部分が返還されていく。返還されていない文書類についても、国立国会図書館の手によって撮影され、マイクロ資料の形で日本の読者は接することが可能である。

書籍や雑誌に関しては、いくつかに分散していくこととなった。まずワシントン文書センターから米国議会図書館へとそれらは移される。そのうち、重複した書籍や雑誌は、ミシガン大学やコロンビア大学、イエール大学など、当時日本学に関心をもっていた大学へと移動していく。一九四九（昭和二四）年のことである。今でも米国各地の大学図書館で、このワシントン文書センターを経由してたどりついた日本の書物を目にすることができる。これら書物は、国境を越えた地で、新たな読者とのつながりを作り出していったわけである。

また、このうち発禁図書の一部が日本からの要請によって米国から返還されたが、前章でもふれたように大部分は今も米国議会図書館に所蔵されている[注13]（図39）。ワシントン文書センターの接収資料にしろ、プランゲ・コレクションにしろ、その量の膨大さゆえに、整理や複製作業に長い時間がかけられてきた。それは半世紀以上経た今もまだ続いている。書物はたとえその歩みは遅くとも、読者に向かってやはり今も動いているのである。それら書物が、いつかふたたびもとの場所の読者へとたどりつくこともある。

米国議会図書館に所蔵されていた発禁図書の場合、同図書館と国立国会図書館とが協力することで二〇一七年から電子データとして日本国内でも閲覧可能になったことはすでにふれた通りである。資料の複製、特にデ

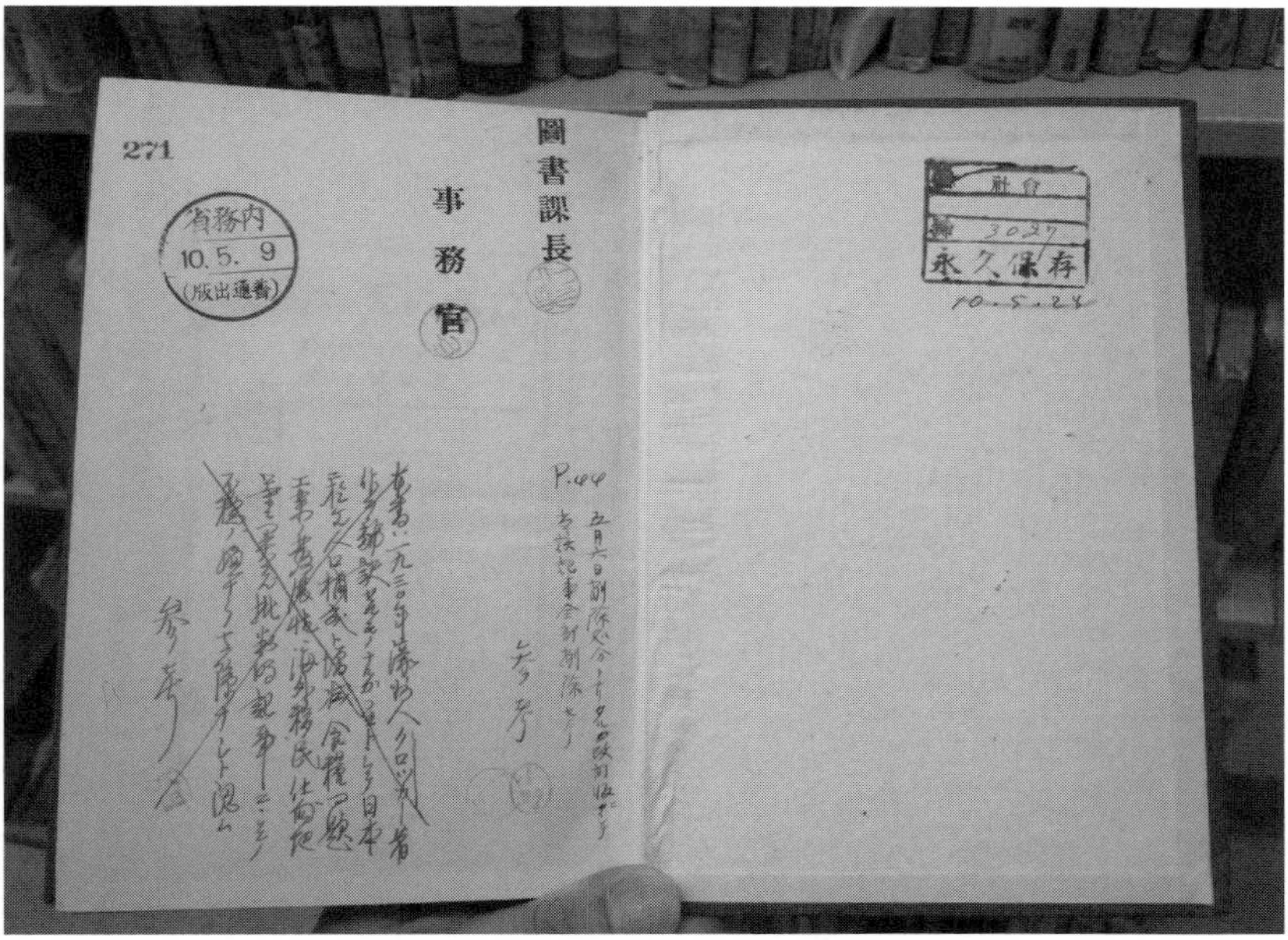

図39　戦前検閲を受けた書物群は米国議会図書館にも

ジタル化と、インターネットを介したオンラインでの公開は、こうした書物の読者への動きを劇的に変えるものとなる。それは書物が物理的に移動することなく、しかも読者へとたどりつく新たな経路を作り出したからである。占領期は、物理的な書物の移動という面では、日本の書物がもっとも海外へと動いていった時期ではあるが、電子テキストを視野に入れれば、現在こそがかつてない書物の大移動期とも言えるだろう。

4　文化外交と書物

書物の国境を越えた流れは、それぞれの国が自国文化の広報、宣伝活動を他国に向けて展開してきた対外文化政策と深くかかわっている。日本では二〇〇〇年代のはじめから「クールジャパン」といった用語が経済産業省や外務省の後押しもあって広く一般化するが、こうした政策はむろん今にはじまったわけではない。

日本の書物の移動についてとらえることは、それを送り出す側、受け取る側それぞれにおいて、そこにかかわった人や組織、さらにはその背景にある政策や財源についての問いにも結びついていく。本を送り出すということは、文化の面での外交政策のレベルから、具体的にその本を送り、教え、訳す人々のレベルまで広いかかわりをもつ行為といってよい。本書では、日本の本を選び、売る人々、あるいは紹介し、教える人々といった存在を仲介者としてとらえ、読書の歴史にその活動が大きく作用する点を強調してきた。こうした仲介者こそ、対外的な文化政策を具体的に担ってきたアクターであるといってよい。

対外的な文化政策は、ソフト・パワーや文化外交、パブリック・ディプロマシーといった用語でも問題化されてきた。ソフト・パワーの概念を、ジョゼフ・ナイは「自国が望む結果を他国も望むようにする力」とし、自国の価値観を相手に魅力あるとものとして共有してもらうことが目的に結びつくという点を強調する。[注(14)]そしてこうした力の第一が文化であり、政府のみならず財団や学術機関、宗教団体といった多様な人々を介してそうした力が作用してきたとする。実際、こうした文化政策を米国は日本占領期、そして戦後において日本で展開してきた。

したがって、その活動や影響をとらえるには、単に外交政策のみではなく、その活動の担い手をとらえることが有効な手がかりとなる。例えば米国の日本への文化政策であれば、日本国内での米国の広報機関（USIS）が具体的に展開してきた活動や、各地で情報を発信していった拠点（CIE図書館、後のアメリカ文化センター）を問うことができる。[注(15)]あるいは民間の財団や大学、そして政府との間で、文化交流にたずさわった人々や組織の果たした役割を検討することも必要だろう。[注(16)]

パブリック・ディプロマシー概念も、相手国の政府ではなく、他国の個人や組織へと働きかける活動を指しており、そうした多様な接点を生み出す文化的な活動がかかわってくる。ソフト・パワー概念とは異なり、活動の担い手を政府や関係機関による、自国の利益や目的に向けた活動に限定して用いる立場もある。▼注(17) いずれの概念も他国の国民に広く働きかける文化活動を重視するが、それが実際に生み出した影響や効果は、その活動を具体的に担った組織や人々の活動、例えば日本の書物を仲介した人々の活動を通してとらえることが可能となろう。国際間の文化交流を善なるもの、価値あるものとして単純化する思考の危うさは、こうした多様な問題への糸口を逆に見えがたくしてしまう点にある。▼注(18)

日本の場合では、第一次世界大戦後、イギリスをはじめとした国際的な宣伝戦への関心が高まる中、一九二一(大正一〇)年、外務省に「宣伝的文化事業」の経営や支援を任務とする情報部が生まれる。外務省にはまた、一九二三(大正一二)年に義和団事件の賠償金などを基金として中国との文化事業にあたる対支文化事務局も設けられ、一九二七(昭和二)年には文化事業部として独立した部署となっていた。▼注(19) こうした事業を背景に、一九三〇年代には国際文化事業を担う部局が外務省では構想されていくが、実際には大幅な予算の削減を受け、民間の寄付金とあわせた組織が構想されることとなる。▼注(20) そして生まれるのが国際文化振興会である。

読者に書物がたどりつく際には、書物を作り出した者とは別に、その書物を物理的に送る、送り手がそこにかかわっている。書物の来歴や蔵書の歴史においては、それら書物をいったい誰が、何のために送ったのか、がしばしば書物の書き手以上に重要な意味をもつ。いくら良い書物を作ろうが、それが読者に届かなければ意味はないのだから。大規模な書物の接収や購入が読書の歴史に大きな影響をもたらすのであれば、同じく本を送る、寄贈するといった行為もまた、その意味や役割をとらえていく必要があろう。

戦前から日本の書物を海外へと送り出していた国際文化振興会の活動は、書物を送る行為がもつこうした意味や役割を考えていく際の主要な事例となろう。国際文化振興会は、一九三四（昭和九）年に日本や東アジアの文化について、正確な知識や情報を海外に発信、紹介していくために設立され、主な事業として日本語文献の翻訳、海外日本学の支援、文化資料の寄贈や交換を行っていた。ローマ字にした時の頭文字でＫＢＳとも呼ばれる。本章で出てきたニューヨークの日本文化会館は、その出先機関にあたる。▼注(21)国際文化振興会は民間の寄付金と政府補助金で運営されており、外務省をはじめとする政府機関との強いつながりをもった機関でもあった。

国際文化振興会は、戦前に海外の様々な機関と書物の交換や寄贈を行っている。その活動からは、書物を送るという営為が、それのみにとどまらず、書物と読者とをつなぐためのより広範な活動へとつながっていくことがよく分かる。国際文化振興会は、書物を送るのみではなく、日本の書物を紹介し、書物を扱うためのレファレンス文献を数多く作り出していくことになる。▼注(22)また、書物を送るという活動は、その書物を扱い、維持し、提供していくという活動と結びつかない限り、読者とのつながりをうまく作り上げていくことができない。戦前の国際文化振興会は、日本語教育の教材、辞書作りを含め、海外の日本学を幅広く支援していくことで、日本の書物を受容する場そのものを作り出していく。

とはいえ、こうした書物を送るという行為は、無垢なる行為というわけではないし、無条件に賞賛すべき行為とも限らない。戦前の国際文化振興会の場合にしても、海外への文化宣伝は同時に重要な政治的役割を担ってもいた。日本のアジア侵略に対する欧米の批判をやわらげ、日本への理解や共感を作り出していくための役

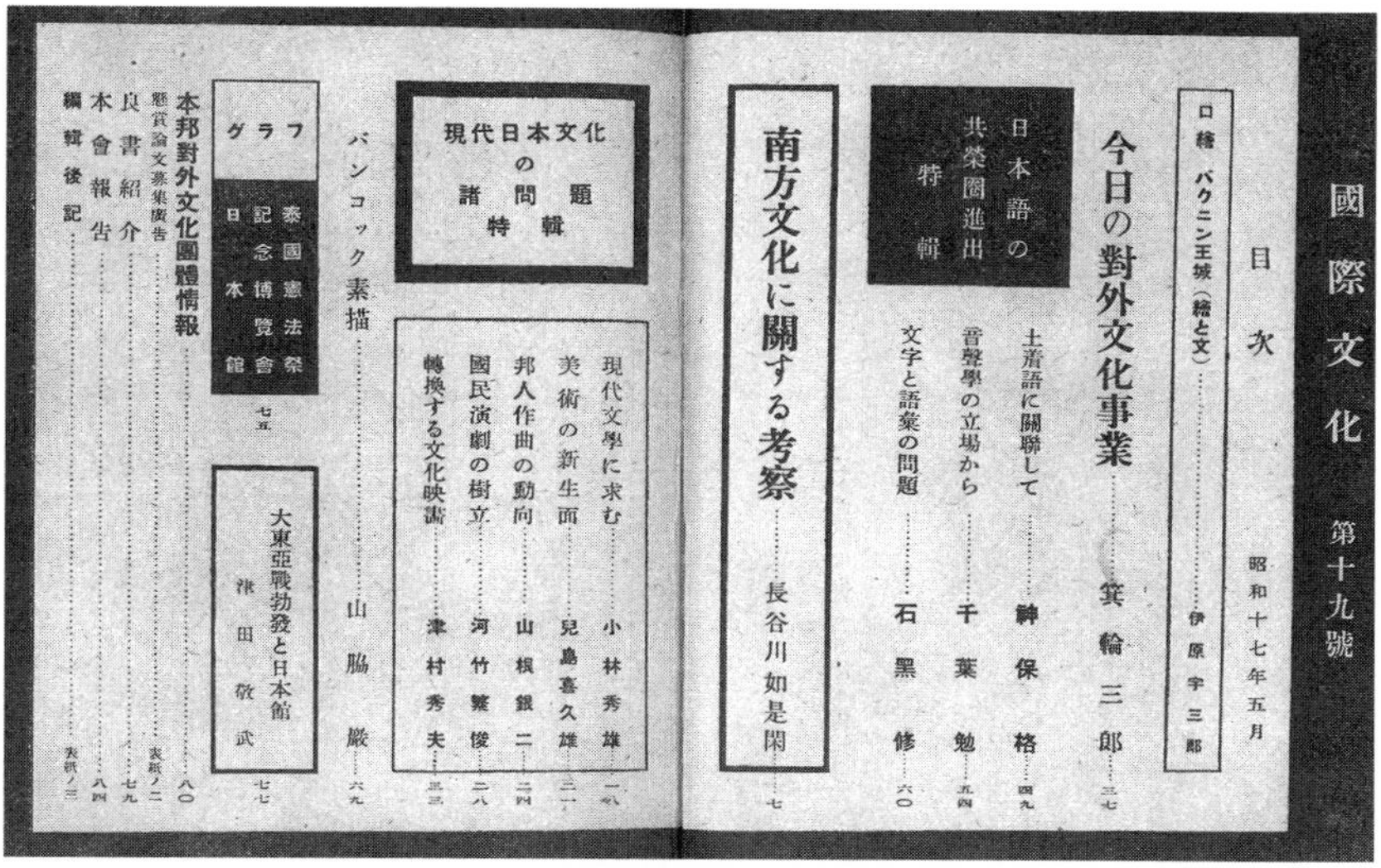
國際文化　第十九號
目次　昭和十七年五月
口繪　バクニン王城（繪と文）……伊原宇三郎
今日の對外文化事業……箕輪三郎……三七
日本語の共榮圏進出特輯
土着語に關聯して……神保格……四九
音聲學の立場から……千葉勉……五四
文字と語彙の問題……石黒修……六〇
南方文化に關する考察……長谷川如是閑……七
現代日本文化の諸問題特輯
現代文學に求む……小林秀雄……一八
美術の新生面……兒島喜久雄……二一
邦人作曲の動向……山根銀二……二四
國民演劇の樹立……河竹繁俊……二八
轉換する文化映畫……津村秀夫……三三
バンコック素描……山脇巖……六九
大東亞戰勃發と日本館……津田敬武……七七
グラフ　泰國憲法祭記念博覧會日本館……七五
本邦對外文化團體情報……八〇
懸賞論文募集廣告……表紙ノ二
良書紹介……七九
本會報告……八四
編輯後記……表紙ノ三

図40　ＫＢＳの雑誌『国際文化』（1942年5月）

割を期待されたのである。こうした目的のもと、外務省はニューヨークの日本文化会館の開設に多額の特別予算を投入し、また米国内で日本学教員の雇用や、メディアの買収を通した親日的な情報発信といった活動を展開していく。[注23]

これら対外的なプロパガンダを担っていた外務省文化事業部は一九四〇（昭和一五）年に解体、情報部とともに、同年に設置される情報局に引き継がれる。国際文化振興会は、情報局の指導のもと、欧米のみではなく中国や東南アジア諸国を対象とした「大東亜共栄圏の確立」に向けた「文化工作の建設強化」を活動の目的として大きく打ち出していくこととなる。[注24]文化宣伝は、これら日本の占領地において、日本の行為を正当化し、その支配体制を補完していくための役割も帯びていくわけである（図40）。

こうした対外文化宣伝は、ただ単に書物を送ることで達成されるわけではない。対外的な文化宣伝の技術や方法もまた、戦中においては強い関心を向けられていく。今日では珍しくない新聞学や広告学が、民族学などとともに戦時期に有用な学として支援、再編されていった点も指摘されている。[注25] ただ、対外的な文化宣伝の効力や、それが実際にどう実践され、何を生み出していったかをとらえるには、書物を含めた仲介者の活動を掘り起こしていく必要がある。どのような書物を選び、どのような言語で紹介するか、映像や音声とどう結びつけるか、具体的な仲介者の活動の中で、戦時における文化宣伝が何をしたのかを問うていかねばなるまい。宣伝としての文学の役割を問うこともまた有効だが、表現のレベルのみではなく、その広がり方とあわせ考えていくことが必要だ。[注26]

インドネシアの国立図書館には、日本が第二次世界大戦中、同地を占領していた折に作り上げた日本語の文庫が遺されている。約一二〇〇冊に及び、そのほとんどが戦時中の刊行物からなる（図41）。一九四二（昭和一七）年三月、日本軍はジャワ島に上陸、統治していたオランダにかわって軍政をしく。ジャワ派遣第一六軍には、著名なジャーナリストや作家、美術家らによって構成された宣伝班が設けられていた。[注27]

図 41
インドネシア国立図書館所蔵の日本語図書

宣伝班はインドネシアで、同年日本語による新聞『ジャワ新聞』や、一九四四（昭和一九）年に雑誌『新ジャワ』を刊行する。現地の教育機関を国民学校に再編し、一万四千校を越えるこれら学校で日本語を正課の必修科目にしていくこととなる。[注(28)] こうした文教政策とあわせて、日本語図書を輸入し、現地に日本語図書館を作ろうとしたわけである。宣伝班は、ここで日本文学や日本文化を発信していくこととなるが、そうした活動を、この日本語文庫は具体的に明かしてくれる。[注(29)]

対外的な文化宣伝や相互交流の振興が、常に政治的なプロパガンダとなるというわけではないし、そこにかかわる個々の人々の思惑は様々ではあろう。ただ、重要なのは書物を送り、届けるという行為を、単なる文化的な営為として見なすのではなく、送る側、受け取る側を取り巻く政治的、経済的な文脈の中で、その行為がどういう意味や役割を担うかに注意を向けることなのだ。文化と政治とを単純に切り離して考えることの危うさは、常に意識しておく必要があろう。

書物を送るということが担う意味、役割へ、いわば書物を送ることの意味論へと私たちは注意を向ける必要があるのだろう。書物を送るということ自体が、その書物の内容、そして送る状況や送り方に応じて、様々な意味を担い得る。書物を送ることが反論や批判や脅迫の意味を帯びることもある。書物はその書き手の意図とは別に、送り手の意図や、送る状況に応じた独自の意味を帯びていくのである。だからこそ、書物の書き手のみではなく、書物の送り手が読者の歴史においては無視できない重要性を帯びるのである。

書物を送るという行為には、送り手側の意図や思惑が大きく作用している。とはいえ、送られた書物は、必ずしも送り手側の意図通りに受け取られるわけでも、用いられるわけでもない。また、書物は送られた時点ばかりではなく、それから先の読者とも関係をとり結んでいく。例えば先にあげたニューヨークの日本文化会館に送られた書物は、当初は日本にとっての文化宣伝のために送られたわけだが、開戦後は送り手の思惑とは正反対の対日戦のために、米国側が利用することとなった。

複数の書物を、特定の目的のもとで送るという行為が、近代においてどのような場で、どのようになされたか、そしてそこにはどういう意味や役割があったのかを、改めて掘り起こし、考えみる必要があるだろう。繰り返しになるが、書物の送り手や、送る行為の歴史は、これまで十分にとりあげられてもいないし、検討されてきたとも言いがたいのである。

5 失われる書物

書物は時間、空間を移動し、その書物が失われるまで読者との関係を生み出し続けていく。書物の移動をいかにとらえるか、という問いの最後に、その消失、喪失に注意を向けるべき点についてもふれておかねばならない。それは書物が読者とのつながりを失う重要な瞬間なのだから。書物の中には、積極的に収集や保存の対象となる書物もあれば、顧みられずに消えていく書物もある。

どの組織や個人にとっても、あらゆる書物を収集し、遺すことが物理的に不可能な以上、書物を遺すとは、その一方で、遺さない書物を選ぶということにほかならない。何を捨て、何を遺さないか、という基準による選択を経て、書物は意識的に遺されていく。ただそこにあるように見える書物も、それを維持しようとする人々なくしては遺り得ない。

北米の調査をしていた折に、カナダのブリティッシュ・コロンビア大学の日本語資料の歴史を調べる機会があった。日本からカナダへの戦前の移民は、この西海岸のブリティッシュ・コロンビア地域に集中しており、そこには日系人によるコミュニティが早くから存在し、明治三十年代からすでに現地で日本語新聞も発行されていた。この地にあるブリティッシュ・コロンビア大学は、カナダでも日本学研究の盛んな大学として知られているが、同時にこの日系人資料を豊富に収蔵していることでも知られている。▼注(30)

ブリティッシュ・コロンビアにあるこの大学が、そこで居住していた日系人の資料をたくさん保管しているということは、ごく当たり前のことのようにも思えるかもしれない。しかしながら事実は逆であり、この大学に日系人資料が自然に遺るはずはないのである。確かに、戦前に多くの日本人がそこに住んでいたのは確かだが、二万一千人に及ぶ日系人は、太平洋戦争の開始とともに、米国西海岸の日系人と同様、内陸部の収容所に強制的に移動させられるからである。

その後、カナダでの日系人の歩む道は米国の日系人の場合よりさらにきびしいものとなる。強制移住させられた日系人は、一方的に政府によってその財産を処分され、さらに終戦後も西海岸へともどることを禁じられる。日系人はそれ以外の地域へと分散、居住させられることとなるのである。▼注(31) つまり、戦争を境にブリティッシュ・コロンビアの日系人コミュニティはこの地から移動し、さらには分散してしまうのであり、その財産を含めて、この地に日系人資料が豊富に遺るはずはないのである。

日系人資料を豊富にこの大学が所蔵しているのは、こうした歴史の反省のうえに立って、戦後改めて日系人資料を収集し、保存する大規模なプロジェクトを展開したからである。日系人のみではない。日系人がこの地にいたる以前にはそこには先住民が居住してもいた。カナダ・インディアンであれ、日系、中国系移民であれ、それはまぎれもなく現在にいたるまでのカナダの歴史の一部を構成するものにほかならない。

この地でのマイノリティに向けた迫害や収奪を含めて、自らの歴史として引き受けようとする動きに支えられ、その記録を積極的に集め、遺していくという活動がそこで進められてきた。それは自らの歴史の暗部から目をそらし、それにかかわる資料を消し去るということよりもはるかに評価すべき選択と言えよう。それら資料は、ただ自然に、その場所に遺っていたわけではないのだ。書物と読者とのつながりは、意識的に関心を向けてとらえることがなければ、容易に失われ、忘れ去られてしまいかねないものでもある。

とはいえ、すべての資料を遺していくことは難しい。図書館や資料館、文書館が常に頭を悩ませるのは、何を遺して、何を捨てるのかという基準である。資料には、公的には遺されにくいタイプ、性質の資料もある。漫画などのサブ・カルチャー文献や低年齢向けの文献、あるいはポルノグラフィーのような風俗資料など、一般的な図書館や学術図書館でしばしば収集の対象からはずれ、保存されることなく消えていく書物は膨大な量に及ぶ。

こうした集められにくい資料を収集、保存していく専門図書館や資料館の役割、重要性に関心を向けていく必要がある。明治大学マンガ図書館の活動は、大規模なそうした図書館として注目されよう。この図書館は、主に米沢嘉博《よねざわよしひろ》記念図書館と、現代マンガ図書館とによって構成されている。私が米沢嘉博記念図書館に、その蔵書や管理状況の取材に行ったのは二〇一一年のことだが、漫画評論家の故米沢嘉博の寄贈図書は一七万冊に及び、漫画のみならず成人向け雑誌や同人誌、児童向け雑誌にわたる広範な蔵書を提供していた。▼注(32)

それと同時に驚いたのは、その後も漫画や雑誌がひっきりなしに寄贈され、整理が追いつかないという図書館の状況だった。こうした資料は、その影響力の大きさや読者層の広範さとは裏腹に、これまで学術機関や公的な機関が責任を持って保存し、提供していくという仕組みが整えられてこなかった。ちょうど私が訪れた際、発禁資料の研究者・収集家として著名な城市郎《じょういちろう》から寄贈された書物が届いており、それが山を成していた。明治大学から蔵書寄贈の打診を受けた際、城市郎は快諾したばかりか、すでに形見分けとして多くの親族にわけ与えていた書物を再度とりもどしてまで集め、寄贈に供したという。[注33] こうした書物が、これまでどれだけ学術機関や図書館から冷遇されていたか痛感させられる話でもある。

漫画はその読者の多さに比して、アカデミックな研究領域としてはまだ十分な力をもち得ていない。海外でも日本の漫画に対する需要、関心は高い。米国の日本語図書館で日本の漫画収集に力を入れ、かつその図書利用を研究してもいるモーリン・ドノヴァンは、漫画を研究するための基礎的な条件、過去の文献の網羅的な収集や目録、レファレンス資料の整備の必要性をつとに指摘している。[注34] 漫画という書物が、読者と結んできた関係もまた、まだまだこれから明かされていくべき問題だろう。

実際、日本文学の研究領域でも、学部生には漫画を研究の課題としたいという学生は少なくない。それ自体は否定すべきことではないが、一方で、漫画しか知らない、あるいは漫画の方が研究しやすそうである、という安易な選択もそこにはある。しかしながら、漫画の研究は、小説の研究よりもはるかに困難がともなう。研究の基礎的な環境が整っていないからである。著名な漫画家であっても、いつ、どこに、何を掲載したかという著者ごとの正確な著作目録さえ整備されていないことも珍しくない。

また、漫画を読むということを研究の対象とするには、活字ばかりではなく、絵画、図像とストーリーを含めた、複雑な表現に対するアプローチ方法が必要になる。例えば絵画や写真といった視覚芸術の体系的な研究や、小説などの言語メディアの研究を通して、多様な表現に対するアプローチの仕方を身につけなければ、有効な研究はのぞみがたい。いきなり漫画の研究をはじめるというのではなく、これら伝統的なメディアの研究をベースにし、その比較、対象の中から、まずは漫画表現についてのアプローチを構想していくことが、より研究としては現実的な方法と言えるだろう。

漫画の研究が十分に成熟していないのは、漫画自体に価値がないからではないし、漫画の研究に価値がないからでもない。研究をしていくための基盤となる情報やツールがまだ十分整備されておらず、その研究を評価するための組織やシステム、さらにはその研究を支援したり、教えたり、生かしたりしていく環境自体がまだ整ってはいないのである。それは、未来の読者との間で構想していくべき課題としてあるといってよいだろう。

書物の移動に話をもどそう。書物が遺ること、あるいは遺らないことに改めて目を向けること、そして、そこにかかわる様々な要因に関心を向けていくべき点を述べてきた。書物が遺るかどうかはまた、後の読者が、何を読めるか、読めないかという私たちの読書環境の未来とも深くかかわってゆく。そしてむろん読書の自由と制約もまた、そこにかかってもいるのだ。

第8章◉

電子メディアと読者

電子化され、流通するテクストは、現在の読書環境を大きく変えてきた。読者への書物の流れは、それまでの単線的な流れとは異なる関係におかれ、一つの書物が異なるいくつもの場で、複数の読者と同時につながりあう状況が生まれている。だが、この読書状況をとらえる際にも、書物と読者とがどうつながり、それまでのつながりの何が変わっているのかをとらえていくことが鍵になっていく。

1　電子化された書物

書物のデジタル化、そしてインターネット上でのその公開は、書物が読者に「たどりつくプロセス」を大きくかえるものとなった。物理的な書物にとって、かつてはそれが占める場所こそが読者との接点となっていた。しかし、それら書物がデジタル化され、一度に無数の場で、不特定の読者との関係が生まれていく。

物理的な書物と、デジタル化されたその書物とは、どれほど同じように見えても、もはや同一の書物ではない。その書物は新たな読者とのつながり方、接点をもち、場合によっては新たな読み方や意味を帯びる全く別種の書物といってもよい。これら書物の急速な増加は、書物の役割や意味そのものを、さらにはそれら書物を土台として成り立ってきた知の土台そのものをも大きく変えている。また、書物が読者にいたる流れ方や、書物と読者のつながり方の大きな変化がそこにはある。

物理的な意味では、国境を越えて最大規模の日本の書物が海外に流れていったのは占領期である。しかし、電子化された書物が作り出した読者への流れを視野に入れれば、二〇〇〇年代以降が、これまでのいずれの時期をもはるかにしのぐ量の日本の書物が国内外を含めて流通した時期であることは間違いない。そしてこの状況は、さらに拡大、持続してもいる。

二〇〇二年に公開がはじまった国立国会図書館の近代デジタル・ライブラリーは、三五万点に及ぶ図書をインターネット上で公開し、無償でそれらが読める環境を作り出していった。これほど大規模でなくとも全国の公共図書館、大学図書館や博物館、資料館で書籍や雑誌、文書の電子化、公開が進んでいる。日本で出された学術論文にしても、五〇〇万件に近い数の論文本文を収録したデータベースが、国内外で日常的に利用されている。[注(1)] 有料で提供されている電子書籍やデータベースを加えれば、これまで図書館や書店で接していた書物とは比較にならないほどの膨大な書物が、世界各地の読者とつながることができるようになっていることになる。

国内にある日本語の書物ばかりではなく、逆に海外にある日本の書物もまたデジタル化が進められている。大規模なプロジェクトでは二〇〇四年にはじまったグーグルブックス図書館プロジェクトがあげられよう。ハーバード大学やミシガン大学、オックスフォード大学などの大学とグーグルが提携し、大学図書館の蔵書をデジタル化していくプロジェクトであり、その後も参加大学を増やし、二〇〇七年からは慶應義塾大学も加わっている。このうち、ミシガン大学はすでに日本語蔵書全体のデジタル化を終えており、著作権の切れた書籍についてその公開もなされている。[注(2)]

近代デジタル・ライブラリーが公開したのは原則として著作権保護期間の切れた書物である。戦前に没した著者の書物が中心となり、明治期刊行の書物が大部分を占める。明治期の刊行物は読者にとってはなかなか接することのできない希少な文献だったわけだが、これらが国内のどこからでもインターネットを介して容易に閲覧できる文献へと変化していった。二〇一〇年以降、著作者の許諾を得なくとも国立国会図書館が資料を電子化することが法的に可能になり、その公開の幅も広がっていった。[注(3)] 近代デジタル・ライブラリーは、本書でとりあげた米国議会図書館所蔵の内務省検閲資料や、メリーランド大学が所蔵するＧＨＱ／ＳＣＡＰ検閲資料など、海外にあってアクセスしにくい図書や資料のデータを含め、二〇一六年には国立国会図書館デジタルコレクションに統合された[注(4)]（図42）。

書物と読者との関係からすれば、二〇〇〇年以降は、明治期やそれ以前の古典籍が史上最大の再生を果たし、地方都市や海外を含め、遠くの読者とそれら書物とのつながりをとりもどした時期なのである。もしも文学史というものが、読者の前に現れた小説について記述するものであるとしたら、二〇〇〇年代以降の文学史はこれら過去の膨大な書物が押し寄せてきた未曾有の時期として描かざるを得ないだろう。

日本の書物のデジタル化と公開が急速に進み、その数を増しているということは、読者が膨大な書物と自由につながりあう環境が生まれているということなのだろうか。確かに、これまで遠く離れ、しかも希少であった過去の書物に対して、読者が近づきやすい環境は生まれている。しかしその一方で木を隠すなら森の中、電子データの急増は、目当ての木にたどりつけない広大な森を作り出してしまった。

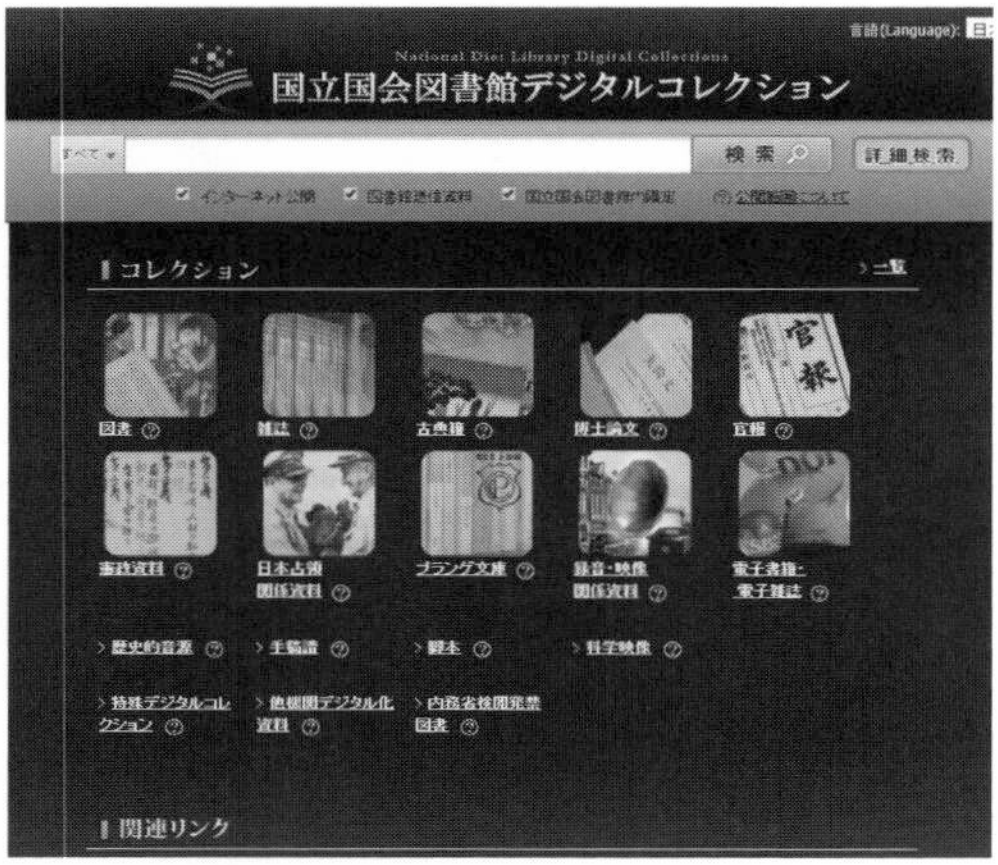

図 42　国立国会図書館デジタルコレクション

読書における不自由さ、制約がどう生まれ、どう変化しているかは、読書の歴史をとらえるうえでの重要な視座となる。ではこうした電子書籍や、デジタル・ライブラリーが作り出している読書環境と、それが生み出している読書の不自由さに対して、どのようにアプローチしていけばよいのだろうか。それには、まず具体的に、読者がうまく書物にたどりつけない事例から見ていけばよいだろう。ここでは特に学術情報の事例をとりあげて考えてみたい。ちなみに電子図書館やデジタル・ライブラリーという用語は、場合によっては電子書籍を貸し出すサービスという狭い意味で用いる場合もあるが、本書では電子化するコンテンツの種類（テキストや画像）や提供の仕方（無償か有償か、公開か非公開か）を問わず広い範囲で用いておきたい。

電子化されてアクセスしやすい資料や論文の数が膨大になるについて、研究や教育では「調べ方」を教え、伝える必要が増していく。私の勤務する大学の国語国文学科でも、二〇一〇年前後までは大学一年生は基礎的な文献を読む「講読」が必修だったのだが、それらを「基礎演習」として、図書館と連携してデータベースや情報の調べ方も身につけられるよう変えていくこととなった。それは、当時以下のような事例が頻繁に見られるようになったからでもある。

大学で学び始めたばかりの一年生の、基礎的な授業での実際にあった事例である。その学生は児童雑誌『赤い鳥』についての論文を集め、それらを論じるという目的をもっていた。その学生はまず教わった通り論文検索用データベース（CiNii）を検索し、一八四件の『赤い鳥』についての論文のリストを手に入れた。▼注(5) しかしこれでは多すぎると思ったその学生は、その論文をさらにどうやって絞り込むか。

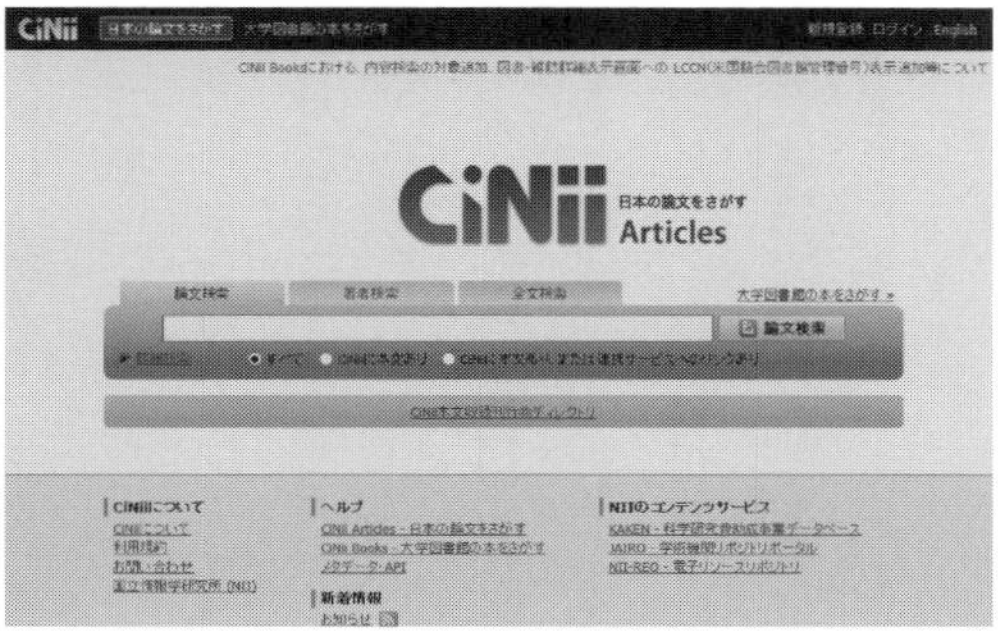

図43　CiNii の検索画面

データベースの検索窓のすぐ下に、データを絞り込むためのオプションが設けられている（図43）。それはこのデータベース上で論文本文が読めるか、そうでないかによる絞り込みである。そしてこの学生は、そこで本文が読める論文だけに絞り込んだ。結果は劇的で、論文数はいっきに二八本にまで減り、学生はそのうちから「読みやすそうな」論文を五つ選んで内容をまとめ、めでたく作業は完了した。ちなみにこの学生が選んだ五つの「論文」なるもののうち二つが書評、三つは大学院生の学会発表要旨だった。むろん、一年生は、真剣にこれらを立派な「論文」と思っていた。

まともな論文にこの学生がたどりつけなかった理由はいくつか考えられる。結論から言えば、日本文学研究の領域では、まともな論文の多くがまだ電子化されていなかったことが大きな要因となっていた。理由は後述するが、学び始めた学生にはそのようなことは分からない。論文にたどりつけないのは論文が電子化されていないというより、そもそも『赤い鳥』についての論文自体があまり書かれていないのかもしれない。あるいは電子化されていても、そのデータベースに登録されていないのかもしれない。たまたまそのデータベースに障害があったのかもしれないし、利用者の資格や、端末の状態がその原因となったのかもしれない。

水道から水が出ない理由は、蛇口にあるかもしれないし、水源に、あるいはその間のどこかにあるのかもしれない。どこに問題があるかを知るにはどうすればよいだろう。水が手もとにいたるまでのルート、プロセスをはっきりとさせて、それをいくつかの部分に分けて、どこにその原因があるかを調べていけばよい。読書の歴史をとらえる際の基本的な手順、つまりその書物（論文のデータ）が読者に「たどりつくプロセス」をとらえることが、ここでもやはり有効なのである。

ここでのデータベースとその読者の事例で言えば、この読者に「たどりつくプロセス」は、さらに大きく二つに分けることができよう。論文を収めた書物が電子化され、データベースの形となっていくプロセスと、それが読者にサービスとして提供されていくプロセスである。前者には、電子図書館の情報の母体、つまりデータや、それを整理するための書誌情報などのメタ・データ、そしてそれを利用に供するための電子図書館のインターフェイスを含めておこう。後者には、それらのデータと読者との間に介在するもの、すなわち通信インフラや端末の機材、さらにはそれらを提供するサービスを含めることができよう。簡単に言えば、書物が読者に「たどりつくプロセス」を、書物が電子化されデータベースとなるプロセスと、それが読者に提供されるプロセスとに分け、さらにそれらを細分化して考えればよいのである。

2　データベースのリテラシー

先ほどの『赤い鳥』の場合、論文は豊富にあっても、いまだ電子化されているものが少ない、つまり電子図書館のデータの成り立ちに問題がある。この学生が思わしい結果を得られなかったのは、電子化されている論文のみにしぼってしまったことに原因がある。しかし、もしも代表的な論文や入門者向けの論文が優先的に電子化、公開されていたならば、この学生の選択は効果的だったかもしれない。

つまり、電子図書館やこうしたデータベースをうまく使うには、そもそも何が、どれだけ、どういう基準で電子化され、公開されているのかという範囲を知ること、そして、そのデータがどういう偏りや空白をもっているのかを理解しなければならない。言い方を変えれば、電子化されている書物をうまく使うには、実は電子化されていない書物についての知識が重要なのだ。こうしたデータベースの範囲や偏りについての理解、いわばデータベース・リテラシーが必要だし、それを提供する側も、自らの限界と制約を読者に気づかせる工夫が必要となろう。

この学生が目的の文献にたどりつけなかったのは、データベースの成り立ちのみではなく、そのインターフェイスにも理由がある。論文を調べるメインの検索窓の、そのすぐ下に「電子化されている、されていない」という選択肢があれば、その手順こそが次に行うべき選択だと考えてしまう利用者もいよう。つまりインターフェイス上の電子化されている、されていないという選択肢のこの「位置」は、次にこれを選択すべしという「価値」と取り違えられる危険性がある。商用の検索サイトでは一番上、あるいは一ページ目に表示されたものを利用者が選んでしまう傾向が生まれるが、こうしたディスプレイ・バイアスの一種とも言えよう。▼注(6)

とはいえ、日本文学研究の主要な論文が電子化、公開されていない状況は初学者には予想できなかっただろう。人文科学の研究領域では、最新の研究成果のみが重要なのではなく、むしろ過去に明らかになった事例の蓄積こそが重要であり、古い論文の利用価値も高い。それをカバーするためには膨大な過去の論文の電子化が必要だが、自動的にそれが生まれるわけではない。電子化、公開するためには、著作者の許諾を得なければならない。例えば日本の近代文学研究で最大の学会は日本近代文学会だが、一九五一年に設立、以降に刊行された機関誌の執筆者はのべ二〇〇〇人を越える。バックナンバーの電子化、公開には、これらの著者の了解を得る作業、さらに機関誌すべてをスキャニングする作業、それらのデータをインターネット上で公開するためのサービスと提携する作業が必要になる。商業出版とは違い、基本的に会員の会費をもとに営利目的ではなく会議や機関誌発行を行っている多くの学会では、作業のための経費や人員を工面しなくてはならないし、そのための会員全体の合意も必要となる。ただ、こうした作業が、日本文学研究にとっても大事な問題なのだという了解は確実に広がっており、二〇一五年から日本文学研究の領域では最大規模の日本文学協会の『日本文学』バックナンバーが電子化、公開され、先述の日本近代文学会の『日本近代文学』もバックナンバーを含めた公開が翌二〇一六年に開始された。

研究の土台となる資料や論文が、アクセス可能な膨大なデータとなっていくにしたがい、日本文学を含めた人文科学領域でも「調べ方」が教育や研究の中で占める割合は大きくなり、それが研究の方法や成果をも左右するようになる。むろん年々更新される新たなリソースに関心を向けることは重要だが、これら現在の電子資料や各種データベースを初学者が活用する際に、意外に役に立つのは教員の「昔はこうやって調べた」という説明である。こうした便利なツールがなかった時期に、ではどうやって論文や資料を集めていたか。こうした話は得てして昔の苦労話や懐旧談のように思われがちだが（そして単にそうなる場合もある）、実際には情報を集め、選別する際の効果的な手順や戦略が豊富に含まれてもいる。

『赤い鳥』の場合、昔ならまず昨年度出た論文を集め、さらに少しずつ年度をさかのぼって集めていた。別に新しい論文がよいというわけではなく、まともな論文なら通常はそれまでの研究の総括や批判を含んでいるし、主要な雑誌やそれらが置かれた書架に接しているうちに、次第にそれまでの研究状況が分かってくる。別にそうしたかったというよりも、主要な論文のタイトルは年度ごとに『国文学年鑑』という冊子体で刊行されていたので、そうするしかなかったのである（図44）。だが、こうした手順がイメージできていれば、いきなり一八四件という数にとまどうことなく、例えば過去五年で絞り込んで、とりあえずそれらが掲載されている雑誌の書架へと向かう、ということもできるだろう。

図44　国文学研究資料館の『国文学年鑑』

教育や研究にたずさわる側からすれば、今日の電子情報や各種データベースは確かに「便利」だが、そう思うのは、便利でなかった時期の調べ方が自身の心身に刻み込まれているからなのである。最初からそれらのツールを与えられた初学者や電子図書館のはじめての利用者たちにとって、そもそもそれは「便利」なものでさえない、いやむしろとまどわせさえするものなのだ。情報環境は、けっして単なる右肩上がりの成長をしているわけではない。得たメリットも大きければ、その便利さや簡略さゆえに見過ごされるようになったことも少なくない。

こうした事例からも分かるように、電子図書館は、その含む書物自体のデータと同じほどに、その書物についての情報、つまり目録情報や検索のインターフェイスが重要な役割を果たすこととなる。そこに欠陥があれば、たとえ情報が含まれていても、それが見えない、あるいはそこにたどりつけないことになる。電子化された目録と検索システムが一般化している現在、その目録データが、物理的には存在しているはずの図書館の蔵書を見えなくしてしまう事態も起こっている。海外の日本語蔵書を調査していた折には、所蔵していてもこうした理由から見えない、たどりつけない大規模な蔵書がある事例も珍しくなかった。海外では日本語図書を目録化するための人出や予算はどの機関でも大きな負担となる。

米国のノースウェスタン大学の場合、戦前には日本語図書を収集し、日本学にも力を入れていたが、後に大学の方針がかわり、日本語を扱う図書館スタッフもいなくなってしまった。このため、その目録も電子化、公開されるにいたっておらず、閉架書庫に配架されたまま、所蔵されていること自体が外からは見えなくなってしまっていた。▼注(7) 海外では最大の日本語図書を所蔵し、管理スタッフを抱える米国議会図書館でさえも例外とは言えない。近代の書物でも、特に戦前の書物は、占領期に大量に増えたまま、複数冊を一つにまとめて記録したり、電子化されずに冊子体の目録のままにとどまっているものもある。▼注(8)

今日の学術情報データベースは、自然科学はもとより、人文科学の領域でももはやなくてはならない存在になっており、書物や論文を探すときにそれらを用いることが必須となっている。これらは、単に補助的な道具や役に立つ道具というレベルを超え、学問の基盤となりつつある。それらを利用するのみではなく、その用い方や限界、特性をまずもって身につけ、あるいは教えていかなければ、どの研究領域でも初歩的な段階で混乱を招くことになる。青い鳥ならぬ『赤い鳥』を探していた学生は、果てしなく広がる文献情報の森の中で早々に道に迷ってしまうことになるのだ。

これまでの話を整理すると、まず電子図書館と読者の問題をとらえるために、電子図書館の成り立つプロセスと、そのデータが読者に提供されるプロセスとに分けて考えた。このいずれのプロセスにおいても、読書の制約、限界が生まれうる。その制約や限界をとらえるためには、それぞれのプロセスが、どのようにできているかを理解することが有効である。簡単にいえば、その電子図書館の書物が、いつ、どこにあった書物を、どれだけデジタル化しているのかをまずはとらえる必要がある。電子図書館が、どのような資料をどれだけ電子化し、どのように提供しているのか。こうした電子図書館やデータベースの成り立ちを知ることが、その制約や限界を知るためには有効なのである。

3　電子図書館の成り立ち

デジタル化され、インターネット上で公開されているデータベースは多種多様だが、ここでは主に、既存の雑誌や書籍をデジタル化し、提供している電子図書館を対象にして考えていきたい。ある電子図書館のもっている傾向や限界、特徴を知るには、その電子図書館がいかにできたのか、という成り立ちを知ることが役に立つ。つまりその電子図書館の過去、歴史情報が有効なのだ。

ここで引いたのは、ミシガン大学が所蔵し、電子化して提供している古典籍である[▼注(9)]（図45）。米国内でも有

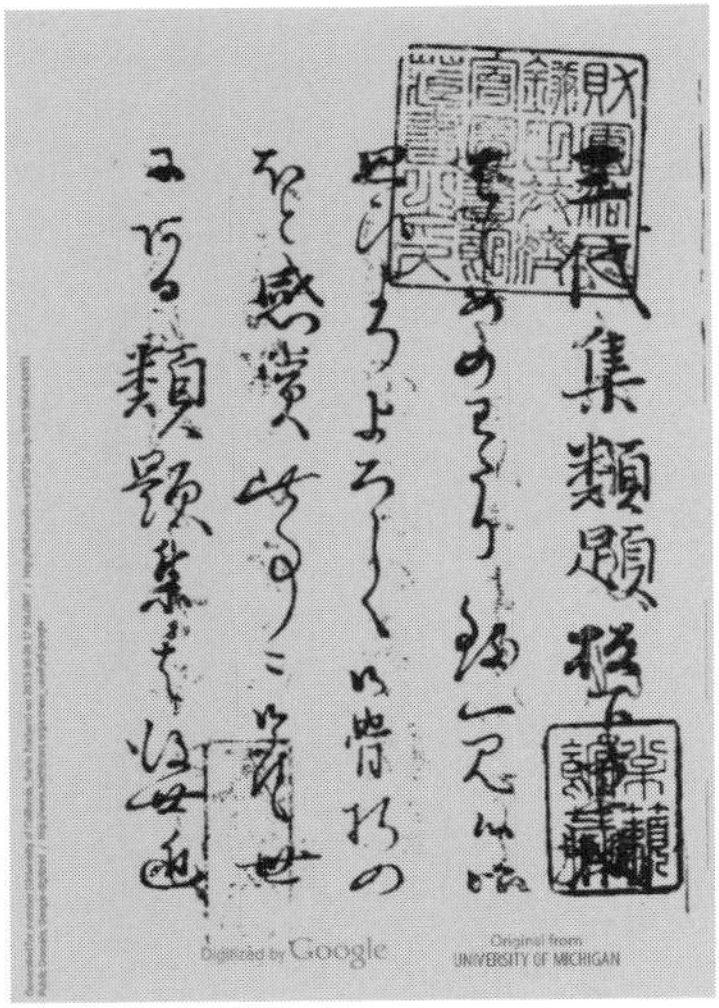

図45　ミシガン大学所蔵『三代集類題』

数の日本語図書館として知られるミシガン大学アジア図書館の日本語蔵書は三〇万冊を越える。ミシガン大学は、グーグルと連携したプロジェクトで、すでにすべての日本語蔵書を電子化している。ミシガン大学は、著作権の切れた書籍のデータを電子図書館ハーティトラストを通して提供しており、この書物もその一つである。ちなみにハーティトラストによる電子図書館サービスについては、全米作家協会を中心に著作権侵害を争点に訴えがなされたが、許容される範囲の利用として二〇一五年に和解が成立している。▼注(10)

ミシガン大学の日本語図書館は、創設当初からすぐれた書誌研究と並行して構築されてきており、基本的な学術文献を丹念にそろえてきた図書館でもある。ただ、それは近代の書物に関してであり、日本の古典籍については意識的に収集してきたというよりも、運良く手に入った書物によって構成されている。ここに引いた書物の蔵書印は「鎌田共済会図書館」とある。この鎌田共済会図書館旧蔵書が、古典籍の主要な部分となっている。香川県の坂出市にあった鎌田共済会図書館は大正期から地域の図書館として活発な活動を展開しており、早くから地域の郷土資料に関心を向けてその収集や紹介をも行っていた。現在では鎌田共済会郷土博物館として、それら資料の保存、提供を行っている。ミシガン大学は、占領期に鎌田共済会図書館のおよそ二万冊に及ぶ蔵書を買い取っており、この古典籍はそこに含まれていたものである。▼注(11)

つまりミシガン大学が提供している電子図書館は、古典籍について言えば、香川県の地域の図書館が戦前収集していた、かなり特殊な書物群なのである。このように電子図書館が提供できる範囲、限界や傾向は、その蔵書の歴史によって大きく影響を受ける。だからこそ、こうした成り立ち、歴史情報が、データベースの活用には有用なのだ。

例えば国立国会図書館デジタルコレクションは、国立国会図書館の蔵書をもとにしている。どのような大規模な電子図書館でも、その母体となる蔵書がもっている性質や限界を反映する。明治期の刊行図書の場合、国立国会図書館が収集してきていない書物も多い。そのためこのデータベースを用いる際には、そこに含まれていない書物があることを意識することも必要となる。

電子図書館の書物に向かうとき、そこに含まれる書物と読者との接点を作り出す仕組み、つまり書物についてのデータ、目録情報の形こそが読書の際に大きな役割を果たすこととなる。読者とのつながり方がそれによって作り出されていくという点で、電子図書館の検索システムは図書館の形そのものを変えるほどの意味合いをもっている。国立国会図書館デジタルコレクションの公開する図書は、目録情報とその検索が読者との多様な接点を作り出しているが、この検索対象に、目録情報とともに書物の「目次」情報が加えられることで、この電子図書館は非常にユニークな図書館へと変化したといってもよいだろう。

「目次」は、どの書物も同じルールでつけているわけではないし、精粗も書物ごとに異なり、さらには内容にそぐわない「目次」がつけられていることさえもある。したがって一般に図書館では、目録作成時に「目次」の情報を入れたりはしない。しかし、置かれた場所の情報など、物理的な手がかりを欠いた電子図書館の書物にとって、読者がその書物にたどりつくための具体的な糸口を増やしていく工夫が必要だ。

「目次」を検索対象に含めるという方法は、そういう工夫として高く評価できるだろう。それによって、明治期の膨大な書物に読者がたどりついていくための新たな通路が作り上げられたといってもよい。デジタル化された書物の質や量のみではなく、目録情報や検索システムの工夫の中に、新たな読書を作り出していく可能性があることを、この事例はよく示してくれる。

　電子図書館の成り立ちは、母体となる蔵書の特徴や歴史とともに、提供される目録情報の形が重要となるが、近代の書物を対象とする電子図書館と、近世以前の書物を対象とする場合とではかなり異なる問題がそこに横たわっている。近世以前の日本の書物を収める電子図書館としては、早稲田大学図書館の古典籍総合データベースが代表的なものとしてあげられよう（図46）。大学の所蔵する古典籍三〇万点のすべてをデジタル化、無償公開するプロジェクトとして二〇〇四年に開始され、翌年から段階的に公開されていった。▼注(12)

図46　早稲田大学古典籍総合データベース

　近代以降に出版された書物をもとに電子図書館を作っていく際には、著作権が切れているかどうか、あるいはそれを確認するための作業が、大きな部分をしめる。だが近世以前の書物を対象とする電子図書館を作る場合、何より大きな問題となるのは目録の作成である。近代の書物の場合は、著者や出版社などの書物の書誌情報が規格化されており、目録の作成は比較的容易である。国立国会図書館デジタルコレクションが公開する図書にしても、その目録情報は同国立国会図書館の五巻本の蔵書目録がもととなっている。▼注(13)

　しかし、近世以前の書物は、タイトル一つ目録にとろうとしても、表紙のタイトル以外に、本文の最初に付されているタイトル（内題）

もあれば、本文最後に付されたタイトル（尾題）、そして柱の部分に付されたタイトル（柱題）と、一冊の書物でも異なるタイトルをいくつも含んでいる場合も珍しくない。判読も容易ではなく、刊行者や書写者の情報の有無も様々である。古典籍総合データベースの場合、こうした目録の規格を作り、さらにその目録を作るスタッフからまず「作る」必要があった。とはいえ、こうした古典籍の電子図書館を作っていく際の、目録のモデルを作り出したという点で、このデータベースの意義は大きい。

ただ、その一方で、ここで作られた目録情報とその検索システムは、読者がそれぞれの書物にたどりつくための工夫という点では、まだ十分なものとは言いがたい。書誌情報の規格化されていない近代以前の書物は、読者が書物を探すための様々な手がかりがいっそう必要となる。刊行や書写年代でしぼったり、複数の分類やキーワード、著者やタイトルの一部、あるいは書肆名や刊行地など、その書物にたどりつくための可能性をもつ情報は様々である。書物と読者との間をとりもつ存在、役割を、電子図書館がどのように創造し、提供していくのか。このことは、読者にいたる書物の流れが、これからどう変わっていくかを考えるうえでも重要な課題となろう。

4　読者との「あいだ」に

これまでは電子図書館の成り立ちや仕組みについて、具体的な電子図書館の歴史を事例としてとりあげながら考えてきた。デジタル化された書物は急速に増加しており、これら書物へと読者がたどりついていくための目録情報や検索システムの重要性は、今後も高まっていくことは間違いない。しかし、電子図書館の書物にたどりつくうえでの障害は、デジタル化された書物やその目録情報ばかりではない。電子図書館が、そのデータを読者に提供するプロセスにおいても、様々な問題がはらまれている。

ここでとりあげた近代デジタル・ライブラリーや古典籍総合データベースは無償のデータベースだが、有料で契約していなければ利用できない電子図書館も存在する。また、海外どこからでも利用できるというのは、あくまで通信インフラが整備され、インターネットを快適に利用できるような回線や端末があることを前提としての話である。また、情報環境を利用する側の知識や技術もそこには必要だ。電子図書館と読者は、こうした数多くの「あいだ」の存在によって媒介され、支えられている。それゆえに、この「あいだ」にどういう要素があるのかを考えていく必要がある。

このように考えるとき、電子図書館が読者にたどりつくまでの「あいだ」をとらえ、その制約を問うということが、非常に多様な研究へと展開する可能性をもっていることがよく分かる。その地域の読者が現在おかれているこれら電子図書館の利用環境や、利用する能力の問題、さらにはそれらが地域間、あるいは世代間で格差を生んでいく、いわゆるデジタル・デバイドとその対策といった問題まで、幅広い。

データが読者にいたる地点、すなわち読者が操作する端末の性能や価格、あるいはその所有の有無もまたここには大きく作用する。読みやすさや操作のしやすさが、何によって生じるのか、それが端末の性能やアプリケーションによってどう変わってきたのか。紙で活字を読む場合と、画面上で読む場合との相違も、様々な角度から議論され、研究されている問題でもある。特に端末の小型化や高性能の液晶画面の普及、そして豊富な書物データとその配信サービスの盛況は、こうした読書の問題を身近なものとしているのも確かだ。

教育学や図書館学の領域でも、電子テキストを画面で読む場合と紙の書物を用いる場合との比較、検討が国内外を問わず数多くなされてもいる。多くの事例では、電子テキストの利便性を評価しつつも、読書においては紙の方が利用がしやすく、読む際の負担が軽いことが報告されてもいる。▼注(14)

ただ、こうした電子テキストと紙のテキストの読書を比較対照する実験や研究には、方法としてかなり無理もある。書物は複雑で多様なテキストから成り立っており、一冊一冊が、無数の差異をもっている。ある書物で両テキストの読書を比較、検討したとしても、それが辞書や哲学書、あるいは詩集や地図を用いた場合に同じ結果をもたらすかは分からない。▼注(15)

こうした条件を統制し、一定の短い文字列やランダムな単語を読者に提示し、その際の反応や記憶を検討していくことも可能だが、そのように被験者の読書環境を制御すればするほど、現実の個々の読書とはほど遠い、実際にはあり得ないような読書環境を作り出すことになってしまう。書物の側ではなく、読者側の世代差や性差、そしてまた携帯端末を含めた情報環境との接し方の違いも影響してくる。あるいは、こうした電子書籍の受容能力には、電子メディアの読書をどれだけ自覚、意識しているかが鍵になるとする見方もある。▼注(16)また、情報端末の画面を含め、機器の性能は大きく変動、多様化しており、ある情報端末で紙と画面の差異を測定しても、それがどれだけ長期的に広い範囲で妥当性をもつのかは明確ではない。さらには、用いる場面や状況、用途によって、電子書籍が適している場合もあれば、紙の書物の方が用いやすい場合もあろう。紙の書物の読書と電子テキストのそれとの比較・対照は、明確で具体的な対象と問題意識がない限り、きわめて漠然としたものとなってしまう。それゆえ何のために両者を比較、評価しているのかに注意する必要がある。

読書は、書物が読者へと届き、理解されていくプロセスである。そして、本書では、読書が成り立つうえで、この流れ、プロセスが何によって阻まれ、制約を受け、あるいはそこから解放されるのか、という点を重視し、問うという立場に立っている。もしも電子書籍の読書を問題にするのであれば、このプロセスがどう変わるのかが問題にされなければなるまい。例えば電子書籍の端末の性能を評価する際にも、軽さや画面の精細さ、活字の読みやすさがしばしばとりあげられるが、実はこれらの特徴そのものに価値があるわけではない。いくら画面が美しくとも、その端末で提供できる書物の数が少なければ、その端末では「読めない」ことになるのだから。

デジタル化された書物が読者にたどりつく「あいだ」には、それを仲介する多くのプロセスが存在する。それらが、この流れをどう制約し、どのような問題がそこで生じているかを問題にしていかなくてはならないのだ。実際これは電子化された学術情報においても深刻な問題となっている。現在、論文の本文や目録情報だけではなく、様々な書物や文書の所在や目録情報は、電子化され、オンラインでの利用が主流となり、情報を探すことのできる範囲は広がり、そのための労力も軽減された。しかし、これらデータベースは、一方で高額な商品でもあり、購入できなければ利用できない。

商業学術雑誌を中心に電子ジャーナルの提供サービスは寡占化が進み、それらは多数の学術雑誌を含む大規模で高額なデータベースとして販売、契約されている。国内外で、年々値上がりするこの費用が捻出できず苦しんでいる学術図書館は数知れない。多数の電子ジャーナルをパッケージにしてサービスを提供する企業と図書館の間で結ばれる高額の契約（ビッグディール）は、その価格上昇に図書館の予算がついていけずに雑誌が提供できなくなるリスク（シリアルズ・クライシス）を生み出していった。それに頭を悩ませる図書館の運営側からは、「データベースを利用する研究者たちは、蛇口をひねれば水が出るように、データベースが使えることが当然だと思っている」という嘆きをよく耳にした。それぞれの専門領域の研究者たちは、蛇口から出た情報を利用することから先が自身の研究領域だと考えがちだ。蛇口にまで水が届くプロセス、すなわち学術情報を提供する「あいだ」にある仕組みや組織は、研究の外部にある出来事、サービスと見なされてきたといってもよい。

しかし、学術情報に依存しない学問はない以上、またそうした大規模なデータベースが研究の方法に大きく作用するようになってきた以上、私たちは、自分たちが用い、利用する情報自体の仕組みや成り立ち、それを提供するシステム自体に向けて、責任を持ってかかわっていく必要があるだろう。読書に、そして書物の流れに関心をもつということは、自らのよって立つ学問領域の基盤、成り立ち、環境自体に目を向け、関心を向けることでもある。

読書の研究は、単に文学や歴史といった限定された領域の問題ではない。このように、あらゆる学問領域において、その基盤情報そのものに目を向け、その利用、提供のよりよい環境について考えるための道筋ともなろうし、そのために連携、協力し合う領域を超えた場ともなり得るのではないだろうか。

5　「函」の役割

デジタル化された書物と、それらが読者にいたる「あいだ」に横たわる問題について検討してきた。そこではもはや物理的な書物を収める棚、図書館といった明確な範囲や形をもった場は必ずしも必要とされなくなる。では、このことは読書をどういう行為に変化させているのだろう。逆に言えば、これら物理的な棚やそれぞれの図書館、書庫といった場は、読書においてどのような役割を果たしてきたのだろうか。

私は、別に紙の書物の信奉者ではないし、物理的な書物が並んだ図書館という場所に過剰な愛着をもっているわけではない。デジタル化された書物や雑誌に抵抗感はなく、その便利さを身にしみて経験してきた世代でもある。だがそれでも強調したいのは、棚や書庫といった物理的な空間の担ってきた役割だ。これは何かを体系的に学ぶ場合、そして特にそれを学び始めた読者にとって、重要だと考えている。

もともと学問や知は物理的な形をもったものではないし、それを図書館という「形」に整理、分類して押し込めることは、ある意味無理があるのも確かだ。けれど、分かりやすい「形」があるからこそ、私たちはそれを批判したり、発展させたり、場合によっては壊したりすることができる。カオスのような膨大な情報が、物理的な場所を占めることなく果てしなくつらなった知の体系の中で何かを作り出したところで、それを評価するのも伝えるのも難しい。特に、初学者の読者にとっては、具体的な広さと物理的な限界をもった場所、いわば「函」の中で学んでいくことが、自身で研究できるようになるまでの大事な段階として機能する。

図書館の棚はそうした「函」のよい例である。関連する研究書が棚という一定の範囲内に「見える」、「並んでいる」ことが、どれだけ研究するうえで役立ってきたことだろう。研究しながら、私たちは棚を読み、棚に示唆され、教わってきた。長い時間をかけて選び、蓄積された書架は、その図書館の作り出したまさしく作品にほかならない。

物理的な限界や、領域のはっきりしない場では、情報を位置づけたり、評価したりすることは難しい。たとえ私たちを取り巻く情報に際限がなかろうとも、それを位置づけるためにはとりあえず情報の全体をイメージしなくてはならない。数千から数十万といった文献を提供するデータベースは、確かに強力なツールではある。しかし読んだ情報を評価するには他の文献を読んで比較・対照しなくてはならない。あまりに多くの文献があれば、その作業は果てしなく、全体の輪郭はつかみがたい。

インターネット上での情報は際限なく広がり、信頼性の薄い情報や根拠のない情報を含めて互いに結びつきあい、広がっている。明確な参照軸のないままに、参照された頻度や画面上の位置といったおぼつかない手がかりが幅をきかせる。学術情報はこれら膨大な情報の、いわば参照軸や評価尺度として、これからも重要な役割を帯びることとなるだろう。

安定した、信頼性のある学術情報を、どうやってインターネット上で提供するかが、これらの情報と読者との今後の関係を考えるうえでの課題になる。その時に、私たちはこれまでに物理的な「函」が果たしてきた役割を、今一度考え、生かしていく必要があるのではないか。書物という物理的な形、棚の空間的な配置や、書庫、図書館といった物理的な場所、空間といった枠組みが、読者に果たしていた役割について。それは確かに読書に物理的な制約や限界を作り出していたものではあるが、同時に情報に安定した場所、空間を与え、目に見える明確な輪郭を与えていたものなのだから。

二〇〇〇年以降、特に大学図書館の空間の具体的な形の変化としてあらわれたラーニング・コモンズは、読書という観点から見ればこうした「函」の役割を形にしていったものといえよう。ラーニング・コモンズのもともとの発想は、一定の基本的な文献（学習図書）を備えたやや小さめの「函」で、具体的な人や空間とを結びつけて信頼のおける情報を探し、作り出していく場である。▼注(17) 早稲田大学図書館の場合、二〇一九年にそのための大規模な改修が行われたが、多くの大学ではすでに多様な形のラーニング・コモンズが生まれている。▼注(18) 重要なのは、空間にとらわれない広大な情報の広がりこそが、読書における具体的な空間や物理的な枠組みの必要性を生み出していることなのだ。

こうした物理的な枠組みの果たしてきた役割は、書籍や雑誌についてのみではなく、過去の様々な文書についても言えることでもある。デジタル化された日本の歴史文書の利用をめぐって、内外の研究者が意見交換していた折に、やはりこのことを感じずにはいられなかった。

日本では、アジア歴史センターが、国立公文書館や防衛省の防衛研究所の所蔵する過去の公文書や歴史資料を広範にデジタル化、公開している。三千万点を越える文書を公開しており、今後の公文書の公開を考えるうえでも重要な機関である。二〇一一年にその開設十周年を記念するシンポジウムが早稲田大学で開催されていた。[▼注(19)] 日本の歴史資料を利用する韓国や中国、ベルギーの研究者を交えたシンポジウムである。

海外の研究者たちの意見は様々ではあったが、それぞれに共通した体験として、資料のデジタル化、公開が行われる以前、国立公文書館や防衛研究所に朝から足を運び、手間と時間をかけて文書にたどりつかねばならなかった「苦労」が語られた。そして膨大な一次資料が、今は海外からすぐにでも見られる「便利さ」を共通して述べてもいた。[▼注(20)]

ただ、私がそうした話を聞きながら一方で考えていたのは、実は研究者にとって歴史資料を探し、遠くに足を運び、それぞれの場所におかれた文書を探す、という行為自体が、実はそれら閲覧する資料の重要性や意味、希少性を測る大事な尺度にもなっていたのではないか、という点である。その文書の置かれた場所や保管のされ方、たどりつきにくさは、その資料の重要な歴史情報の一部をなしている。デジタル化され、横並びに公にされた数千万点の歴史資料は、それぞれの資料がもっていた場所、読者からの距離を喪失してしまう。

図書館や文書館、あるいはそれぞれの資料がおかれてきた場所、物理的な空間は、それらの書物や文書を物理的に支えているのみではなく、信頼性や情報の質そのものを支えてもいる。読者はそれら文書が、時を経て、その具体的な保管場所にいたったことを含めて、その資料を評価し、読んでいるのである。

これらの物理的な空間、いわば「函」は、書物の重要性や信頼性を補強し、その空間を通して読者の身体にそれを確認させ、教えてくれる。私たちは例えば図書館を利用するときに、いわば図書館という空間を身体で読んでいるのである。重要な資料や、利用者の少ない資料が読者の手の届きにくいところに置かれていることが多いのであれば、そのたどりつきにくさ自体が、その資料の希少性や利用度を読者に伝える情報としても機能する。

こうした物理的な「函」が、読書において果たす役割は、まだまだ幅広く考えていくことが可能である。「函」には、ある知を体系的、段階的に学んでいくための、教育的な効果が含まれている。小さな「函」には少しの書物しか入らないが、その分、個々の書物と「函」全体と関係が理解しやすい。家にある書架、小さな書店、さらには小さな公共図書館から大きな図書館、広大なデータベースへと、「函」を段階的に経ていくことは、読者がそれぞれの書物を評価したり、意味づけたりする際に有効に機能する。最初から一〇〇万冊の書物をいきなり前にした読者は、自分が目にした一つの書物が、そもそも珍しいものなのか、似たものがほかにどれだけ、どこにあるかも思い描きがたいのだ。情報の広大な海に飛び込んでいくには、柔軟で安定したスプリングボードが必要だ。前述のラーニング・コモンズの役割もこうした読書空間の歴史の中で考えていく必要がある。

書物の置かれた空間や場所の意味、それが読書の歴史の中で果たしてきた役割を、今こそ研究する必要があるのだろう。その意味で、電子図書館を理解し、評価するときに、これまでの図書館と読者との関係史や、書店と読者の間の歴史を学ぶことの重要さは、どれだけ強調しても強調しすぎることはあるまい。読書の歴史を学ぶことは、こうしたデジタル化された情報の享受やその判断、評価に深く結びつきあっているのである。

第９章◉

読書と教育

読書の問題は、近代の国語教育の中でも大きな位置を占めてきた。国語教育や教材の歴史は、読者が生まれ、作られていく歴史に深くかかわっている。読書の歴史を学び、考えていく視座は、国語教育の過去と、そして今後を改めてとらえなおしていくことにもつながっていく。

1　国語科と読書

近代において、読む能力は、どのように教育されてきたのだろうか。あるいはこのことを、どのようにして明らかにしていけばよいのだろうか。近代において読書がどう教えられてきたのか、という変化をとらえる際に、国語教育の歴史から私たちは多くのことを学ぶことができよう。国語教育史には、国語教育の制度上の変化と、それにともなう教育内容や教授法、教材の歴史も含まれる。国語教育の歴史は、そのまま読者に反映されるわけではないにしろ、読者の能力がどう方向付けられ、価値づけられてきたかをとらえる重要な糸口ともなる。

だが、「国語教育」という枠組み自体が自明なものではなく、近代においてまずもって作り出されてきたことに注意しておかねばなるまい。そもそも国語という概念自体が、近代において創出された新たな価値でもある。それは「国家」、「国民」といった概念を、同じ言語を読み、書く能力を備えた成員からなる共同体として意識化させ、統合していく「思想」とも言えよう。

イ・ヨンスクは、こうした国民統合の役割を担う国語の理念が、一九〇〇（明治三三）年の国語科の成立や、それにともなう教科書、教材を通して教育制度に具現化していったとする。▼注(1) しかしながら、言語学（者）における当時の動向を、そのまま国語科の成立や、その政治的役割に直結するべきではない。当時の文部官僚の言説からは、そうした言語教育的な側面よりも国語科という科目に、他教科にまたがった知識教育を求めていた点も指摘されている。▼注(2)

国語教育が、言語を介して、民族や国家意識へと結びつく可能性は確かにあるが、それは為政者のレベルなのか、現場の教育者のレベルなのか、あるいはそこで教育を受ける読者の側においてなのかによって大きく異なる。特定の言語学者の言説を、国民国家へと直結してしまう議論は、それが実際の読者にどう広がったのか、そこにどういった教員や教材がかかわっていたのか、といった問題を捨象してしまう。国語科の設置段階でも、実際には教える側では教えるべき文体や文章イメージはかなり曖昧なものでもあった。▼注(3)

国語科という枠組みの変化は、それを読者、つまり生徒が享受する際の教科書や、そこでの教育方法に即して、より具体的に明かしていくべき問題なのである。国家、国民といった読者の成立のみではなく、様々な読者が生まれていく場としてもそれはとらえられよう。国語科の成立期や、それに先立つ国語教育史という領域は、一方で、「国語」を自明としない多様な教育の形が可能性として含まれてもいる。

「国語科」の設置以前は、それにあたる科目として読書、作文、習字があった。一八七二（明治五）年の学制と教則によって、組織化、編成された学科目では、読書科が設置され、それにあわせた二種の教科書『小学読本』が編纂される▼注(4)（図47）。そして一八七九（明治一二）年の教育令、それに続く一八八一（明治一四）年の小学校教則綱領、中学校教則大綱で、国語教育科目は、小学校では読書科・習字科となり、中学校では和漢文科となる。この読書科は、作文をも含むもので、一八八六（明治一九）年には作文科が独立する。

この小学校教則綱領では、読書がかなり具体的に規定されている。そこでは、言語の理解といった点にとどまらず「文体雅馴にして学術上益ある記事或ひは生徒の心意ヲ愉《よろこ》ハしむへき文詞」を選ぶことが推奨されている。▼注(5)読書の教育は、常にどのような書物を読むか、読ませるか、という問いと不可分に結びつく。そしてこの読ませるべき領域、分野をめぐっては、この時期には多様な立場があり、同時期に編纂された様々な教材や教科書からそのことをとらえていくこともできよう。山根安太郎は、国語科の成立にいたるこの時期を教材や教

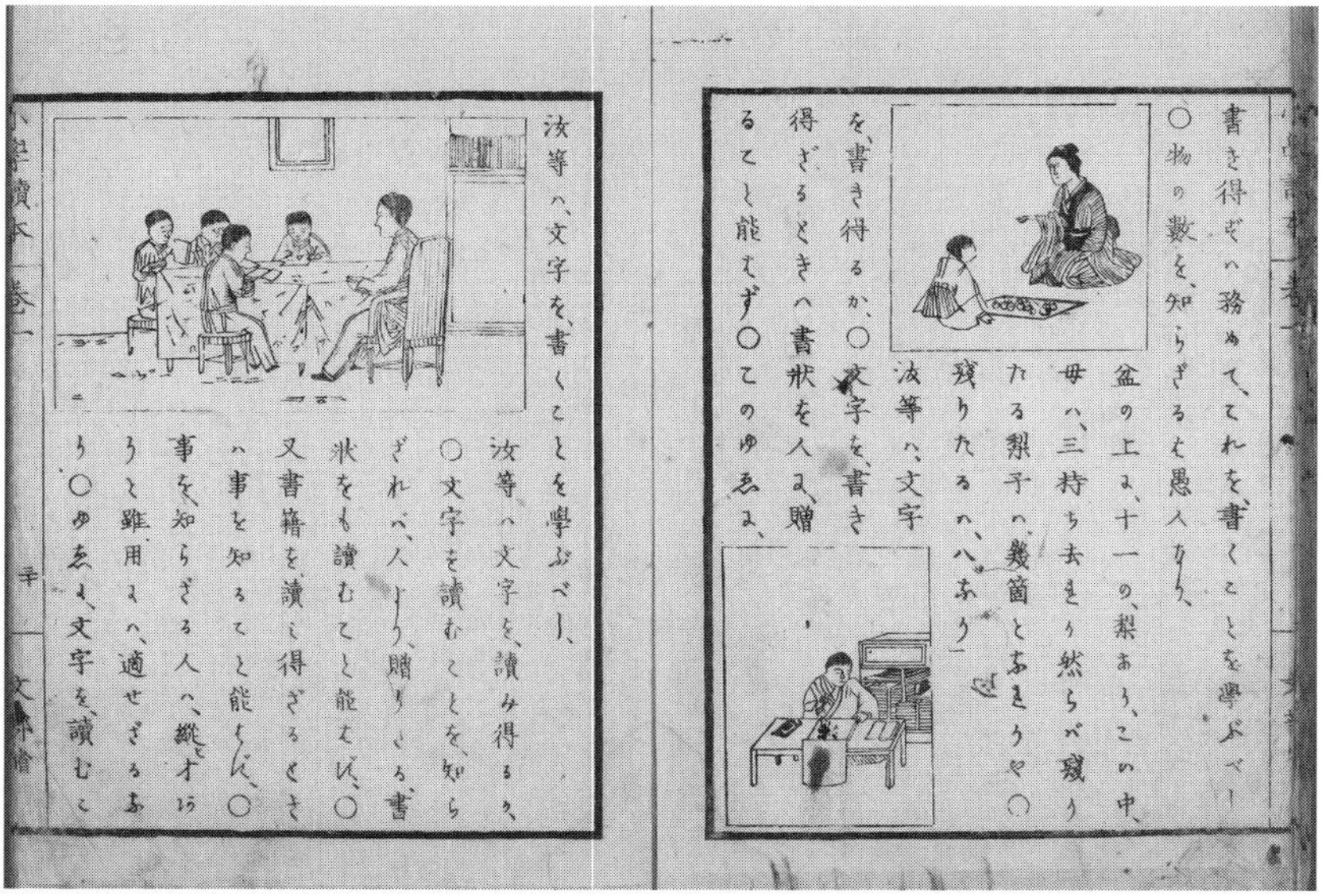

書き得ざれバ務めてこれを書くことを学ぶべし
○物の数を知らざるも愚人なり
盆の上に十一の梨あり、この中
母ハ三つ持ち去れり然らバ残り
たる梨子ハ幾箇となれりや○
残りたるハ八なり
汝等ハ文字
を書き得るか○文字を書き
得ざるときハ書状を人に贈
ることも能はず○このゆゑに

汝等ハ文字を書くことを学ぶべし
汝等ハ文字を読み得るか
○文字を読むことを知ら
ざれバ人より贈りたる書
状をも読むこと能はず○
又書籍を読み得ざるとき
ハ事を知ること能はず○
事を知らざる人ハ縦令才あ
りと雖用にハ適せざるな
り○ゆゑに文字を読むこ

図 47　読書の価値を説く『小学読本』

授用資料を丹念に検証しながら追い、そうした読むべき書物の延長上に、美談や逸話といった教材が発生していく点について注意をうながしている。[注(6)]

今日では、国語教科書は平易で短い単語、文章から、次第に難しい長文へといった段階を経るが、こうした読書を段階的に分けるという形式もまた、新たに作られてきたものである。こうした形式を備える『読書入門』や『尋常小学読本』が生まれ、同様の組織化された教科書が数多く現れる明治二〇年前後を山根は「教材の転機」としている。[注(7)]

では、国語科が設置される一九〇〇年前後には、こうした教材の転換、変化はうかがえるのだろうか。この点については、甲斐雄一郎の調査が詳しい。甲斐はこの時期にいたる国語教科書を広範に調査し、一九〇〇（明治三三）年の国語教材が、それまでと比べて口語文体、口語教材が急増している点を指摘する。同時期における沖縄や北海道の国語教科書の作成事業を視野に入れたうえで、これら

を含めて内地を統一する有用な言語として口語文体が教科書に採用されていったとする。▼注(8)

こうした方法は、国語科が様々な地域の読者を変容、統合していく力を、具体的な教科書、書物やそれを教授する場から明らかにするものであり、読書の歴史に教育という領域から光をあてていく手立てとして示唆的である。

国語を学ぶ、あるいは国語という教科で学ぶ、教えるという行為は、多かれ少なかれ政治的な意味を帯びざるを得ない。戦前にしても戦後にしても、国語という教科が言語だけを教えた試しはない。物語や詩であろうが評論教材であろうが、読者はそれらに宿された規範を肯定的であれ否定的であれ、あるいは意識する、しないにかかわらず、享受していくのだ。

国語という学科や国語教育の歴史を学び、批判的にとらえなおしていくことは、読者の近代を考えていくうえで多様な手がかりを見いだしていくための重要な方法なのである。逆に言えば、読者という観点は、国語教育史という領域に、具体的で明確なアプローチの方法と問題意識をもたらすものでもある。

特定の教育者の理念や制度として国語科の成立や変化をとらえるのみではなく、それがどう読者に広がり、共有されたのかをとらえていくことができる。国語や国語教育が読者にどう届いたのか、どのような場所で、どういう方法で読者とつながっていたのか、というプロセスに注目し、それを明らかにすることは、国語教育史にとっても有効な方法ともなり得よう。また、書物と読者の関係から言えば、国語教育史の中でも、特に教材史、教科書史が深いかかわりをもってくる。この点については、後の節で改めてとりあげることとしたい。

近代における国語教育は、読書の能力の向上をその教育目的としつつ、同時に読書という行為を意識化、対象化し、価値づけていくことにもなった。読書は一方では読者の内的な書物を「理解するプロセス」でもあるが、同時に、読書するという姿態、イメージは、社会的な意味をも担っていく。教育という場は、こうしたイメージとしての読書の成立や変化にもかかわっている。次にとりあげたいのは、近代におけるこの読書イメージについてである。

2 読書イメージの変遷

国語科が設置されたおり、文部省の普通学務局長の職にあり、その枠組みを実質的に作る任にあたったのは沢柳政太郎である。▼注(9) 彼は、国語という科目を、単に言語についての技能のみではなく、「情育」、「美育」といった言葉で、幅広い知識や情操を得るための手段としてとらえていた。▼注(10) その沢柳は当時の英米の読書論を参照しつつ、一八九二(明治二五)年に『読書法』を刊行する。▼注(11) ここでは読書の「利益」や書籍の「効能」が強調され、また「進歩」、「発達」と明確に結びつけられている。

同時期に訳出された『成功遂志勧学要訣』では、読書は学生が偉人となり、成功するための方法の一つとして位置づけられている。▼注(12) 発達や進歩への通路として、そして立志、成功するための手立てとして、読書の有用性を主張する読書論は、以降も様々な形で刊行されていく。これら近代の多くの読書論は、当時の読書の実態と合致するものではないし、また、しばしば教条的、道徳的で、理論的な根拠の薄弱な書物も多い。むしろ、これら近代に刊行された読書論や読書の薦め、読書法といった書物、言説は、その時代に理想化、あるいは規範化された読書イメージを明らかにしていくうえで重要なものと言えるだろう。

その時代に応じて、読書は様々なイメージを担い、評価や批判の対象となる。そのような「描かれた読書」

の一つとして、これら読書法や読書論の書物を位置づけていくことができよう。▼注(13) 読書は、これら過去の読書論の中で、そしてまた、過去の小説や絵画の中で、様々な価値や意味を担わされ、描かれる。

描かれた読者もまた、時代に応じて変化していく。江戸時代の草双紙に出てくる女性読者と、近代小説『浮雲』に描かれた女性読者の姿をもとに、そこにある断層を亀井秀雄は指摘している。洒落本や黄表紙では作中に読む女性を登場させる手法が用いられるが、これは、有力な読者層でもあった女性読者を意識した手法と言える。これに対して、『浮雲』では、読書する女性（お勢）は、皮相な欧化を体現する存在としてネガティブに語られる。そのため、女性読者は読むお勢に感情移入しがたく、疎外されてしまうとしている。▼注(14) ただ、こうした近代に描かれた読書をとらえていく研究は、まだまだ十分なされているとは言いがたい。

読書や勉学を成功にいたる行為として描く先の『成功遂志勤学要訣』だが、そこでは小説の読書は否定、批判の対象となっている。同じ読書にしても、小説を読むという行為は、明治期を通してしばしば否定的なイメージを担っていく。特に明治四〇年前後には、自然主義文学の隆盛を背景に小説の発禁が問題化し、生田葵山《いくたきざん》の『都会』のように、風俗壊乱として起訴され、裁判で有罪とされる事例も出てくる。▼注(15) こうした中で、青少年への小説の悪影響についての議論が盛んになっていく。雑誌『太陽』が一九〇八（明治四一）年の新年号で、青年男女に小説を読ませるべきか否かをめぐる諸家の意見で特集を組んでいるのはこうしたためである。▼注(16)

興味深いことに、小説が教育素材として積極的にその効用を認められ、広く教育の場に生かされていく動きもまたこの時期に活発化している。文部省は、小学校用教材への転用を視野に入れて、全国的な懸賞物語の公募を一九〇七（明治四〇）年に行う。▼注(17) また、その審査にあたった巌谷小波《いわやさざなみ》は、この時期に教科書参考書として小説を用いるべき点を主張している。▼注(18) また、文部省は、師範学校や中学校、高等女学校で教科書以外に読ませるべき書物を調査し、小説として『椿説弓張月』や『経国美談』、『思出の記』といった作をそこで示してもいる。[注19] 小説を読むという行為も、教育や統制の中に次第に組み込まれていくわけである。

読書する女性の姿が、ネガティブに描かれる事例について引いたが、読書する女性の姿を積極的に登場させ、それによって女性読者を引きつける表現も明治末には登場してくる。一九〇五（明治三八）年、國木田独歩の刊行する雑誌『婦人画報』がそれである。ほどなく刊行元の独歩社は破産、鷹見久太郎らの東京社に引き継がれる。[注20] この雑誌では、一九一〇（明治四三）年頃から、書物を読む令嬢や上流婦人が口絵に用いられ、『婦人画報』を読み、あるいは囲んでいる女性読者がそこでは用いられもする（図48）。上流家庭の「奥様」が書物を読んで夜を過ごす、あるいは髪の手入れをしてもらいながら書物を読む、といった姿がそこには現れる。[注21]『婦人画報』を手にしたり、三人で囲んで読む「令嬢」たちの構図もいくども登場する。[注22] また、満谷国《みつたにくに》四郎《しろう》「水仙」のように、書物を読む女性を材とする絵画が口絵に用いられもする。[注23]

図48 「令嬢鑑（三）」（『婦人画報』1909年11月）

女性読者が羨望し、あこがれる女性像を視覚的に提供するこの雑誌は、読書する女性の身体をその有力なイメージの一つとして見いだしていく。こうした読書イメージは大正期には皇族の画像をふんだんに用いつつ、雑誌のイコンとして定着していくこととなる[注24]（図49）。

読書する姿態、画像について集積し、論じよう

図 49「山階宮安子女王殿下」（『婦人画報』1915 年 8 月）

とする研究は多くはないものの、いくつか試みられてはいる。特に日本の場合、江戸時代から豊富な読書の姿が描かれており、女性にしても上層から中流階層、あるいは遊女を含めて、読書する姿を容易に見いだすことができる。▼注(25) ただ、その一方でこうした描かれた読書を扱う手続きには困難がともなう。描かれた読書は、その時期の読書の実態と必ずしも重ならない。描かれた読書の姿が、一般的な姿なのか珍しい姿なのかを特定する必要があるし、風刺や戯画化されている可能性もそこにはある。

時代や国、地域によって事情は異なるが、描かれた事例が少なければそこから何かを論じるのはなかなか難しい。日本の近代を対象とした場合には、描かれた読書のイメージは豊富であり、むしろ難しいのはそれら豊富なデータを、どのように整理し、どこに焦点をあてるかだろう。特定の雑誌、メディアや領域に焦点をあてたり、あるいは作者や時期によって絞り込むことで、その考察は可能になっていくだろう。

描かれた読書は、描かれた読書空間をも含めて、まだまだこれから論じられていくべき領域でもある。書店や図書館は、どのように描かれてきたのだろうか。こうした研究が今後出てくることを想像するだけでも楽しい。例えば図書館という場は夏目漱石の小説でもしばしば描かれる。一九〇八（明治四一）年に『朝日新聞』

に連載された『三四郎』では、大学図書館が重要な役割を果たす。熊本から上京し、帝国大学で学ぶ主人公の三四郎は、周囲の様々な人々と接しながら、自らの将来についても思いをはせる。選択肢として、彼には「三つの世界」が意識されている。簡単に言えば故郷に代表される過去の世界、東京に代表される華やかで活発な現在の世界、そして、図書館に代表される「現世」から離れた世界である。

漱石は教鞭をとっていたこの大学を離れる折、「大学で一番心持ちの善かつたのは図書館の閲覧室で新着の雑誌抔《など》を見る時であつた」と述べている。[注(26)] そこでの図書館員の私語が気になり、なんとかしてほしいと学長に訴えた書簡も彼には遺されており、三つの世界の中でもこの図書館に代表される世界に強く惹かれていたことがうかがえる。[注(27)]

だが、一方で彼の小説には図書館という空間やアカデミズムへの強い疑問や批判がしばしば描かれていることも確かだ。そこは時を超えて存在する静謐な空間ではあるが、同時に管理された、閉鎖的な空間なのだ。図書館という空間がもつ不自由さや制約に対しても、強く意識して描かれていることもその小説からはうかがえる。留学を終えて大学で教鞭をとっている『道草』の主人公の健三は、ある日、ともに歩いている年若い青年に、かつての自身を重ねながらこう語るのである。

「然し他事《ひとごと》ぢやないね君。其実僕も青春時代を全く牢獄の裡《うち》で暮らしたのだから」

青年は驚ろいた顔をした。

「牢獄とは何です」

「学校さ、それから図書館さ。考へると両方ともまあ牢獄のやうなものだね」[注(28)]

3　教科書・教材史と読書

教科書は、私たちが生涯出会う書物の中でも数少ない、集団で読むことを強いられる特異なメディアである。教科書の史的な変化が読者の変化に直結するものではないにせよ、教科書の素材の選択や、素材に付された様々な解説や注記が宿している思想性や規範性は、私たちの読み方を指示し、方向付けていく可能性を常にはらんでいる。それはときにはあからさまなメッセージとして、あるいは国語教科書に見られるような登場人物の形象や物語の展開といった形を通して、読み手に力を及ぼしていくこととなる。

国語教科書に限らず、どのような教科書も思想性や規範性から完全に自由ではあり得ない。それゆえ、広範囲で多数の読者に向けられた教科書の規範性は、潜在的な、あるいは間接的なレベルでの表現をも含めて、批判的に見直していく必要がある。教科書教材の選択、編成や内容のうちに、ジェンダーバイアスをとらえていこうとする研究は、こうした規範を批判的に意識化していく試みとして位置づけられよう。国語教科書をはじめとする教材から男女差別を抽出するという取り組みは、すでに七〇年代から見られるが、▼注(29) 実際にまとまった研究としてはやはり『教科書の中の男女差別』が代表的なものと言える。▼注(30)

こうした国語教科書におけるジェンダーに関する研究は、今後も作家、テクストレベルを含めて蓄積されていくこととなろうが、むろんジェンダーにとどまらず、児童や高齢者、障害者表象や、場所、国家を含めた空間的な表象を含めて、教科書は様々な規範を抱えており、まだまだ今後明らかにされるべき問題は多い。そしてこれらの研究は、読者の歴史を考えるうえでもきわめて重要となる。というのも、こうした視座は教科書言説から読者が性別役割や人種的偏見といった、様々な規範を内面化、身体化していく歴史的なプロセスを、多様な角度、資料から明らかにしてくれるからである。

国語教科書史の研究はまた、ある作家やテクストが、どのように評価され、受け入れられ、読まれてきたのか、という読者の享受史をとらえるうえでも有効だ。一定の基準、方針をもって選択される教材は、その時代にどういったテクスト、あるいは作家が、何ゆえ評価されていたのかを考えるうえでの手がかりとなるし、そのテクストを共通の知の基盤とした一定数の読者を想定することもできる。ただし、教科書への採録は、そのままその時代のそのテクストの評価を反映しているわけではない。教科書を制作する側の評価を一定程度反映してはいようが、それ以外の読者、例えばその教科書の使用者(教員)の評価とそれが合致しているとは限らない。まして生徒という読者がそのテクストを肯定的に享受し、それに影響されたかどうかはまた別に明らかにしていくべき問題である。

例えば樋口一葉は国定教科書期以前から教科書に数多く用いられてきた作家ではあるが、その採録テクストの数や箇所の詳細を明らかにするだけで享受史が明らかになるわけではない。それら教科書を実際に読み、さらには書くことへとつながっていった人々の記録とをつないでいく作業が、そこには必要となる。▼注(31) こうした読み手側のデータは、それぞれのテクスト、作家に応じて、まだまだ集積されていくことが期待されるし、そうした中で、読書の容態もより明らかになってゆくことだろう。

また、教科書にどのような教材を入れるのかを決定するプロセスも、教科書会社や教科書編集者の考え方のみならず、実際には様々な要因が作用する複雑なプロセスであることは言うまでもない。現在であれば学習指導要領やその改訂、検定事例等の情報から、さらには市場、すなわち教科書を採用する学校側の反応や制作、流通コストにいたるまで、様々な要因がそこには作用する。教材史では、教科書に採録される定番の作家や定番教材の研究もなされてきているが、その是非を単に内容レベルで議論する限り、議論の有効性は限られたものとなろう。教科書の制作、採用の一連のプロセスや、そこに作用する要因を含めて研究の対象とする必要がある。また、定番教材によって単純に読者が影響、形成されるというとらえ方についても、すでに批判がなされてもいる。▼注(32)

こうした定番教材についての研究では、定番になる、あるいは逆に定番からはずれる、といった動きを歴史的に検証する作業の中に、読書を検討する手がかりが豊富に含まれている。例えば、アルフォンス・ドーデー「最後の授業」の享受史をとらえつつ、国語教科書の定番からはずれる過程を追った府川源一郎の仕事は、享受の変化のただ中に身を置いた使用者、教員という読者の記録でもあり、貴重な試みと言えよう。▼注(33)この実践はまた、言語を押しつける側に無意識に身をおいてきた読者が、押しつけられる側の読者を発見し、意識していく過程ともなっている。

また、戦後の国語教科書については、学習指導要領の改訂による影響、制約が大きく作用する。二〇一七年に中学校、翌一八年には高等学校の学習新指導要領が文部科学省によって公示され、四年後にはそれに準拠した新たな教科書が用いられることとなる。高等学校の場合、詩や小説と論説文で構成されていたこれまでの「現代文」が、詩や小説を扱う「文学国語」と、それらを含まない実用文を中心とした「論理国語」に分かれ、その一方しか履修できないカリキュラムも学校によっては予想される。▼注(34)

小説や詩といった素材を含まない国語科のカリキュラムや教科書の是非が問題となる。だが私が危惧するのは、文学的な素材の多寡よりも、国語教育が実用と鑑賞といった単純化されたイメージに二分されること、そしてまた文学の教育が小説の解釈や鑑賞というこれまた狭隘で単純化されたイメージに押し込められることだ。国語という科目は、読書について学び、考える科目となり得る可能性をもっている。それはつまり、本書で扱ってきた広範な問題、出版物の流通や販売、翻訳や検閲の問題、あるいは図書館や知る権利の問題に結びつく可能性をもっているということだ。

こうした問題はこれまでの国語教科書では扱われてはこなかった。二〇一七年に公示された国語科の指導要領にしろ、過去の指導要領にしろ、読書の意義や効用にはふれるものの、漠然とした概念として読書を用いているにすぎない。国語の教科書が、検閲官のコメントを付された図書の写真を一枚掲載するだけでも、表現と読者の歴史について多くの学びが得られると思うのだが。

教科書史や教材史、特に国語教科書のそれが読書の歴史を考えるうえでどのような手がかりを提示してくれるのか、その可能性や限界とともに考えてきた。とはいえこうしたアプローチには、まずその前提として、いかなる教科書、教材が、どこで、どれだけ用いられてきたかという情報が必要である。その点では、教科書、教材についての各種索引やデータベースの整備が、研究を大きく左右していくことになる。

現在では、戦後検定期については小中学校の国語教材では東書文庫をはじめとしてオンラインでの教材データベースが整備されてきており、戦前についても国定教科書に関しては尋常小学校、旧制中学校をはじめとして冊子体の索引がこれまでに作成されてきた。▼注(35) とはいえ、高等学校を含めた国語教材のデータベースは、十分整備されているとは言いがたい。▼注(36) また、こうしたデータを用いて読者について考えていくためには、まずもって教科書という書物自体の変化や読者への広がりについての基本情報が必要だ。

これらデータベースは当然のことながらすべての国語教科書をカバーしているわけではない。小学校教科書にしても、国定教科書期より前となると、地域や時期による差異も大きいし、そもそも小学校令施行規則に基づいて国語科が成立する一九〇〇（明治三三）年より以前では読書科や作文科で用いられていた教材の検討も必要になる。どこで、どれだけ、どういった教科書が用いられていたかといった問題を抜きにして、教材と読者の関係を問うのは難しい。

どこで、どういった教科書が、どれだけ用いられていたのか、という問いは、けっして自明のことではないし、明らかになっているわけでもない。教科書、教材史の中でも、戦後初期を重点的に調査対象とした吉田裕久の仕事は、こうした点を考えるうえで示唆的である。戦後初期の削除・修正教科書の地域的な差異や、一時的に用いられた暫定国語教科書の具体的な実態や多様性をとらえた『戦後初期国語教育史研究』、同じく占領初期の沖縄で作成されたガリ版教科書を丹念に収集した『占領下沖縄・奄美国語教科書研究』は、どこで、どういった教科書が用いられていたのか、という基礎的な資料の空白を埋めてくれる調査となっていることは今更指摘するまでもないだろう。▼注(37)

そして教材は、同時にそれら教科書の編纂、印刷や供給、使用といった、読者に「たどりつくプロセス」の中で教科書をとらえていくことが重要だ。これらのプロセスはそれぞれに互いに関係し、影響し合いながら存在している。供給や流通のプロセスは、教科書の内容と比べて無視されがちだが、内容を規定しもするし、読み方を方向付けもする。地域や時代によって異なるのは、教材の内容の差異ばかりではなく、これらすべてのプロセスについて言える。そして、読書は、そうした差異の中で作り出されているのである。

4　アーカイブズ教育と読書

今現在、私たちが読むことができる文書や書物は、過去から現在まで引き継がれ、遺されてきた書物であり、それは私たちのいわば知の地平をなしている。その書物があり続ける限り、様々な場で、そして後の様々な時代で読者との接点は生み出されていく。逆に言えば、将来どのような書物が読めるかという問いは、これらの書物をどれだけ、どのように遺していくかにかかっている。現存する書物の保存事業は、まさしく未来の読書の命運をにぎっているといってもよいだろう。したがって資料の整理、保存と維持についての問題は、現在の読書環境を考えるうえでも、また将来の読書環境を考えるうえでも欠かすことができない。

資料を適切に保存し、公開していく学として、アーカイブズ（あるいはアーカイブズ学）、すなわち記録史料学がある。記録史料学は、様々な形態の資料を保存し、多くの人々へと公開していく方法を考える領域であり、基本的な文献も多い。▼注(38)アーカイブズと言えば古文書、歴史文書といったイメージを抱く人々も多いかもしれないが、現在の行政文書や各種企業の記録も当然そこには含まれる。文書の保存、管理、そして公開の重要性について、日本ではまだ一般的な認識としては根付いていないということは、公文書館などの公的な組織の未整備とともにこれまでもしばしば指摘されてきた。▼注(39)

公文書の体系的な保存と公開のための公文書管理法が、日本でようやく施行されたのが二〇一一年四月である。大規模な震災で人命とともに膨大な文書や書物が失われ、混乱の続いていた時期でもあった。アーカイブズは単なる保存・保管をめざすものではない。というよりも、すべてを遺せないときに、何を、なぜ廃棄するのか、という問いと向き合ってきたといってもよいだろう。

そしてまた、アーカイブズの目的は、保存や保管とともにそれを多くの人々へと公開することにある。いくら厳重に保存しようとも、それが誰にも公開されないのであればその資料が存在している意味はない。この目的を失えば、アーカイブズは収集や保存自体を盲信したり、特定の個人や組織に有利な資料のみを保存、公開することで、多くの人々の利益とは相反する役割を果たし兼ねない。

アーカイブズの目的の中でも忘れてはならないのは、それら文書や書物を収集、保存することのみならず、それを多くの利用者、読者へとつなげていくことである。文書や書物が、現在の、そして将来の読者にたどりつく道筋、流れをどのように作り上げていくか、がそこでは課題となる。資料保存の実践を通して、様々な資料を見いだし、保存し、それを読者へと結びつけていく道筋を学んでいくこととなる。そしてこの作業は、まさに読書の歴史について実践的に学ぶ場ともなってくれる。というのも、これまでに述べてきたように、読書の歴史は、書物が読者に「たどりつくプロセス」がいかに生まれ、変化してきたか、なのだから。

文書や書物と読者との間をつなぎ、作り出していく地点を考え、学ぶという点で、アーカイブズは読書の歴史研究と重なる。記録史料学は、書物を未来の読者へとつないでいくための「あいだ」を考え、そしてその「あいだ」をつなぐ実践的な場といってもよいだろう。したがって、読書の歴史を学んでいく際に、アーカイブズ学習、つまり資料の整理や保存、公開という一連の実践は、非常に有効なものとなる。

こうした実践は、実は日本文学研究や日本史研究の領域でもしばしば実践されてきたものなのだが、あくまで研究の手段や調査の一技術と見なされ、必ずしも必須のものとはされていないし、体系的に教えられてきてもいない。だが、こうした実践は、単に調べる技術に止まらず、読書の歴史を学ぶための重要な手立てなのである。

こうした理由で、私は読書の研究・教育の一環として、学生たちと様々な資料の整理、保存、公開の活動を行ってきた。例えばそうした活動の中に、日本力行《りっこう》会の所蔵資料整理がある。日本力行会は一八九七（明治三〇）年に生まれ、苦学生の支援、救済活動から海外移民を推奨し、その後も民間の移民支援、教育機関として活発な活動を展開していく。私がもともと関心をもったのは、人々を海外移民へと向かわせていく移民ジャーナリズムにあった。日本では明治三〇年代に渡米ブームが出現する。[注40] 移民ガイドや移民情報誌がベストセラーにもなるが、それら移民言説がなぜ、どのように読者を海外へと引きつけていったのかに関心をもっていた。[注41]

図 50　日本力行会での蔵書調査

調査に入ったのは二〇〇一年のことだが、この機関には、明治時代からの会の機関誌が保存されており、会誌『力行世界』には海外に移民した様々な人々からの通信、文芸、移民動向や移民地情報が豊富に含まれていた。また、同機関の図書室には、書物以外にも幻灯や写真、手紙や日記などの、数多くの一次資料もあった。その後、多くの学生や研究者の協力を得ながら、この機関の資料の整理、保存、目録化や公開を進めていくこととなった（図50）。幻灯資料を含めた年史の発行をはじめ、二〇一三年には大正期から戦中にいたる『力行世界』の復刻とその総目次の出版も、不二出版を通して実現する[注42]（図51）。そしてこうした活動は同時に、失われつつある、忘れられつつある文書や書物を、広く読者に届けていく方法を学んでいく実践的な場ともなってくれた。

資料の整理、保存を通して読書の歴史を学ぶ、というプログラムを、

図51　日本力行会の移民情報雑誌

私は現在は勤務校である早稲田大学で中央図書館の協力を得て行っている。これは早稲田大学大学院の科目の中で行っており、教育学研究科（国語教育専攻）と政治学研究科（ジャーナリズムコース）の大学院生が参加している。図書館の未整理資料の整理や翻刻、公開という一連の実践を通して、書物と読者の歴史への認識を深めていくことを目的としている。[注43] 目前にある雑然とした資料を整理し、保存を考え、読者に公開する手順をデザインし、整えていく作業は、いわば自分で未来の読者に向けた小さな図書館を作っていくエクササイズのようなものといってもよいかもしれない。

アーカイブズについて学び、実践することは、過去の歴史資料を保存するというよりも、現存する資料を将来を含めた読者に向けて伝え、歴史そのものを作り出していく営みである。そしてそのことはまた、現在の情報環境への批判的な目を作り出していくこととも深く結びついていく。身近な組織や機関が、どのような資料を遺し、公開しているのか、ということへの注意と関心を培っていく可能性がそこにはある。非公開資料、あるいは処分される資料、その公開、保存の規準や期間、これら多様な要因のいずれもが、それらの資料が読者に届く流れをさえぎる要因ともなる。特定秘密保護法が強行採決された現在、こうした資料の保存と公開について学んでいくことの重要性は今後ますます強まっていくこととなろう。

5　読書の歴史とメディア・リテラシー

読書の研究はまた、日本でも九〇年代末からよく用いられるようになってきたメディア・リテラシーという概念とも重なり合っている。メディア・リテラシーという言葉は、様々なメディアが作り出す情報を、私たちが批判的に理解し、さらにはそれらメディアを通して表現していく力を意味し、その力を身につけ養う教育や取り組みをも含んで用いられる。▼注(44)用語自体は新しいが、新聞や雑誌、テレビといった個々のメディアを対象にした研究は、社会学や文学、歴史学など、既存の領域で取り組まれてきたことであり、全く新しい領域が急に出てきたわけではない。その意味では、メディア・リテラシーは確固たる領域や方法としてよりも、どの学問領域にでも応用可能な、考え方の枠組み、基本姿勢として重要な意味をもっているととらえることもできよう。

メディア・リテラシーという概念は、メディアが作り出す受け手間の不平等や、メディアの送り手と受け手の間に生まれる支配／被支配関係に対する批判的な問題意識に裏付けられている。▼注(45)「市民」や「民衆」という情報の受け手への共感、関心といってもよい。つまり、メディア・リテラシーという用語が様々な領域で流通し、用いられていく中で、受動的で透明な情報の受け手イメージが、批判的で可視的な情報の受け手イメージへと転換し、関心を向けられるようになっていったといってもよいだろう。

ただ、こうした問題意識が、必ずしもメディア・リテラシーの研究や教育に生かされているとは限らない。例えば文学の研究や国語教育は、特に活字メディアを対象としてそれらを理解し、表現する方法に関心を向けてきた。しかし、これら領域の中心はあくまで作者、あるいは表現にあり、その享受や読書には十分な関心は払われてきていない。国語教育や国語教科書においても、近年はメディア・リテラシー教材の充実が提唱されてはいる。▼注(46) だが、国語教育に新聞やテレビを用いれば、あるいは新たなメディアを素材にしたり、それを用いて創作させれば、それだけでメディア・リテラシーが身につくわけではない。むしろそれは既存の文化の単なる再生産になりかねない。画像、図像と文字言語素材との間で、理解するプロセスにどういった違いがあるのか、基礎的な用語や概念を整備していくと同時に、教育実践の際の実効性を十分に検証していくための取り組みが課題となろう。▼注(47)

国語教育にメディア・リテラシーを導入しようというのであれば、別に新聞やテレビを用いなくとも、例えば国語教科書がどうやって作られ、審査され、手もとに届くかを教えればよい。それが戦前と戦後でどう変わったかを、そしてそこにどのような問題が生じているかを考えればよい。メディア・リテラシーとは、批判的にメディアをとらえる力であり、それを学ぶ際に教科書というメディアほど身近で、かつ広範な問題を含んだ格好の素材はまたとないだろう。

とはいえ、こうした書物が読者へと「たどりつくプロセス」については、国語教育や文学研究の中にうまく取り入れられているとは言いがたい。だが書物が読者にいたる流れやプロセスに対する関心を欠いたまま、ただ漫画やアニメーションといった視覚メディアやサブ・カルチャー素材を扱ってもメディア・リテラシーが養えるわけではないのだ。また、メディア・リテラシーは、具体的な素材分析の手法としては、一定の確立した手法を提供しているわけではない。漫画やアニメーション作品への細かい分析手法を身につけるには、映画や写真、絵画の研究や文学研究の領域で蓄積されてきた手法も参考になろう。

では、具体的に国語教育や、文学研究の領域において、メディア・リテラシーを生かしていくにはどうすればよいのだろうか。何を素材として、どのようなことを考えていけばよいのだろうか。私は、書物と読書の歴史を学ぶことが、その具体的な方法であると考えている。より具体的には、書物が読者にたどりつくその流れをとらえ、そこに生まれる様々な読書の制約を考えていくこと、すなわち本書での問題構成が、その実践の事例と重なるものと考えている。一言で言えば、「国語教育、国語教科書に読書の歴史を組み込む」ということが、メディア・リテラシーを具体的に教育実践に移していく有効な方法ともなるわけである。

むろんメディアとしては、映画やテレビ、ビデオ・ゲームといった形態は無視できないが、多様なメディアを網羅的に教えることは難しいし、いかなるメディアを研究するにしても、それらと比較・対照するための枠組みが必要だ。長い歴史とその研究の蓄積をかかえた書物というメディアは、そうした比較・対照の枠組みとして利用できよう。現在のメディア環境を考えるにしても、過去の読書環境と何が、どう変わったかとらえることで、具体的な批判や評価が見えてくることにもなる。

とはいえ、メディア・リテラシーは、読書と同様に、文学や国語教育という領域に限られた問題ではない。むしろメディア・リテラシーを、すべての科目を形作るために必要な要素としてとらえるべきとの指摘も早くからなされている。▼注(48) メディアは歴史情報から医療情報、経済の情報といった多様な情報を作り出していく以上、それらを批判的に享受する力を養おうとする試みは、どの領域においても重要な取り組みになろう。そしてまた、これら多様な領域のリテラシーが、実際のメディア享受では必要になる。例えば原発の事故報道一つとっても、その批判的な享受には、報道やメディアに対する分析力のみではなく、科学的な知に対するリテラシーが大きくかかわってくることは明らかなのだから。情報を吟味し、その理解を自省的に見直しながら創造していくプロセスは、どの学問領域でも基盤となる能力でもある。高等教育を含めた場でそれを批判的思考（クリティカル・シンキング）として生かして行く試みもなされているが、そうした試みでも、多様な知の連携やかかわり

合いに関心が向けられている。▼注(49)

書物と読者の関係をとらえ、その過去と未来とを考えていくことは、メディア・リテラシーの具体的な実践ともなる。そしてここで特に強調しておきたい点は、メディア史的なアプローチの重要性である。メディア・リテラシーという概念で問題が設定される際、しばしばそこでは現代性や現在が強調され、メディアや享受者の歴史に対して十分な関心が向けられない。しかしながら、「現在」のメディア分析と「過去」のメディア分析の境界は明確なものではない。現在の読書研究の事例は程度の差はあれ瞬時に過去の事例となろうし、一方で読書の歴史はあくまで現在からの問いかけと探究なのだから。だからこそ読書は、歴史的・地域的な違いを含めた現在との差異を比較、対照しながら、批判的な意識を土台にしてとらえていく必要がある。

読書の歴史を学ぶ、ということが、メディア・リテラシーを実践していく有効な方法ともなることをここでは述べてきた。また、それを国語教育や文学研究の中で具体化していく可能性もあろう。ただ、一方で読書の歴史を学ぶ、ということが、国語教育や文学教育を含め、既存の領域を批判し、疑うことにつながっていく可能性もある。そこでは、教科書というメディアや国語という教科そのものが読者に向けて作り出す偏向や制約へと目を向けることになろう。だが、そこにこそ読書について学ぶ意味もある。読書を学ぶことの意味は、国語という学科の単なる維持や再生産にあるのではなく、私たちが読書の不自由さを見いだしていくためにあるのだから。

第 10 章 ◉

文学研究と読書

文学研究は、広く言えば読書という営為の一つである。したがって文学の研究方法やその歴史を、読書の歴史の中から見直してみることが可能となる。文学研究においてもまた、読書について多くのことが明かされてきた。読書という営為として文学の研究を改めて見直していくことはまた、文学研究の可能性や役割を考えていくうえでも有効だ。

1　文学理論の中の読書

文学の研究と聞いて多くの人が想像するのは、著名な作家を、その作品を通して研究する、というスタイルの研究である。小説から作家の意図やメッセージを解釈する、という方法は非常に理解しやすい。それは、話し相手の意図を日々解釈する、私たちの日常的なコミュニケーションと似ている。こうしたスタイルの研究は非常に一般化された研究イメージではあるが、一方で私が研究をはじめた一九八〇年代には、批判的にとりあげられる研究方法となってもいた。当時の文学研究の状況から、その後の研究方法の展開、流れを簡単に追いながら、読書という問題がそこにどうかかわってくるのかを述べていこう。

さて、先の研究方法のいったい何が批判されていたのか。その批判は、作家の研究自体を否定するというより、文学研究の最終的な到達地点を、作家の精神や内面の解釈に置いた価値観や方法への批判といった方がよいだろう。小説は作家の意図やメッセージ通りに読まれるとは限らないし、またそのように読まねばならないわけでもない。作者が分からない場合もあれば、複数の作者による制作のように、そもそも作家の意図そのものが判然としない場合もある。また、作家についていくら研究しても、それによって小説の形態や表現の効果が明らかになるわけではない。小説は、別にその作者の説明のためにのみ存在しているわけではないのだ。

しかしながら、作家研究を至上で自明のものとする作家主義的な価値観が当時の研究環境を作り上げていたし、また文学の研究者を強固に縛ってもいた。まさに、そこは不自由な読書の場であったといってもよいだろう。作家は当時の文学研究者にとって共通の通貨のようなもので、「芥川」や「漱石」といった、用いる人の多い通貨が強かった。研究者として就職したいなら、こうした著名作家を研究する方が有利、ということもごくふつうに耳にした。作家研究がすべて批判されたわけでも、また否定されるべきでもなく、こうした不自由な読書が強固に制度化していたことこそが問題だった。

そしてまた、作家の内面を唯一の到達地点としないことで、文学研究に新たな可能性がその後に開けていったことも確かだと思う。例えば実体としての作者と、小説の世界を作り上げる語り手とを切り離して、後者の機能を論じることも可能になった。つまり、小説の語り方の形態や役割を研究の目的とすることもできるわけである。▼注(1) あるいはそうした語り方を、一作家ではなくある集団や階層からとらえることで、ジェンダーやエスニシティに焦点をあてる研究も可能となる。

となると調査する対象も単一の作者の言葉に縛られることなく、ある時代の言説を広く扱うという方法も可能になる。例えばある時代の「少女」や「少年」をめぐる言説を拾い、その枠組み、あるいはその境界を論じるといったことも可能となる。病や性をめぐる言説をとりあげて、「正常」と「異常」の境界を見いだし、それを問い直す、といったこともできよう。こうした方法は、実際に文学研究のみならず、歴史学や社会学も含め、広く実践されてもいった。▼注(2)

実体としての作家やその体験と、いったん切り離して小説の表現を扱うことで、研究の対象や方法が大きく変化する。ただし、こうした方法は、小説をその作者やそれが書かれた時代から切り離して、今の読者の解釈したいように自由に解釈し、評価すべきとする考え方に直結するべきではない。それはむしろ一番安易で危うい考え方でさえある。

むろん小説の生まれた状況や背景を無視して、読んでいる読者自身の経験や感覚を優先して、小説を解釈することはできる。しかしそのように優先した感覚や経験は、一般性をもつわけでもなければ時代を超えて永続するものでもない。そうした読み方は、その読者の置かれた自らの歴史的な位置からあえて目をそらしただけであって、自由な読書などとはほど遠い読み方なのだ。

作家中心主義への批判や、テクストの形態に関心を向けようとする研究方法は、けっして作家や作品の生まれた時代背景を無視せよという考え方ではない。というよりも、作家にしろ、作品の時代背景にしろ、等しく言語として研究対象にしよう、ということである。作家を唯一神聖な目的地とするのではなく、作家もまた作品同様、一つの資料の集合体としてとらえようということなのだ。

こうした問題意識は、作家研究にも新たな可能性を作り出していくものでもあった。作家を実体的にとらえ、その内面を解釈していくというよりも、作家像をある種のフィクションとして、作られたイメージとして研究していくことが可能ともなるからだ。▼注(3) 個別の作家を素材として、その作家が神話化されていくプロセス、あるいは逆に文壇や文学史から忘れ去られていくプロセスを追い、その要因や影響をとらえていくような研究も可能となる。また、そうした作家イメージそのものが小説の受容や享受で大きな役割を果たしていくようになる環境を分析、批判することもできよう。▼注(4)

近代文学の研究状況は、作家という作る側の内面に主に向けられていた関心が、次第に、作り手の情報も含めて、作られた表現へ、そしてその表現が果たす役割への関心へと広がっていったように私には見える。あるいは作り手とその表現との関係に向けられていた目が、表現とそれを読み、享受する読者との関係へと移っていったと言ってもよいだろう。少なくとも、そうした研究状況に対して、自らの研究を位置づけ、意味づける必要を誰しもが抱えていたのではないだろうか。むろん研究方法は単一ではないし、単一であるべきでもない。だが同時に、いかなる研究も研究状況から切り離されて意味や価値をもち得るものでもない。

作家の情報であれ、語り方のようなテクストの構造や特徴であれ、読者なしには意味をもたない。また、読者側の読み方や能力次第で、それら表現の作用は左右されよう。つまり、読書、あるいは読者は、こうした文学研究の方法の中で、基盤となるような位置を占めているといってもよい。▼注(5)

文学の研究は、この表現と読者の関係を基盤にして考えていくべきだと私は考えている。というよりも、文学研究は、この基盤からのがれることはできない。あえて目をそらせることはできようが。最初に述べた作家への関心や、作家を神話化していく研究動向は、唯一の研究方法というよりも、ある時代に力をもった読み方、読書の方法の一つなのである。文学研究の歴史は、その意味ではまさしく、ある種の読書の歴史にほかならない。文学研究は、読み方の制度の歴史としてとらえることもできようし、その制度を明かしていくための手がかりに満ちてもいる。

文学研究のうちにも、文学をその時代に権威づけされた制度、あるいはカノン（規範）としてとらえる研究もすでに数多く見られる。こうしたカノン形成を問う試みは、その時代の読書の規範がどう生まれ、どのような役割を果たしていたのか、を明かしてもくれる。これもまた、読書の歴史を見いだしていくための、一つの有効な方法として考えることができよう。▼注(6)

ただし、これらの制度やカノンに向けられた批判は、一方でそれを補強したり、維持するためにも機能する。重要なのは、批判の向こうに新たな問題の領域を接続することであり、読書へのまなざしはその一つの可能性と言える。

2 享受史、受容史

文学の研究の歴史は、同時に読書の蓄積、歴史である。それゆえに、ある作品の研究史をふりかえる、あるいはこれまでの評価をふりかえる、という作業は、同時に読書の歴史についても多くの示唆を与えてくれる。こうした研究がかなり意識的になされているのが、享受史や受容史と呼ばれる領域である。例えば平安時代に生まれた『源氏物語』や『狭衣物語』は、中世以降長い享受の歴史をもっている。それらが江戸時代、あるいは近代において、どのように読まれ、研究され、あるいはそれらをもととした新たな創作へと派生していったのかが享受史の研究対象となる。

日本文学研究の中で、享受史研究がもっとも充実し、詳細になされているのは、やはり『源氏物語』だろう。『源氏物語』の成立は平安中期とはいうものの、それぞれの時代において読者との関係を作り上げている以上、『源氏物語』は中世の作品でもあり、江戸時代の作品であり、そしてまた現代の作品でもある。平安時代の『源氏物語』が唯一研究すべき対象ではないし、現在の研究を含め、それぞれの時代の享受から自由な研究など存在しない。そもそも『源氏物語』の本文自体中世以降に写されたもの、すなわち享受されたものであり、かつその享受された本文さえ単一ではない。

『源氏物語』の享受をめぐる多彩な研究は、ある作品の読み方や評価が、それぞれの時代や状況におかれた読者に応じて揺れ動くものだということをよく示してくれる。▼注(7) すなわち『源氏物語』にしても永続的で普遍的な価値をもっているわけではなく、それぞれの時代の読者や読者を取り巻く状況に応じて、その価値が作り出され、あるいは批判・否定される。

江戸時代の出版文化の中では『源氏物語』は数々の梗概書や注釈書、世俗的な絵本として、あるいは俳諧や浮世草子、戯作を通した改作やパロディとして、広く享受されている。この物語は、日本の国家、あるいは国民の文化、歴史を代表する古典として、近代、特に明治二〇年代の後半以降、教育、学問の中で位置づけられ、規範化されていく。▼注(8) この点は近代的な文学史概念の生成と流通の中で、すでに指摘されている点である。

しかし、近代においてもその享受、評価は大きな変動を見せてもいる。代表的な古典として教育や研究の中で位置づけられはしても、近代文学の中にそれが生かされていくわけではなかった。自然主義文学が隆盛を迎える明治三〇年代後半には、その時代の言語で、その時代を写し取るという方法意識が優勢であり、すでに解釈の困難な過去の文体で書かれた『源氏物語』に作家たちの積極的な関心は向けられない。昭和初期にアーサー・ウェイリーによって『源氏物語』が海外で翻訳されて評価を得、そこから日本の近代作家たちが新たな価値を見いだしていくこととなる。▼注(9)

また、国語教育における享受、利用から見れば、明治、大正期における旧制中学校や高等女学校の国語教科書では『源氏物語』の採録はわずかであり、それが急速に増えていくのはようやく昭和に入ってからである。▼注(10) 小学校では一九三八（昭和一三）年から使用された国定教科書『小学国語読本』に作者の説明と口語訳も掲載されることとなる。▼注(11)

こうして昭和に入って教科書や近代文学者による現代語訳によって評価、享受されていく一方で、同じ時期に『源氏物語』が不敬の書として批判、享受されていたことも多くの研究がすでに指摘している。▼注(12) 臣籍に降下した光源氏が、義母であり、皇后である藤壷と密通し、さらにそこで生まれた子どもが天皇の実子として天皇となる。さらにそのもとで光源氏は太上天皇（天皇がその位を譲った後の尊号）に準じるような地位にまでいたる。

これは天皇の系譜が万世一系で神聖不可侵のものであった時期には十分に危うい物語となる。それゆえに谷崎潤一郎が現代語訳を行う際にも、国語学者の山田孝雄《よしお》とやりとりをしながら、先述した危うい要素が削除、変更されていくこととなる。▼注(13)

私たちは、ここに名作が過ごした不遇な一時期を見るべきではあるまい。むしろ「名作」かどうかさえもが、その時代の読者や状況に応じて変動するものであることを見るべきだろう。そしてまた、そのように読み方を変える読者と、そこに働く力との関係に目をむけるべきだろう。すなわち、読者の側に。

『源氏物語』研究は、こうした読者側へと積極的に関心を向け、活発な享受史研究を展開していることは先述した通りである。先に、これまでの近代文学の研究動向をふりかえりながら、研究の関心が、作者や作品への関心から、それを読む側へと移ってきた点についてふれた。『源氏物語』の活発な享受史研究は、一方でこの研究動向とも明確に呼応している。▼注(14) 『源氏物語』の作者や起源の研究が、唯一の研究でも正しい研究でもない。例えば『源氏物語』が現在の漫画コミック、映画、教科書といった場で、どのように享受され、新たな表現と結びついているかが今では問われてもいる。▼注(15) そこでは、後の時代の読まれ方や、そこで生まれる二次的、三次的な創作も、起源と同様、あるいはそれ以上に、関心を向けるべき領域なのである。

このことは、『源氏物語』本文自体のとらえ方の変化としても表れていよう。唯一の起源として本文を探し、価値づけるというとらえ方から、時代ごとに写され、享受された多様な本文と読者との関係を重視しようというとらえ方への変化である。中世以降の様々な写本として、現在には様々な『源氏物語』本文が遺されている。大正時代の後期からは、これら様々な伝本の蒐集、調査がなされ、一九三二(昭和七)年には池田亀鑑《きかん》による系統分類が提唱、諸本への関心も高まっていく。▼注(16)

これまでに見つかっている『源氏物語』諸本は一五〇から二〇〇種に及ぶというが、現在ではそれらの諸本を扱う際にも、どれが正統であり、もともとの『源氏物語』の形に近いのか、という問い方自体が見直されてもいる。作者や起源への近さをもとに諸本の価値を序列化するよりも、物語が複数の本文として存在していることを受け入れ、その揺れや違いに積極的な関心を向けていくわけである。▼注(17) 唯一の作者、作品ではなく、それぞれの時代にそれぞれの本文を享受した読者があり、読書がある。その意味では常に複数の形で存在した『源氏物語』をこそ究明すべきであろう。

こうして考えるとき、享受史、あるいは受容史は、文学の研究方法の一レパートリー、あるいは一部分というよりも、むしろ文学研究の土台、拠点としてとらえる必要があると思われる。あるいは文学研究の全体を、享受史という観点から一度見直す必要はないだろうか。享受者、読者を欠いたところに、いかなる表現も、その評価も成り立ちはしない。

また、享受史は、自らの研究する（読む）ことそのものを研究する、という意味で、常に研究への反省と見直しの契機をはらんでいる。文学研究という読み方が、これまで果たしてきたこと、そしてまたこれから担うべきこととは何なのか。その問い直しをまず起点におくことなく、いったいどのような文学の研究が可能というのだろう。読書を問うという行為は、文学研究の起点でもあるのだ。

3　表現の分析と読者

作者という唯一の起源に価値を置くのではなく、詩や小説の表現の形態に関心を向けることで、文学研究は語や文という単位よりも大きいテクストという形式を詳細にとらえるための手立てを見いだしてきた。ナラトロジーの理論や物語論といった形でまとめられた多くの研究から、テクストを様々な語り方や細分化された物語の要素とその構成パターンとしてとらえる手立てが生まれてきている。こうした表現を分析する手法について概観しながら、それが、読書を研究する場合にどういう形で役立っていくのかを考えておきたい。

語り手は、読者に提示する情報を様々なパターンで制限することを通して、異なる物語の空間を作り出すことができる。逆に言えば、すべての物語は語り手の能力やその型の分類のもとに位置づけることができることになる。語り手の信頼性という枠組みで様々な語りの型を系統化してとらえようとしたブースの『フィクションの修辞学』や、さらに詳細な語りの類型化を通して、あらゆる小説を位置づけようと試みたシュタンツェルの『物語の構造』といった研究からは、表現の特徴を考える際の手がかりを数多く見いだせよう。▼注(18)

また、物語を一連の出来事のつらなりとしてとらえてみた場合、その物語を細かい出来事の単位に分け、それら単位の順序や組み合わせとして表すことができる。こうした方法をとれば、すべての物語を、どのような単位が、どのように並んだものか、という観点から系統的にとらえることも可能になる。プロップの『昔話の形態学』は、こうした試みを行った代表的な事例だが、多数の似通った物語を扱う場合には、その中にいくつかのパターンを見いだしたり、その形態の変化をとらえたりするこうした手法が役に立つ。▼注(19)

詩や小説の形態を分析する際に生まれてきたこうした手立ては、文学領域にとどまらず、現在の多様なメディアにおける表現を含めて、広く応用可能であり、実際に応用されてきてもいる。例えば新聞やラジオ、テレビといったメディアの報道について考える際にも、どのような語り方が、どういう効果をもたらすかは重要な問いとなる。あるいは日々生まれている膨大なテレビドラマを対象とする際には、それらから似通った物語の型

やパターンを取り出していくアプローチが有効ともなる。▼注(20)

物語についてのこれらのアプローチを、ジェラルド・プリンスは大きく物語るもののもつ構造と、物語られるもののもつ構造へのアプローチとして整理している。ただ、ここで注意すべきは、彼も指摘するように、こうした形式についての様々な特徴の理解には、読者側の認知、推論能力が大きく作用するという点である。▼注(21)

語り方や物語の形態についての分析はその表現を受け取る読者側の能力や、読者の置かれた状況によって大きな影響を受ける、ということだ。先の語りの分類、類型化の例にしてもそうである。ある登場人物が一人称で自身の見聞きした範囲で語るという形式と、すべての登場人物を見渡せる地点から三人称で語るという形式とは、確かに全く異なる効果をあげることができる。しかし、具体的にどちらがより主観性を帯びるか、あるいはどちらに高い信頼性を感じるか、といった効果となると、それは受けとめる読者の側の能力によって異なる。読み手がそれまでに慣れ親しんできた表現の形式や、受けてきた教育、経験に応じて、語り方の違いが与える作用は異なっていく。

そしてまた、実際の情報の享受に目を向ければ、享受者に作用する要素は純粋に語りの形式のみではなく、膨大な要因が複雑に作用してもいる。テレビのニュース報道の内容を、一定の信頼性で支えているのは単に語り方の形式のみではない。ニュース番組という形式や、テレビメディアに対する知識、アナウンサーに対する印象や、さらにはその服装や表情、仕草まで、多様な表現がそこに作用している。そしてそれらの表現の要素をどう受けとめるかは、やはり情報の享受者側に大きく依存する。

表現の形式のみが効果を左右するわけではない。語り方のバリエーションや、量産されるパターン化された物語が果たす作用をとらえるには、それを受けとめる情報の享受者、すなわち読者の側をも視野に入れる必要がある。つまり表現は、読者への作用という点を含めてとらえる必要があるのだ。そして表現の形式を詳細にとらえることができるということは、読者への作用をより詳細にとらえることへとつながるのである。

語りや物語の形式についての分析は、読者がそれによってどのような作用を受けるのか、という問いとあわせ、考えることで有効な分析の手立てとなる。でなければ表現の形式の細部を果てしなく掘り起こすことになってしまう。その表現と読者とのつながりを問うこともなく。

読者への作用という観点と結びつけることで、ナラトロジーや物語論の提供する分析手段は非常に有効なものとなるのだ。多様なメディアの享受をとらえる際にも、今日すでに多用されていることもすでに述べてきた。また、第2章で述べた構築主義的なアプローチ、すなわち、言説を通して、読者の内面的な規制、規範が生まれていくプロセスをとらえる場合にもこうした手法は有効だ。

一見自明のようにとらえている男性／女性、日本人／外国人、あるは異常／正常といった対立、分節は、メディアをはじめとした様々な表現を享受する中で、読者のうちに次第に作り上げられていく。こうしたとらえ方は、差別や偏見を生み出していく言語や思考の土台そのものを問い直すうえでも重要である。さて、このようなアプローチは、表現がもっている構造が、読者側にいわば転写され、それによって読者の思考や言語そのものが規制を受ける、という考え方を前提としている。

ただ、物語るもの、そして物語られるものの構造が、どの程度読者側の思考に根付いていくのかという点は、実際には議論の余地があろう。とはいえ、こうした表現の特徴を細やかに取り出す手法、あるいは膨大な物語のサンプルを対象に特徴を分析する手法は、読者の形成、変化をとらえる際に大きな可能性をもっている。

こうした手法は、単一のテクストを扱うのみならず、特定メディアに掲載された複数の小説群や、一定の特徴をもった表現ジャンルの分析にも効果的である。例えば明治期の教育言説の中には「教育小説」や「立志小説」といったジャンルが見られるが、こうしたジャンルには、例えば定型化された成功、出世イメージや、教員像を見いだすことができる。▼注(22) どのような欲望や権力の形がそこで生まれ、さらには再生産されていたのか、そしてそれらの言説と同時代の教育制度やジャーナリズムとがどうかかわっていたのかを考えていくことができよう。

それはまた、単に名作や著名な作家主導で文学を研究するという方法の限界を超えていくための手立てともなろう。今日、文学表現としての質の高さを評価されている小説が、必ずしも広く享受されていたわけではない。享受の広さのみが重要ではないのは当然だが、一握りの小説に過大な研究と労力を費やしている今日の文学研究は、読者の歴史を視野に入れたときに、やはりかなり異様なものと言わざるを得ない。

4 文学史という読み方

「文学史」として刊行されている書物は、単なる詩や小説の出版記録ではない。小説と小説を互いに関係づけ、それらをあるときには起源や影響といった言葉のもとに配置し、あるときは発展や衰微といった言葉のもとに結びつける。それらの書物は、複数の作品を読みつつ、それらの間に意味を作り出していった「読み方」によって成り立っている。

こうした読み方が近代において生まれてくるプロセスには、国家や民族について語る言葉や用語が深くかかわっている。早くは三上参次、高津鍬三郎『日本文学史』が、その記述にあたって「日本国民の心性」、「特有の思想」を明かすことを掲げ、あるいは藤村作、久松潜一『明治文学序説』が「作品を中心として、時代との交渉を考へ、民族精神を理解する」と記述するように、国家、国民という領域を表象する一つの手立てとして文学史記述が機能してもいる[注23]（図52）。

これは文学史の記述と、国家や民族の記述とを、生体的なイメージで結びつけた読み方、歴史記述と言えよう。亀井秀雄は、これまでの文学史記述の方法について検討しつつ、進化論的モデル、生命体イメージに依拠したモデル、提喩的レトリックという三つの語りの基本型がそこに見いだせると指摘する[注24]。実際にはそれほど明確に分けることは難しかろうし、マルクス主義史観から単純な退化モデルまで、何を基本型とするかは議論の余地もあろう。

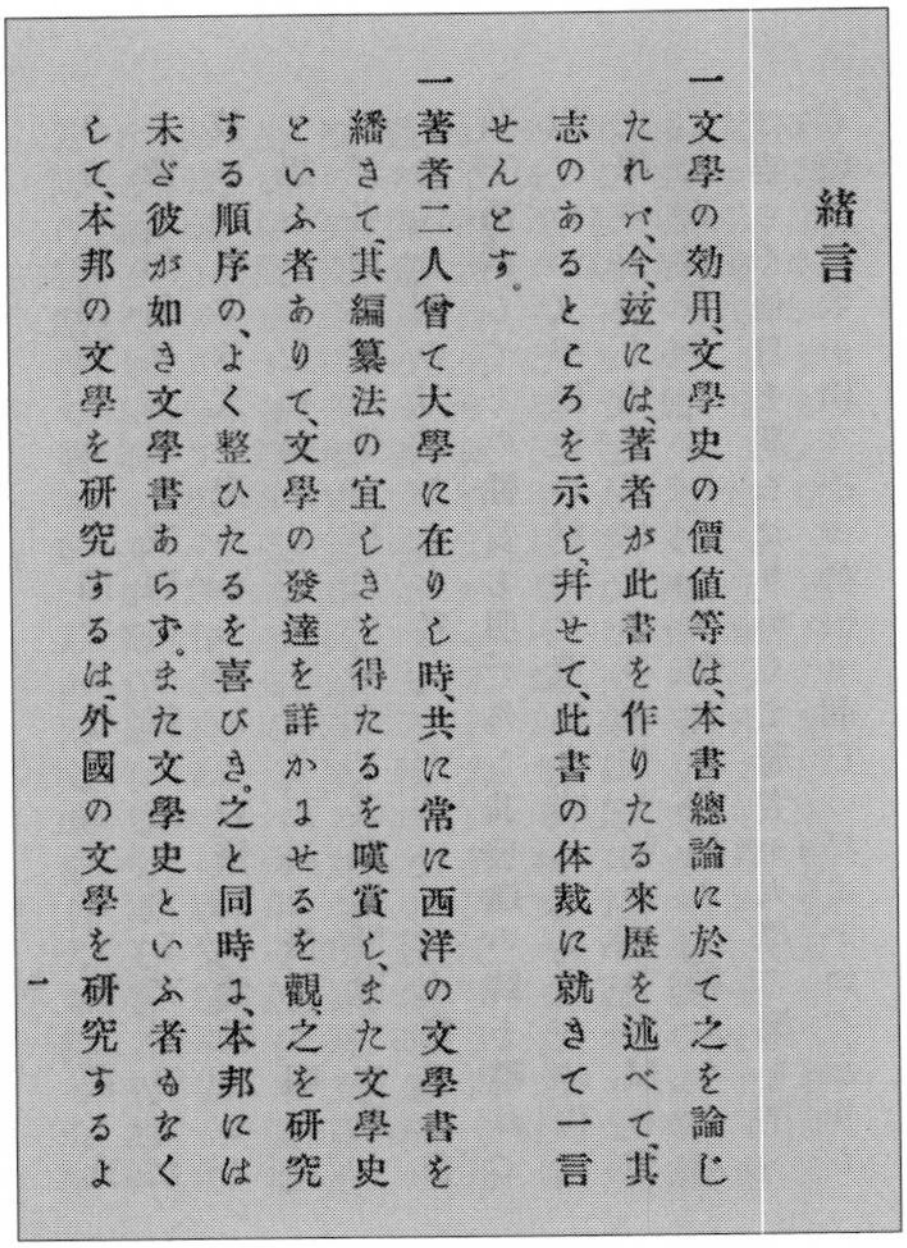
緒言

一文學の効用、文學史の價値等は、本書總論に於て之を論じたれバ、今玆には、著者が此書を作りたる來歴を述べて、其志のあるところを示し、幷せて、此書の体裁に就きて一言せんとす。

一著者二人曾て大學に在りし時、共に常に西洋の文學書を繙きて、其編纂法の宜しきを得たるを嘆賞し、また文學史といふ者ありて、文學の發達を詳かならせるを觀、之を研究する順序の、よく整ひたるを喜びき。之と同時に、本邦には未だ彼が如き文學書あらず、また文學史といふ者もなくして、本邦の文學を研究するは、外國の文學を研究するよ

図52　『日本文学史』（1890年10月）

私は戦前の文学史を収集し、その叙述パターンを分析したことがある。その際には、文学史記述を人間の一生になぞらえる「人生モデル」が見いだせる一群の文学史記述についてとりあげた。近代文学の歴史を、人の一生に当てはめて解釈、記述してくケースであり、自然主義文学が中年期にあたる。中年期の男性と自然主義という二つの価値がそこでは結びつき、いわば「中年の発見」という事態をそこに見いだすことができないか、と考えた[注25]。

いかに公平、中立を標榜しようとも、過去の点と点との間に意味のあるつながりを見いだしていくために、文学史の記述にはそれを記述する側の思考モデル、解釈モデルが多かれ少なかれ投影されるのは当然のことである。文学史が言葉で語られる以上、そこには物語論で指摘されたと同様に、語りの型や語られる出来事間を結びつける何らかの型が見いだし得る。

今日、こうした歴史を記述するという行為自体への批判的な意識を抜きにして、文学史を語ることは難しい。文学史記述は排除と選別を必然的にともなうが、誰しもが同意し得るような排除と選別の物語はありはしない。そして文学史の記述がしばしば当然のように排除してきたのは、読者の歴史である。

繰り返しになるが、文学史と称される書物は、読み方を示したものである。だが、それが一人の読者の読み方ではなく、多くの人にとって通用する歴史であるかのように記述されるとき、記述者は読者たる自らの位置をひそやかに超越的な位置へと昇格させてしまう。文学史記述に読者を組み込むことが難しいのは、それらの読者が文学史を記述している一読者、すなわち歴史の記述者の特権的な権能を相対化してしまいかねないからだ。

しかしながら、文学史を記述する者が、まさに一人の読者であるということが、一方で文学史という方法の可能性をはらんでもいる。日本の書物といえども、読者は地方にもいれば、海外にもいる。また、文学者ばかりが読者ではない。地方の読者の位置で文学史を書くこともできれば、海外における読者の地点から文学史を書くこともできる。あるいは児童や、読み方に障害のある読者の側からの日本文学史を構想することもできよう。その読者にどのような書物が届き、どう読まれてきたかを記すことが、これまでの文学史の記述が排除してきた歴史を新たに紡ぎ出していくことにもつながろう。

海外の読者という点で言えば、例えば戦前・戦中の日本の植民地での職業作家たちの活動をとらえようとする「〈外地〉日本語文学」という観点もそうした試みとしてあげられよう。[注26] ただ、そこでの関心が、日本語を宗主語とする日本の植民地に主に向けられていること、そして特に内地で一定の評価を得た職業作家たちや文芸誌に関心が向けられてきたのも確かである。

しかし、移民地という読書空間に目を向けるとき、さらなる文学史の可能性もそこには開けてこよう。例えば南米、あるいは北米の移民地に目を向けるとき、日系移民の日本語表現は、マイノリティの表現であり、日本語文学の職業作家を生み出すような出版環境や市場があったわけではない。それゆえ短詩系文芸から小説まで、幅広い創作活動がなされ、読書がなされてはいても、それらはいわゆる日本文学史に登場する諸作と比較、対照すれば、未熟な素人の膨大な創作群と見なされかねないものではあろう。

けれど、そもそもそこには日本国内とは異なる読書環境があり、異なる書物の流通や販売、享受の仕組みがあり、日本語環境がある。小説の読み方や評価も、それに応じて異なるのは当然であり、日本国内の読者と同じ尺度で「文学」かどうかを判断する必要性も必然性もそこにはない。

南米の日系日本語文学について、こうした観点から注目すべき成果をあげているのは、細川周平だろう。『日系ブラジル移民文学』の労作は、ブラジルの日本語文学の歴史を、小説から俳句まで包括的に扱っている。[注27] 細川のとりあげるのは日系移民の人々が日々の営みの中で作り出してきた膨大な表現であり、著名な職業作家や商品としての文学ではない。というよりも、孤立した日本語環境の中で、経済的な見返りもなく同好の人々の間で一世紀以上も文学が読み、書かれ続けてきたブラジルで、既存の日本文学という枠組みを論じても意味があるのか疑わしい。そして細川の言うように、「アマチュア文芸の世界が貧しかったわけではないし、無視してよいわけではない」。

また、北米ではこれまでにも日系アジア人の歴史、文学について多くの研究が積み重ねなれてきた。▼注(28) 日系アメリカ文学の研究は、多くは英語表現を対象としたものではあるが、日系一世の日本語表現の歴史をとらえようとする試みもなされている。▼注(29) こうした研究の展開は、まさに異なる読者の場から見いだしていく歴史の可能性を示していよう。

文学史を記述する者が、一人の読者であるという地点に立ち返ること。このことは、こうした異なる場所からの文学史を切り開くのみならず、文学史を考えていく際のもう一つの方法をも示唆してくれる。それは、文学史記述自体を一つの読み方として研究すること、いわば文学史の歴史を検討する、という方法である。▼注(30) 文学史記述は一つの読み方ではあるが、膨大な小説の表現と歴史状況とをダイナミックに結びつけていくきわめて高度な読み方がそこには含まれてもいる。

文学史、あるいは文学研究が読者を視野に入れるべき点は前田愛をはじめとしてこれまでにも主張されてきたことではあるが、文学史の一領域として読者の歴史があるわけではなく、むしろ読書の歴史の中に、文学史という読み方、小説享受の歴史があるといった方がよいだろう。では読書の歴史をいかにとらえればよいのか。それを本書『読書の歴史を問う』は、これまで示してきたわけである。

5　学知の広がりをとらえる

文学研究は言うまでもなく読書の一つの形であり、読書の歴史としてその役割や変遷を問うことができる。

日本の文学を読み、研究することは何も自明なことではなく、その意味や価値は時代に応じて変化してきた。例えば日中戦争から第二次大戦にかけては、日本文学研究がスポットライトをあび、アカデミズムの中でそのプレゼンスを高めていった時期といえる。それはなぜだろうか。▼注(31)

満洲事変を契機として大規模な日本の軍事行動が展開していく一九三一（昭和六）年、文部省は学生思想問題調査委員会を設置し、その答申のもと、翌年八月には国民精神文化研究所が創設される。学生の思想問題が、教育や研究内容の国家的な統制と連動していく。一九三四（昭和九）年には文部省で思想問題にあたっていた学生課（後に学生部）が思想局となり、「国民精神」の積極的な浸透がはかられていく。▼注(32)こうした教学刷新の動きの中、翌年には文部大臣諮問機関として教学刷新評議会が設置され、そのもとで「国体、日本精神ノ本義」にそって日本独自の学問体系を創造、発展させようと構想されていくのが日本諸学振興委員会であり、学問領域や大学を横断した、全国的な学知の再編が進んでいく。▼注(33)そこに教育学会、哲学会や国語国文学会など、人文科学を中心とした八学会が設置されていく。文部省による『国体の本義』（一九三七年）の編纂、刊行事業も並行して進んでいった。

ではいったいこの「国体」や「日本精神」の内実をなすものは何なのか。ほかならぬその問いを背負うことを期待されたのが「国語国文学」の研究領域だった。▼注(34)藤村作は、一九三七（昭和一二）年の日本諸学振興委員会で「我が国に於ける国文学研究は、今日が空前の盛時と言はれております」と述べ、また文部大臣で同委員会の委員長でもあった木戸幸一は「国語国文学の中に真に我が国民精神の具体的な姿を見ることができる」と述べる。▼注(35)一方でこの時期は一九三三（昭和八）年には岩波書店の『文学』が、一九三六（昭和一一）年には至文堂の『解釈と鑑賞』が刊行され、国文学研究が一般読者に向けた出版物としても普及してゆく時期でもある。

終戦を迎え、戦中の日本文学研究の責任を問う声もあがるが、一九九〇年代末に「国文学者は、文学者の戦争を問うことはあっても、国文学者自身については大方不問にしている」と村井紀が問題提起したように、戦時下の国文学者の活動は検証されるよりもむしろ忘却・切断されていった。▼注(36) この問題提起は、国文学研究自体の歴史性や政治性に光をあてていく点で、日本の「古典」や「名作」自体が近代において価値づけられていった過程をとらえようとする同時期の研究とも共通した問題意識に立っていたと言えよう。その後の近代文学研究においても、「作家」や「ジャンル」を含め、それらが近代に価値づけられていく過程を意識化していく手法は広く共有され、展開していったと言えるだろう。一方戦時下における人文科学研究については、日本の植民地・占領地についての研究、資料の蓄積も進み、国語学や、民俗学、人類学など、多様な領域で、それぞれが担っていた政治的な役割が検証されていった。▼注(37)

しかしながら、日本文学研究を含めた学知の歴史の問い直しを、読書の歴史という観点からふりかえってみると、これまでの研究は表現する側にのみ焦点をあてているように見える。日本文学研究の場合であれば、特定のテクストや研究者の内面に焦点をあて、それを当時の国家や国民意識の形成に直結していく。だが、本書で重視してきたのは、それらの表現がどのように広がるか、誰が、どうやって読者に届けるのか、というプロセスだった。あるいはそれがどのように理解され、受けとめられていったかである。日本文学研究についても、もしも戦時期の役割をとらえるのであるならば、それを具体的に広げていった場や、それを教え、伝え、運んだアクターに注意を向ける必要がある。

ここでは、自身の勤務する早稲田大学の戦時下の事例に目を向けて少し詳しく論じてみたい。日中戦争が長期化し、米英との開戦によって「大東亜戦争」へと移行していく中、戦争への実効性のある理工系部門の研究施設が国内大学では拡充される一方、人文科学系学部の縮小、再編が加速していく。早稲田大学では一九三八（昭和一三）年に鋳物研究所、四〇年には理工学部研究所が生まれ、同年に東亜経済研究所が新設されていく。

こうした中、早稲田大学文学部は、学部長であった吉江喬松《たかまつ》（孤雁）のもと、一九三六（昭和一一）年から四〇年にかけて、哲学・文学・史学を総合する共通の必修科目を設置し、それと専攻科目を組み合わせてカリキュラムの刷新をはかっていった。吉江は一九四〇（昭和一五）年に没し、一九四四（昭和一九）年には「著しく時局性を示した」学科再編へと向かう。学科、専攻は廃止され、「日本精神ヲ基調」とした科目編成となり、必修の共通科目として「国体ノ本義」、「日本中心ノ世界観」が置かれることとなる。[注38]そしてこの「国体ノ本義」の担当は、早稲田大学で国文学科をそれまで牽引してきた五十嵐力《ちから》であった。

五十嵐力は東京専門学校時代から当時まで四〇年にわたって教鞭をとってきた国文学科の重鎮でもあったが、同時にこの時期の教学刷新の動きに深くかかわる。前述の日本諸学振興委員会では、国語国文学領域の臨時委員となる。教学局から学校や官公庁に広く配布され、また市販もされた教学叢書に彼は「古文学に現れる日本精神」を掲載、天皇の威光が満洲や南方諸国に広がる当時の情勢を古代からの理想の結実と述べる。[注39]門下であった岡一男は、一九三七（昭和一二）年に開催された日本諸学振興委員会国語国文学会で国文学研究の任務を論じ、日本文芸を主体的に把握することが、アジア諸国を指導する日本民族の自覚とその新たな文化理念の獲得にいたると説く。[注40]つまり、彼らは当時にあって日本主義の立場に立って積極的に時局への国文学研究の貢献を提言しかつ教育の場を通して実践していたと言える。

ただ、ここで焦点をあてたいのは、こうした表現者の側という「点」のみではなく、読者に向けてその知が広がる「線」や「面」なのだ。それには彼らが具体的にかかわっていた教学の場、早稲田大学という空間が、

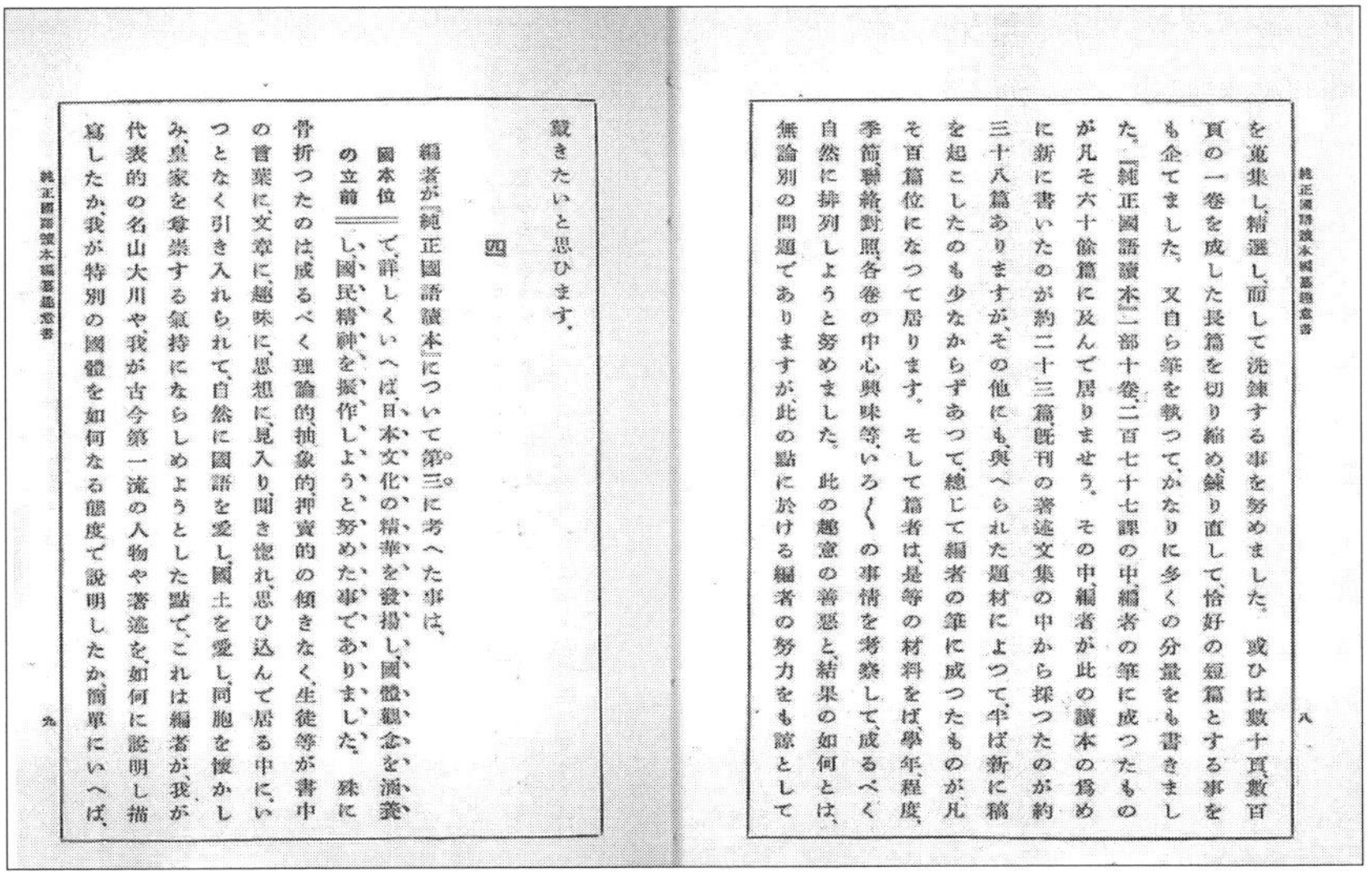
純正國語讀本編纂趣意書

を蒐集し、精選し、而して洗錬する事を努めました。或ひは數十頁、數百頁の一卷を成した長篇を切り縮め、綴り直して、恰好の短篇とする事をも企てました。又自ら筆を執つて、かなりに多くの分量をも書きました。『純正國語讀本』二部十卷、二百七十七課の中、編者の筆に成つたものが凡そ六十餘篇に及んで居りませう。その中、編者が此の讀本の爲めに新に書いたのが約二十三篇、既刊の著述文集の中から採つたのが約三十八篇ありますが、その他にも、與へられた題材によつて、半ば新に稿を起こしたのも少なからずあつて、總じて編者の筆に成つたものが、凡そ百篇位になつて居ります。そして篇者は、是等の材料をば、學年、程度、季節、聯絡、對照、各卷の中心興味等、いろ〳〵の事情を考察して、成るべく自然に排列しようと努めました。此の趣意の善惡と、結果の如何とは、無論別の問題でありますが、此の點に於ける編者の努力をも諒として

八

戴きたいと思ひます。

四

編者が『純正國語讀本』について第三に考へた事は、
國本位‖で、詳しくいへば日本文化の精華を發揚し國體觀念を涵養
の立前‖し國民精神を振作しようと努めた事でありました。殊に骨折つたのは、成るべく理論的、抽象的、押賣的の傾きなく、生徒等が書中の言葉に、文章に、趣味に、思想に、見入り聞き惚れ、思ひ込んで居る中に、いつとなく引き入れられて、自然に國語を愛し、國土を愛し、同胞を懐かしみ、皇家を尊崇する氣持にならしめようとした點で、これは編者が、我が代表的の名山大川や、我が古今第一流の人物や著述を、如何に說明し描寫したか、我が特別の國體を如何なる態度で說明したか、簡單にいへば、

純正國語讀本編纂趣意書　九

図53　1932年版『純正国語読本』編纂趣意書

こうした学知を広げていくネットワークをとらえねばならない。五十嵐力は坪内逍遙のもとで教科書の編纂にかかわり、一九二九（昭和四）年には自身で中等学校用教科書『純正国語読本』を編纂、その趣意で「日本文化の精華を発揚し国体観念を涵養し、国民精神を振作」しようとのねらいを記している▼注41（図53）。

早稲田大学は一九〇三（明治三六）年以来、高等師範部を設置して多くの教員を養成しており、五十嵐力や岡一男はそこでも教鞭をとっている。教科書・教員用手引き書制作・出版事業や、この教科書の少なからぬ採用状況を考えるとき、早稲田大学という教え、研究する場が、彼らの思想を伝え、流通させるうえで担う役割が重要となる。▼注42 五十嵐力はまた高等女学校向けの教科書を作成し、戦時期にも刊行しており、戦時の女性教育とのかかわりも無視できない。▼注43 ちなみに早稲田大学に女性が入学するのは戦後ではなく、戦時期である。繰り返しになるが、戦時下の個々の思想や発言のみ切り取ってそれだけを問題にしても実際にはその果

たした役割は分からない。それらの考えが読者へと流通していく場や経路とあわせて考えるアプローチが必要なのである。

五十嵐力、岡一男や金田一京助らが日本語学習用の教科書の編纂事業に参加していく点にも注意しておきたい。一九三八（昭和一三）年の興亜院の設置、そしてまた文部省が翌年開催する国語対策協議会は占領地での日本語の教授法・教科書研究を活発化させていく。早稲田大学の場合、一九三五（昭和一〇）年から、日系二世の日本語教育を早稲田国際学院を通して支援していたが、その学院の皇紀二六〇〇年（一九四〇年）記念事業として、日本文化の「精髄ヲ体得」させ、「皇国ノ精華ヲ発揚」する日本語教育ための教科書作成が企画され、そこに国文学科の教員が協力していく。▼注(44)

国文学研究者による多様なメディアを介した活動の広がりを視野に入れるなら、明治文学研究を担当していた柳田泉のこの時期の活動にも注意しておく必要があろう。柳田泉は、戦時下に「海洋文学」、「南進文学」に関心を向け、講演やラジオ、書籍でそれらを発信していく。▼注(45) 柳田泉のこれらの研究は、明治期以降の日本近代文学の南洋表象、侵略表象の全体像を実証的にとらえ、また「文壇正統派の文学」から無視されてきた文学を掘り起こしたすぐれた研究だと私は評価している。ただ、研究としてすぐれた達成であるということは、当時においてこうした研究がどういう役割や意味を担ったのかという批判的な問いを欠いてよい理由にはならない。これらの成果が、海外への日本の侵略を自明の理想とし、史的な「発展」ととらえる思考に結びついたことは容易に想像できるからである。

また、同じく海洋文学に傾斜していったのが、当時文学部の学部長として学部カリキュラム改革にあたっていた吉江喬松であった。吉江喬松は一九三八（昭和一三）年に海洋文芸を提唱し、海軍省軍事普及部の指導幹旋を得て、海洋文化協会設立にあたり、その有力な準備委員として尽力することとなる。▼注(46) 吉江の所属はフランス文学科ではあったがむろん作家・詩人でもあり、前節でふれた国民精神文化研究所員の一人となり、また、日本諸学振興委員会の常任委員ともなっていく。彼が当時の教学刷新の動きに積極的に同調していたことは、戦時下において彼が編集した児童向けの新日本少年少女文庫『心を清くする話』からもうかがえる。そこでは「皇室の有難き御逸事」にはじまり、「加納部隊長と愛馬宮鈴号」や「「魂」の入営」では、日中戦争で戦死した軍人や、軍人となることを夢見て入営前に死んだ青年をとりあげ、哀感を誘う逸話を通した共感と献身へと誘う物語が配されている。▼注(47)

ここでは早稲田大学という場を具体例として、日本文学研究という回路を通して教学刷新が具体化し、かつ多様な教育の場やメディアを介して広がっていくプロセスに、重要なアクターとして教員がかかわっていた点を述べてきた。むろん、大学という場に戦時下の責任を解消すべきではないし、また当時の個々の研究はそれぞれに検討されるべきであって大学単位で代行されるべきではない。だが大学という場は国文学研究をはぐくみ、支えるとともに統制し、制限する場となり、あるいは国文学研究を機関誌や読書会、師弟関係等を通して広げていく場となる。こうした読者に作用する場の機能が問われねばならない。読書の歴史をとらえる試みは、こうした学知の広がりを具体的に明かしていくことにもなろう。こうした読者への知の流れをうかびあがらせる研究はいまだ空白が多いが、明かされていく可能性もまた大きい。こうしたアプローチは、特定の書き手や書物に戦争責任を帰するのみではなく、教え、伝え、語る私たちの責任を意識し、背負っていくうえで不可欠のアプローチでもある。

6　拓かれた地平へ

様々な文学の研究方法は、互いに排他的に存在しているわけでも、独立して存在しているわけでもない。一見相反するように見える作家研究とテクスト研究は、実際には相互補完的に存在している。テクスト研究といいつつその素材となるのは著名作家の代表作がほとんどであり、かつまたそのテクストを詳細に扱うこと自体がその作家の情報や価値を補完していく。文学の研究方法は、いずれも読書という行為であり、その歴史に目を向ければ互いの研究方法のつながりや関係もまたそこにみてとることができる。文学研究という読み方自体が、その時代に応じた役割や価値を背負い、また変化してきたことは、前節で見てきた通りである。

文学の研究にとって重要なのは、この読書という共通の土台から目をそらして自らの方法の普遍性や妥当性を唱道することではなく、読書という土台自体を問いの起点におくことなのだ。読書という問いを通して、それぞれの研究が互いの距離や位置を、そしてつながりを見直すことも可能となろう。読書の歴史を問うということのうちには、こうしたつながりを見いだしていく可能性が十分にある。

読書を問うという方法には、表現やその作り手に中心が置かれてきた研究を、その受け手に、あるいはそれを受け手にもたらす仕組みや人々に移していく性質がある。一言で言うならば脱中心化とか非中心化ということになろうが、それが同時に問いの可能性を大きく拓いてくれることが重要なのだ。特に文学の研究は、書き手やその著述を権威化、中心化することで近代の教育や出版産業と深く結びついてきた。つまりその周縁には文学の研究が目を向けてこなかった広大な空白があるということでもある。

読書への問いは、この広大な空白へと誘ってくれる。大都市の文壇だけに向けられた関心を、その著述がそれぞれの地域や、あるいは別の国でどのように読まれ、使われ、そこで新たな意味を作り出していたのかという問いへと向かわせてくれる。小説の書き手のみが重要なのではなく、その小説を教える、訳す、運ぶ、貸す、売るという行為が、それぞれの時代や場所で担う役割を問う必要性を見いだささせてくれる。読書への問いは、書物が読者にもたらされる過程に、問うことができる多くの人や組織があることを見いださせてくれる。

シェイクスピアを研究する最良の場所はイギリスだと誰もが思うだろうが、大正期の長野県におけるシェイクスピアの受容や劇化を研究するのであれば最良の研究のフィールドは当たり前のことだが長野県である。作者から読者へと目を向けた瞬間に、研究のフィールドは書き手という唯一の点から、受け手が存在する広大な空間へと広がっていく。日本語の資料や小説にしても、世界各地にその読者の歴史と、その生み出した資料を見いだすことができる。唯一オリジナルの原典（もしもそのようなものがあるとすればだが）に関心を向けることだけが研究ではなく、享受やアダプテーションの豊穣さを読書の研究は指し示してくれる。

日本文学の研究をする際に、私たちは均質な読者を前提に語り、論じてしまいがちだ。しかし長野県には長野県の読者がおり、読書空間があり、またブラジルにはブラジルで享受される日本文学の形がある。それぞれの場所の数だけ夏目漱石や尾崎紅葉が居るといってもよい。読書への問いは、これらを不正確とか誤りという唯一の尺度で切り捨てるのではなく、読者の歴史をうかびあがらせる重要な手がかりへと変えてくれる。東京を離れて、あるいは日本を離れて日本文学や日本文化を研究したり、教えたりする際に、こうした読者への視座に、私自身どれだけ助けられたか分からない。

先に脱中心化といった言葉を用いたが、読書をとらえるという方法は、文学研究の中で権威化していった作品や、それを支える研究方法を問い直す可能性をもっている。文学研究も一つの読み方であり、時代に応じて方法やその役割を変化させる。前節で扱ったように、日本文学研究という読み方が戦時期に担った役割を批判的にとらえることも可能なわけである。こうした方法は、日本文学研究の場合、研究の規範やカノン形成について、あるいは作家像の権威化や制度化をとらえ、批判する形での成果に結びついてきたことはすでにふれた通りである。

しかしながら、一方でもしもこうした批判がただ、既存の制度の批判や解体にのみ向かうのだとしたら、もしもその向こうに新たな方法の地平を拓かないのだとしたら、こうした試みは有効に機能しない。実際に、イメージとしての作家研究や研究の規範を批判する研究が、批判するだけの価値ある対象として当の制度自体の価値を補強してしまうことも珍しくない。ここでは、そうした批判的な問いを読者への問いに結びつけ、展開させていくことを提案している。そして具体的に、読者を問う手順や、そこで何ができるのかを本書では述べてきた。

読書への問いはまた、文学の研究と教育とを架橋する際の鍵ともなろう。高等教育機関が行っている文学の研究と、初等、中等教育機関が担う文学の教育との間には、その目的や方法に大きな溝がある。前者、つまり研究の場では、小説や詩などの表現を、意図や主題といった短いメッセージに置き換えてはならない、ということはほとんど常識的なこととなっている。だが一方で、初等、中等教育の教科書や試験問題では逆にこれらを問うことは珍しくない。国語教育の場では表現やその作り手に価値をおき、送られた価値ある意味を正しく享受する、いわば受動的で消極的な読者像を前提としがちなのだ。

しかしそうした正しさや価値は、教室という特殊な限られた読書空間を前提としたものにすぎない。いつ、どこで、誰のためにそれを教え、届け、あるいは訳すかに応じて、つまり読者と仲介者に応じて、意味は新たに作り出されていく。国語教育は、表現や作り手に中心化された問いを、読者（学生や生徒）が意味を作り出していく過程や場所に向けた問いへと変えていく必要があるのではないだろうか。文学研究における広大な空白と同じく、国語教育においてもそれは広大な可能性として広がっている。本書で扱った読書の多様な問題領域、出版や流通、あるいは図書館や多様な読書の場所への問いは、国語教育や国語教科書ではほとんど扱われることがない。けれどそれら読書に影響されず、切り離された場所に純粋で変わることなき作品や作家が存在しているわけではないのだ。

読書は、既存の文学研究や国語教育の中だけで片付く問題ではない。それゆえ本書は、既存の文学研究や国語教育の領域では扱われることのない問題を数多く含んでいる。文学研究の領域外、専門外としてそれらから目をそらせることはたやすい。だがそれはまた、文学研究や国語教育が、多様な領域と結びあう可能性をも切り捨ててしまう。民俗学や歴史学や図書館学、言語学や心理学といった多様な領域に読書はかかわっている。それは地域や領域の垣根を越えた研究者たちがこの問題に向けて取り組んでいく可能性をも示していよう。

読書は、文学の研究や教育の中で細分化された領域どうしがそのつながりを見いだしていくうえでも、さらには他の様々な学問領域との関係の中で自らの役割を考えていくうえでも、有効な研究の土台となる。こうした観点から、私は「リテラシー史」という言葉で、文学研究の領域でも積極的に読み、書く能力や制度の歴史に関心を向け、読書環境の歴史をとらえていく研究を支援してきた。▼注(48)

書物が読者にたどりつき、読まれていくプロセスに関心を向け、その歴史をとらえていくこと、そのための手立てや、そうした問いによって開けてくる可能性を示していくこと、それが本書の役割である。同時に、これまでになされてきた自他を含めた読書にかかわる研究の成果を見直し、それらを互いにつながりあった方法として体系的に示していく試みでもある。

それはまた、多様な場でリテラシーという概念を通して、問題を共有し合い、考えていく可能性を示唆してもいよう。本章でも述べてきたが、文学研究や国語教育は、読書、そして読者の歴史を考えていくうえでの可能性を豊かにもっている。リテラシーを、そしてその歴史と未来を考えていくことが、その中の重要な問いとなっていくことも期待したい。そして多くの人々が、その研究の関心を読書の歴史へと向けていくために、本書が一つの導きの糸となれば、と思う。

◉おわりに
あとがきにかえて

読書は、それぞれの時代、場所で同じような行為、経験としてあったわけではない。また、書物と読者の間だけでなりたつ孤立した行為でもない。この当たり前のことが、読書を学び、調べることの豊かな可能性や広がりを作り出す。ある時期や地域の読者を問うたり、あるいは書物を作り、運び、紹介したり、保存したりする行為を研究したり、学んだりすることに結びついていく。本書は、こうした読書の歴史に関わる多様な問いを調べ、考えるための実践的なマニュアルのようなものだ。だから本書では普遍的で一般的な読書の価値を述べているわけでもなければ、読書の通史が描かれているわけでもない。どこからどこまでが読書なのか、いつの、誰が読者なのか、その問いを忘れたときに、読書の研究は、これまでになされてきた、あるいは今なされている読書の営みから切り離され、同時にその豊かな問題の地平を拓く興味や関心とも切り離されてしまう。

読書の歴史への問いがもつ広がりや可能性を大事にしていくこと、それは読書を問う学生達の研究から、私が日々教えられてきたことでもある。私の大学のゼミでは、出版や読者の歴史に関わるテーマを研究する学生も多い。そして彼／彼女らが取り組みたい、あるいは取り組もうとする問いは、私の想像、想定をいともたやすく越えていく。

ある学生は推薦図書の歴史や制度を研究したいという。別の学生は点字訳される図書の数量や傾向を研究したいという。ある文学賞の仕組みや影響を研究したい学生も出てくる。落語の噺の伝承や継承と変化を追いたいという学生、絵本の翻訳や所蔵の問題を考えたいという学生や、教科書図書館に通って国語教材のデータベースを作る学生。そういえばソウルミュージックのミニコミ誌の歴史を研究し、聞き取り調査にはまって結局留年してまで仕上げた学生もいた。これらを、読書の問題ではない、とするのはやさしい。しかし、私はこれらは読書の歴史を考える上で大事な取り組みだと思うし、また一見ばらばらな関心やテーマも、読書の歴史研究の中でしっかり位置づけていきたいとも思っていた。

そういう思いに支えられながら、本書を作り、そして実際に読書を調べ、学ぶための素材として、本書を用いてきた。二〇一四年に刊行して以来、自身の勤務する大学はもちろん、それ以外の大学でも本書を用いて教えてきたが、それはまた、読書の研究が多様な分野と結びつき、方法や関心を共有することができるということを私に教えてくれもした。実際に本書をベースにして私が授業を行ったのは日本文学（立教大学：二〇一四～一六年、慶應義塾大学：二〇一七～一九年）、比較文学（東京大学：二〇一五年～一六年）、比較文化（ヴェニス国際大学：二〇一六年）、日本学・日本文化（ローマ大学サピエンツァ：二〇一七年、サンパウロ大学：二〇一九年）、図書館情報学（京都大学：二〇一九年）と、多くの領域にわたる。それぞれの領域やその学生達から教えられることも多かった。

当然のことながら、刊行してから毎年、その内容を更新するための資料や研究をこれらの場で説明していくこととなるので、それが、改訂版、増補版が必要となってきた理由でもある。だが学生達とのやりとりの中で出てきた意見や疑問、あるいは討議の中で学生達から示唆されたことを、改訂・増補を通して反映したかったことも大きな動機となった。

本書の初版は二〇一四年に刊行された。本書の構想が現実化していったのは、近代の読書に関わる多様な問いを、整理して互いに関係づけ、論じていくという機会があったことも理由として大きい。二〇一三年の四月から六月にかけて、カリフォルニア大学サンタバーバラ校で、大学院生たちを相手にこうした観点から一〇回ほどの話としてまとめ、論じる機会があった。これは、当時同校で教鞭をとっていたマイケル・エメリック氏が企画した国際会議「日本の書物の歴史　現在・過去・未来」と連携した企画で、私はこの会議に参加するとともに、大学院生たちに、「近代日本の書物と読者」というテーマで先述した話をする機会をもった。

国際会議「日本の書物の歴史　現在・過去・未来」は、日本の出版文化や読者の歴史に焦点をあてた非常にユニークな企画で、米国の研究者を中心に三日間、二五本に及ぶ密度の濃い研究報告が並び、これもまた私にとっては読書を軸に研究をまとめていくうえでの大きな刺激となった。こうして、二〇一三年の四月から六月の間、サンタバーバラのキャンパスで私は本書の構想をずっと練りつつ、関連する研究を見直したり、資料を集めたりしていたわけである。

それはまた、これまでの自身の読書の研究を振り返ってみる時間としても貴重だったと思う。私の読書に対する問題意識や、調査、研究方法は、変化してきてはいるが、それらは問題意識としてはつながっているし、方法的な変化も私にとっては必然的なものだった。そのことをごく簡略に振り返っておきたい。

本書では、大きく読書を二つのプロセスに分けて考えている。つまり、書物が時間、空間を経て読者にたどりついていくプロセスと、たどりついた書物を読者が読んでいく、読書の内的なプロセスである。私のこれまでの研究は、大まかにいえば後者から、次第に前者へと関心を広げていった、ということになろう。それはまた、「いま・ここ」とは異なる時間、異なる場所の読者や読書へと、自身の関心が向かっていったからでもある。

最初に私が出した読書論『読むということ』は、特に書物、表現を読んでいく読書のプロセスと、そこに表現がどう作用していくかに関心を向けていた。次にまとめた『メディアの中の読者』では、より多様なメディアと読者の関係に関心を広げる一方で、こうした読書の地域的な、歴史的な差異をどうとりあげ、とらえていくかを考えていくことになった。それはまた、私自身が、東京から離れ、長野県の地方都市で学び、教えることとなったこととも深くつながっている。長野県での調査や、そこでの様々な資料を通して読書をとらえる、という経験は、異なる地域や時代の読書と向き合ううえで、きわめて貴重なものだった。

現在では自明で、普遍的な行為のようにさえとらえられかねない読書を、異なる時代、場所からとらえなしていく、いわば「遠くの読書」へ目を向けることの意味、有効性は、本書でも繰り返しふれてきた通りである。こうした遠くの読書について調べ、考えるという点では、その後、米国で長期間にわたって行った調査が、再び自身の研究を大きく展開させていく結果となった。

国境を越え、言語の異なる場で、日本の書物とその読者に出会うという経験は、自身の思考の枠外にあった者との出会い、いわば他者との出会いのような経験といってもいいかもしれない。それはまた、書物と読者との間にある距離や制約を、様々な角度から考える機会ともなった。日本の書物が、様々な場へともたらされることで、新たな読者が生まれていく。読書の制約や偏向もまた生まれていく。『書物の日米関係』そして『越境する書物』として書き下ろした二冊の書物は、いずれも「書物」を冠してはいるが、書物そのものに関心を向けたものではない。あくまで、書物が読者へとたどりつくプロセスに関心を向け、読者が書物とつながる場を、そしてその両者をつなげる人や組織へと関心を向けたものであり、これもまた私にとっては読書の歴史の枢要な部分をなすものである。そしてまた、書物の動きから、読書の歴史を掘り起こしていく、という方法の有効性やおもしろさも、こうした研究を進めていく中で鮮明になっていった。本書『読書の歴史を問う』は、これらの方法を包含する形で構成されている。

二〇一四年に刊行して以降、読書についての研究も多様な分野で進められてきているし、また自身の調査や研究にも変化があった。旧版では、本書の冒頭で記したベトナムの日本語蔵書は見つかったばかりだったが、この間に調査は日本とベトナムとの間での共同研究として結実していった。東南アジアをはじめとした各地での調査も進めていった。冒頭でふれたベトナムの事例は、保管された大規模な蔵書に出会った幸運な事例だが、一足違いでそうした蔵書に出会えなかった事例について最後にふれておこう。

二〇一九年にブラジルのサンパウロ大学で二ヶ月ほど教える機会があり、以前から訪れたかったアリアンサを調査で訪れた。一九二四年に生まれた日本人入植地で、以降大規模な移住地が周辺に形づくられていった。サンパウロ市からは五〇〇キロほど離れている。戦前にそこでどのような日本語の本が広がり、読まれていたのかを調べる聞き取り調査に協力してくれたのは、戦前に移民した一世の嶋崎正男氏だった。戦前の移民地でも日本の娯楽雑誌は広く読まれているが、アリアンサでは一九三一年段階で、岩波書店からの寄贈書をもとにした学術書、専門書の文庫が出来ていたという記録があり、その実態を知りたかった。

聞き取りを通して、戦前には十キロも離れた移住地から徒歩で文庫を利用しにきた読者がいた話や、日本語の教育や印刷物が取り締まられていた戦時期には油紙に包んだ図書を地中に埋めて隠していた話など、色々な話に驚かされた。戦後は青年団によってそれら図書は維持、拡充されてきたという。ところが嶋崎氏がその文庫に私を案内しようとして調べてみたところ、利用者がいないためにそれらがつい数年前に焼却されてしまっていたことが分かった。

一足違いで戦前の文庫と出会う機会を逸してしまったにもかかわらず、高速バスで十時間かけてそこに足を運んだことが、私にとってはむだどころか、とても貴重な時間であったというように思えてならない。あるいは私はただ単に遠くはなれた場所にいる読者にむかって旅をしたかっただけなのだろうか。けれど、それはまた雑誌や書物がかつて読者に向けて動いていった距離や、そしてまた遠く離れたその場所での読者の記憶を、自身で感じ取り、すくいあげていくうえで必要な時間であったとも思う。

むろん本書では、何も地球の裏側の、宇宙よりも遠い場所にまで調査に行くことを薦めたり、求めたりしているわけではむろん、ない。まずは目の前にある書物がどこから、どのようにそこにたどりついてきたのか、を想像してみればよいのである。

私たちは、読書を自分一人で行う孤独で内面的な営みだと思いがちだ。けれど読書は一人では決して成り立たない。読み方を教える人々や書物を届け、あるいは保存する人々の営みから切り離して読書を考えることはできない。それらの営みから切り離された読書があると考えるのは、人が一人で生きている、生きていけると考えることと等しい。だがそれは傲慢な思い込みにすぎない。孤独な一人の読書さえも、それを支える無数の要素によって成り立ち、支えられている。パンデミックによって、人と人、国と国とが切り離され、閉ざされていく今日の状況に、あらためてこのことを痛感させられる。改訂作業をしているさなか、自身がかつて訪れ、読書について調べ、教え、話し合ったニューヨークやローマ、サンパウロの街は、感染症の流行でその変わり果てた姿が連日のように報道されていた。新宿にある自身の務める大学キャンパスもまた閉鎖され、学生達とはもうしばらく直接会う機会さえもつことができない。

切り離された都市や国どうしの、あるいは人どうしの結びつきをこれから再び取り戻していくことは、想像を越えるほど大変な道のりとなるに違いない。自分と違う読者が、ここことは異なる読書の営みが、私たちのまわりにはある。本書でくり返しとりあげてきたのは、自身が慣れ親しんでいる読書の形や場が、唯一でも当然でも標準でもないということである。ここことは違う読書、今とは違う読者を想像して、そこにむけてほんの一歩ふみだしてみること。そのことが、この困難な道を開いていく一歩になればと思う。

最後となるが、こうした難しい状況下で改訂版の編集、刊行にあたって頂いた文学通信の岡田圭介氏、渡辺哲史氏に心より感謝したい。

二〇二〇年五月

◎注

◉注

はじめに◉なぜ読書を問うのか

1▼拙著『書物の日米関係』（新曜社、二〇〇七・二）、同『越境する書物』（二〇一一・八）。

2▼日本による資料接収については田中館秀三『南方文化施設の接収』（時代社、一九四四・四）、加藤一夫他『日本の植民地図書館』（社会評論社、二〇〇五・五）を参照。

3▼拙著「ベトナム社会科学院所蔵・旧フランス極東学院日本語資料調査　共同研究成果報告」（『リテラシー史研究』一二号、二〇一九・一）。

4▼ポール・ドミエヴィル「フランスにおけるシナ学研究の歴史的展望　下」（川勝義雄・興善宏訳、『東方学』、一九六七・六）。

5▼山下太郎「極東フランス学院図書館に就て」（『図書館雑誌』一九四一・四）。

6▼L. Aurousseau, "Claude Eugène Maitre", *le Bulletin de l'École française d'Extrême-Orient*, XXV, 1925.

7▼クリストフ・マルケ「雑誌『Japon et Extrême-Orient／日本と極東』と1920年代フランスにおける日本学の萌芽」（人見有羽子訳、『日仏文化』八三号、二〇一四・一）。また、この時期のフランスと日本の文化交流については、和田桂子他編『両大戦間の日仏文化交流』（ゆまに書房、二〇一五・三）の諸論が参考となろう。

8▼エリセーエフについては倉田保雄『エリセーエフの生涯』（中央公論社、一九七七・四）がある。

9▼ノエル・ペリについては杉山直治郎「ノエル・ペリーの生涯と業績」（『日仏文化』新第九集、一九四四・三）が詳しい。またペリの能楽研究については古川久『欧米人の能楽研究』（東京女子大学学会、一九六二・一二）がある。

10▼クリストフ・マルケ「雑誌『Japon et Extrême-Orient／日本と極東』と1920年代フランスにおける日本学の萌芽」（前掲）。

11▼杉山直治郎「ノエル・ペリーの生涯と業績」（前掲）。

12▼"Japon, l'École Française d'Extrême-Orient, Depuis Son Origine Jusqu'en 1920", *le Bulletin de l'École française d'Extrême-Orient*, XXI, 1921, p.395.

13▼山下太郎「極東フランス学院図書館に就て」（前掲）。

14▼松崎碩子「パリ大学日本学研究所」（和田桂子他編『満鉄と日仏文化交流誌『フランス・ジャポン』』（ゆまに書房、二〇一二・九）所収）。

15▼松尾邦之助『フランス放浪記』（鱒書房、一九四七・四）、同『巴里物語』（論争社、一九六〇・八）、また研究としては前掲『両大戦間の日仏文化交流』や『満鉄と日仏文化交流誌『フランス・ジャポン』』が参考となる。

16▼七〇年代には組織の改編、拡充が進められ、現在ではアジアに一七の支部を設けて研究活動を行っている。日本では一九六六年に京都に（現在は京都日伊会館）、一九九四年には東京の東洋文庫内にもその支部がおかれている。斯波義信「フランス極東学院の近況、百周年記念事業および式典について」(『東方学』一〇三、二〇〇二・一)を参照。

17▼拙著「ベトナム社会科学院所蔵・旧フランス極東学院日本語資料調査　共同研究成果報告」(前掲)。

18▼ハノイ日本文化会館についての詳細は拙著「ベトナム社会科学院所蔵・旧フランス極東学院日本語資料調査　在仏印日本文化会館関係資料について」(『リテラシー史研究』一一号、二〇一九・一)を参照。

19▼小牧近江『ある現代史』(法政大学出版局、一九六五・九)。

第1章◉読書を調べる

1▼大新聞と小新聞については小野秀雄『日本新聞発達史』(大阪毎日新聞社、一九二二・八)を初めとして早くから比較、対照研究されてきた。

2▼投書家がいかに新聞で重要であり、かつ投書家どうしのつながりを作り出していたかは野崎左文『私の見た明治文壇』(春陽堂、一九二七・五)が参考となる。

3▼『穎才新誌』(復刻版、不二出版、一九九一・一二～一九九三・一二)。

4▼津田権平編『新聞投書家列伝初編』(東洲堂、一八八一・六)には小松原英太郎をはじめ、こうした事例をうかがうことができる。

5▼国文学研究資料館「国文学論文目録データベース」(http://base1.nijl.ac.jp/~rombun/、二〇二〇・一参照)。

6▼伊藤剣「『出雲国風土記』の想定読者―「所謂」という表現形式から」(『古代中世文学論考』二一号、二〇〇八・五)。

7▼永嶺重敏『雑誌と読者の近代』(日本エディタースクール出版部、一九九七・七)。

8▼菅原正子『日本中世の学問と教育』(同成社、二〇一四・八)。

第2章◉表現の中の読者

1▼今田絵里香『「少女」の社会史』(勁草書房、二〇〇七・二)。

2▼佐藤(佐久間)りか「少女読者の誕生」(『メディア史研究』一九号、二〇〇五・一二)や今田絵里香『「少女」の社会史』(前掲)。

3▼星野水裏「読者同士の交際を誡む」(『少女の友』二巻七号、一九〇九・六)。

4▼一記者「記者を怨んで自殺したといふ一投書家」(『少女の友』二巻九号、一九〇九・八)。

5▼瀧沢素水「少女小説　作文の投書」(『少女の友』二巻四号、一九〇九・三)。

6▼「テクスチュアル・ハラスメント」概念についてはジョアナ・ラス『テクスチュアル・ハラスメント』(小谷真理編訳、インスクリプト、二〇〇一・二)を参照。

7▼祐成保志『住宅の歴史社会学』(新曜社、二〇〇八・一〇)。

8▼読書の際に積極的に意味が生み出されていくプロセスにつ

いてはW・イーザー『行為としての読書』（轡田収訳、岩波書店、一九八二・三）等の受容理論における研究が参考となる。

9▼木下直之、吉見俊哉編『ニュースの誕生』（東京大学総合研究博物館、一九九九・十一）、富澤達三『錦絵のちから』（文生書院、二〇〇四・二）。

10▼大新聞と小新聞の区分を研究史としてまとめたものに土屋礼子『大衆紙の源流』（世界思想社、二〇〇二・一二）がある。

11▼錦絵新聞『錦画百事新聞』（第二四号、早稲田大学所蔵）。この記事では文字を読めない女性が恥をかいたエピソードを紹介している。錦絵新聞の研究としては土屋礼子『大阪の錦絵新聞』（三元社、一九九五・一二）がある。

12▼小野秀雄『日本新聞発達史』（前掲）。

13▼このエピソードはJ・G・ブラック『ヤングジャパン』（三巻、平凡社、一九七〇・七、一九五〜六頁）参照。John R. Black, *Young Japan*, Vol. 2, Kelly & Co., 1881, pp.371-372.

14▼有山輝雄『「中立」新聞の形成』（世界思想社、二〇〇八・五）。

15▼進藤咲子『明治時代語の研究』（明治書院、一九八一・十二）は、こうした新聞文体の差異をもとに読者層を考察する。また、山田俊治『大衆新聞がつくる明治の〈日本〉』（日本放送出版協会、二〇〇二・一〇）は識字意識の広がりに関心を向けている。

16▼山本正秀がこの点については指摘している（『近代文体発生の史的研究』岩波書店、一九六五・七）一九七頁。

17▼日本電報通信社『日本新聞広告史』（日本電報通信社、一九四〇・十一）。

18▼高木健夫『新聞小説史』（明治篇、国書刊行会、一九七四・一二）二四頁。

19▼前田愛『近代読者の成立』（有精堂出版、一九七三・十一）は、新聞掲載で新たな読者が掘り起こされた点を指摘。佐々木亨『明治戯作の研究』（早稲田大学出版部、二〇〇九・一〇）は、むしろ西南戦争ものの草双紙の好評と、新旧草双紙読者の増加を指摘。

20▼山本武利『近代日本の新聞読者層』（法政大学出版局、一九八一・六）。

21▼警視庁『警視庁統計書』（復刻、クレス出版、一九九七・七）。

22▼例えば関肇『新聞小説の時代』（新曜社、二〇〇七・一二）。

23▼前田愛『近代読者の成立』（前掲）。

24▼『松本清張研究』（一六号、二〇一五・三）における「清張と新聞」特集。また山本幸正『マス・メディア時代における新聞小説の研究　石川達三から松本清張へ』（博士論文、早稲田大学、二〇一七）を参照。

25▼野崎左文『私の見た明治文壇』（前掲）一〇頁。

26▼橋本求『日本出版販売史』（講談社、一九六四・一）。

27▼社史編纂委員会編『講談社の歩んだ五十年　明治・大正編』（講談社、一九五九・一〇）。

28▼近代女性文化史研究会編『婦人雑誌の夜明け』(大空社、一九八九・九)。

29▼『東洋画報』(一九〇三・五)。同誌はのち『近時画報』と改題。日露戦争期には『戦時画報』となった。早稲田大学図書館所蔵。

30▼鷹見本雄『国木田独歩の遺志継いだ東京社創業・編集者鷹見久太郎』(鷹見本雄、二〇〇九・十一)。

31▼拙著『読むということ』(前掲)第四章「読者、あるいは想像上の集団」で詳述。

32▼北原恵「元旦紙面にみる天皇一家像の形成」(荻野美穂編『性の分割線』青弓社、二〇〇九・一)ではマス・メディアによる皇室イメージの利用を追っている。

33▼女性雑誌と皇族画像、あるいはその戦後の展開については坂本佳鶴恵『女性雑誌とファッションの歴史社会学』(新曜社、二〇一九・三)がある。

34▼木村涼子『〈主婦〉の誕生』(吉川弘文館、二〇一〇・九)。

35▼『主婦之友』(一四巻一号、一九一七・二)。

36▼若桑みどり『戦争がつくる女性像』(筑摩書房、一九九五・九)。

37▼与那覇恵子・平野晶子監『戦前期四大婦人雑誌目次集成』(ゆまに書房、二〇〇三・三〜二〇〇六・三)、岩見照代編『「婦人雑誌」がつくる大正・昭和の女性像』(三〇巻、ゆまに書房、二〇一四・十一)や吉田健二編『占領期女性雑誌事典―解題目次総索引』(一三巻、金沢文圃閣、二〇〇三・六〜、現在九巻まで刊行)など。

38▼牟田和恵『戦略としての家族』(新曜社、一九九六・七)。

39▼牟田は『明六雑誌』から『国民の友』、『中央公論』や『太陽』といった雑誌を対象としている。

40▼岡田章子『女学雑誌と欧化』(森話社、二〇一三・二)。

41▼家庭のイメージが普及した後の変化に着目したものとして、小山静子『家庭の生成と女性の国民化』(勁草書房、一九九九・一〇)。

42▼Frederic G. Melcher ,"Booksellers in Japan and Their Buying," *Publishers Weekly*, June 14, 1947.

43▼『少年園』(一巻一号、一八八八・十一)。不二出版より復刻版が刊行されている。

44▼久米依子『「少女小説」の生成』(青弓社、二〇一三・六)。

45▼こうした研究事例としては吉田司雄「少年よ、「猿」から学べ」、高橋修「冒険をめぐる想像力」(金子明雄編『ディスクールの帝国』新曜社、二〇〇〇・四)等を参照。

46▼今田絵里香『「少女」の社会史』(前掲)。

47▼本田和子『子どもの領野から』(人文書院、一九八三・九)。

48▼渡部周子『〈少女〉像の誕生』(新泉社、二〇〇七・一二)、久米依子『「少女小説」の生成』(前掲)など。

49▼加藤謙一『少年倶楽部時代　編集長の回想』(講談社、一九六八・九)。

50▼佐藤忠男『少年の理想主義』(明治図書出版、一九六四・五)。

51▼渋沢青花『大正の「日本少年」と「少女の友」』（千人社、一九八一・一）。

52▼橋本求『日本出版販売史』（前掲）。

53▼角知行『識字神話をよみとく』（明石書店、二〇一二・九）。

54▼リチャード・ルビンジャー『日本人のリテラシー』（川村肇訳、柏書房、二〇〇八・六）。

55▼八鍬友広「一九世紀末日本における識字率調査」（『新潟大学教育学部紀要　人文・社会科学編』三二巻一号、一九九〇）同「近世社会と識字」（『教育学研究』七〇巻四号、二〇〇三・一二）、「明治期日本における識字と学校」松塚俊三、八鍬友広編『識字と読書』（昭和堂、二〇一〇・三）所収、大戸安弘・八鍬友広編『識字と学びの社会史』（思文閣出版、二〇一四・一〇）。

56▼こうした批判については菊池久一『〈識字〉の構造』（勁草書房、一九九五・一〇）を参照。

57▼かどやひでのり・あべやすし『識字の社会言語学』（生活書院、二〇一〇・一二）。

58▼日本図書館協会「図書館における障害を理由とする差別の解消を推進するガイドライン」（日本図書館協会ホームページ、https://www.jla.or.jp、二〇一六年三月作成、二〇二〇・一参照）。

59▼厚生労働省「平成一八年身体障害児・者実態調査結果」、及び「平成二三年生活のしづらさなどに関する調査（全国在宅障害児・者等実態調査）」（厚生労働省ホームページ、https://www.mhlw.go.jp/index.html、二〇二〇・一参照）、調査方法上の問題点については杉山雅章「点字利用と読書に関するアンケート調査の結果について」（『カレントアウェアネス』二七三号、二〇一四・一二）が参考となる。

60▼岩崎真理「夜間中学における識字教育　在日朝鮮女性一世の「経験」に焦点を当てて」（『早稲田大学大学院教育学研究科紀要 別冊』（一六巻一号、二〇〇八）。康潤伊・鈴木宏子・丹野清人編『わたしもじだいのいちぶです』（日本評論社、二〇一九・一）。植民地期朝鮮の識字と言語政策については三ツ井崇『朝鮮植民地支配と言語』（明石書店、二〇一〇・一二）が詳しい。

61▼永嶺重敏『〈読書国民〉の誕生』（日本エディタースクール出版部、二〇〇四・三）。

62▼兵藤裕己『声の国民国家・日本』（日本放送出版協会、二〇〇〇・十一）。

63▼『キング』（二巻八号、一九二六・八）。

64▼佐藤卓己『『キング』の時代』（岩波書店、二〇〇二・九）二〇五頁。

65▼坪井秀人『声の祝祭』（名古屋大学出版会、一九九七・八）、同『感覚の近代』（名古屋大学出版会、二〇〇六・二）の緒論を参照。

66▼渡辺裕『歌う国民』（中央公論新社、二〇一〇・九）。

67▼兵藤裕己『声の国民国家』（講談社、二〇〇九・一〇）、真鍋昌賢『浪花節　流動する語り芸』（せりか書房、二〇一七・三）。

68▼水谷悟『雑誌『第三帝国』の思想運動』（ぺりかん社、二〇一五・六）。

69▼河内聡子「雑誌『家の光』の普及過程に見るメディアの地域展開」（『日本文学』五八巻四号、二〇〇九・四）、同「『家の光』の誌面改良　梅山一郎の編集態度を中心に」（『リテラシー史研究』四号、二〇一一・一）、同「昭和前期農村における活字メディアの展開と受容　産業組合の出版活動を中心に」（『日本文芸論稿』三五号、二〇一一・三）等。

第3章◉読書の場所の歴史学

1▼『資本論』が収められた大鐙閣（及び而立社）版『マルクス全集』は全一〇冊で定価五七円三〇銭であった。（鈴木鴻一郎『『資本論』と日本』弘文堂、一九五九・一）。

2▼新藤雄介「大正期マルクス主義形態論　『資本論』未完訳期における社会主義知識の普及とパンフレット出版」（『マス・コミュニケーション研究』八六号、二〇一五・一）、及び同博士論文（『読書装置と知のメディア史　近代日本における書物をめぐる実践』（二〇一九年、東京大学）。

3▼京都集書院については多田建次『京都集書院』（玉川大学出版部、一九九八・九）が詳しい。図版は京都府立総合資料館蔵。

4▼三田村雅子『記憶の中の源氏物語』（新潮社、二〇〇八・一二）。

5▼芥川龍之介「舞踏会」（『新潮』三二巻一号、一九二〇・一）。

6▼「舞踏会」については拙著『越境する書物』（前掲）第六章「越境する文化を支えるもの」で詳述。

7▼アーザル・ナフィーシー『テヘランでロリータを読む』（市川恵里訳、白水社、二〇〇六・九）五五頁。

8▼橋本求『日本出版販売史』（前掲）。

9▼永嶺重敏『〈読書国民〉の誕生』（前掲）。

10▼宇田正『近代日本と鉄道史の展開』（日本経済評論社、一九九五・五）。

11▼ヴォルフガング・シベルブシュ『鉄道旅行の歴史』（加藤二郎訳、法政大学出版局、一九八二・十一）。

12▼山口ヨシ子『ダイムノヴェルのアメリカ』（彩流社・二〇一三・一〇）。

13▼路線や地域によって車内でのコミュニケーションの形は様々で、大正期ではあるが通勤時の列車内の人々が、「汽車会」といった社交の集まりを作って親しく交流していた事例もある。（渋沢青花『大正の「日本少年」と「少女の友」』前掲）。

14▼田山花袋「少女病」（『太陽』一九〇七・五）、武者小路実篤『お目出たき人』（洛陽堂、一九一一・二）。なお両者については拙論「読書としての文学史」（坪井秀人編『偏見というまなざし』青弓社、二〇〇一・四）で論じている。

15▼小関和弘『鉄道の文学誌』（日本経済評論社、二〇一二・五）。

16▼鉄道院『遊覧地案内』（鉄道院、一九一二・七）。

17▼荒山正彦『近代日本の旅行案内書図録』（創元社、二〇一八・五）。若林宣『帝国日本の交通網』（青弓社、二〇一六・一）。

18▼和田博文『飛行の夢』（藤原書店、二〇〇五・五）、同『海の上の世界地図　欧州航路紀行史』（岩波書店、二〇一六・一）。

19▼中根憲一『刑務所図書館』（出版ニュース社、二〇一〇・四）。

20▼大日本監獄協会『大日本刑獄沿革略史』（大日本監獄協会、一八九五・五）。早稲田大学図書館所蔵。

21▼藤岡了空『監獄差入本』（法蔵館、一八八九）。

22▼中根憲一『刑務所図書館』（出版ニュース社、二〇一〇・三）。

23▼矯正協会ホームページ(http://www.jca-library.jp/index.html)。

24▼黒岩比佐子『パンとペン』（講談社、二〇一〇・一〇）。

25▼中山弘明『戦間期の『夜明け前』』（双文社、二〇一二・一〇）。

26▼覆面の記者『兵営の告白』（厚生堂、一九〇八・九）に「由来兵営を以て別世界と云ひ、又之を目して高等監獄と云ふ」とある。

27▼山口ヨシ子『ダイムノヴェルのアメリカ』（前掲）。

28▼Princeton University Library, *Annual Report*, 1947, Princeton University University Archives.

29▼Vincent Starrett,ed., *Fourteen Great Detective Stories*, Modern Library,1928.

30▼モリー・グプティル・マニング『戦地の図書館』（松尾恭子訳、東京創元社、二〇一六・五）。John B. Hench, *Books as Weapons: Propaganda, Publishing, and the Battle for Global Markets in the Era of World War II*, Cornell University Press, 2010.

31▼石井敦『日本近代公共図書館史の研究』（日本図書館協会、一九七二・二）六五頁。

32▼中野綾子「読書する学徒兵の起源」（『近代文学第二次　研究と資料』五号、二〇一一・三）、同「戦時下学生の読書行為」（『日本文学』六一巻十一号、二〇一二・十一）。

33▼保阪正康『『きけ わだつみのこえ』の戦後史』（文芸春秋、二〇〇二・一二）。

34▼中野綾子「戦時下学生の読書行為　戦場と読書が結びつくとき」（『日本文学』六一巻十一号、二〇一二・十一）、同「慰問雑誌にみる戦場の読書空間　『陣中倶楽部』と『兵隊』を中心に」（『出版研究』四五号、二〇一五・三）。

35▼橋本求『日本出版販売史』（前掲）五〇〇頁。

36▼佐藤卓己『『キング』の時代』（前掲）。

37▼橋本求『日本出版販売史』（前掲）五〇九頁。

38▼中野綾子「戦没学生・佐々木八郎の読書体験」（『リテラシー史研究』四号、二〇一一・一）。同「学徒兵への読書推薦」（『リテラシー史研究』六号、二〇一三・二)。同「堀辰雄ブームの検証」(『日本文学』六二巻十一号、二〇一三・十一)。

39▼石井敦『日本近代公共図書館史の研究』(前掲)。

40▼文部省編『図書館管理法』(改訂版、金港堂書籍、一九一二・五)付録一三頁。

41▼竹林熊彦『近世日本文庫史』(大雅堂、一九四三・六)四一三頁。

42▼三浦太郎「図書館史」(『カレントアウェアネス』二九七号、二〇〇八・九)。

43▼文部省普通学務局『全国図書館に関する調査』(文部省普通学務局、一九二一・一〇)。

44▼石井敦『日本近代公共図書館史の研究』(前掲)。

45▼和田萬吉「地方文化の中心としての図書館」(『図書館雑誌』六一号、一九二四・九)。

46▼新藤雄介「明治30-40年代における書籍を巡る協同行為と地域組織　図書閲覧所から巡回文庫へ」(『マス・コミュニケーション研究』八〇号、二〇一二・一)、同「大正期における文庫の遍在　蔵書の多様化する形態と施設」(『マス・コミュニケーション研究』八五号、二〇一四・七)。

47▼今沢慈海『図書館経営の理論及実際』(叢文閣、一九二六・九)四九〇頁。今沢には『児童図書館の研究』(博文館、一九一八・二)もある。

48▼塩見昇『日本学校図書館史』(全国学校図書館協議会、一九八六・六)五八頁。

49▼拙稿「家庭に図書館を『小学生全集』がやってきた」(『リテラシー史研究』五号、二〇一二・二)。

50▼児童図書館研究会『児童図書館のあゆみ』(教育史料出版会、二〇〇四・三)。

51▼松本喜一「図書館事業の再検討」(『文部時報』五七九号、一九三七・三)。

52▼『文部省推薦並教学局図書思想関係発禁図書一覧』(教学局、一九四二・二)、荻野富士夫編『文部省思想統制関係資料集成』(第九巻、不二出版、二〇〇八・一二)所収。

53▼奥泉栄三郎「戦時教化・宣伝用刊行物の行方」(『現代の図書館』一九巻二号、一九八一・六)、『占領下の児童出版物とGHQの検閲』(共同文化社、二〇一六・六)。

54▼石田忠彦「鹿児島県立図書館所蔵「追放図書」について」(『国語国文薩摩路』四一号、一九九七・三)。各図書館への通達については近代日本教育制度史料編纂会編『近代日本教育制度史料』二八巻(大日本雄弁会講談社、一九五八・四)。

55▼日本図書館協会「公立図書館の指定管理者制度について2016」、及び指定管理者制度の図書館への導入状況や問題点の整理は同協会ホームページ(https://www.jla.or.jp)で公開されている。

56▼Cornell University Asian American Studies Program, Directory of Asian American Studies Programs, retrieved Nov. 12, 2013 from http://aaastudies.org/list/index.html.

57▼アジア系アメリカ文学研究会編『アジア系アメリカ文学記憶と創造』（大阪教育図書、二〇〇一・三）や、山本秀行、村山瑞穂編『アジア系アメリカ文学を学ぶ人のために』（世界思想社、二〇一一・九）。

58▼水野真理子『日系アメリカ人の文学活動の歴史的変遷』（風間書房、二〇一三・三）。翁久允については、翁久允『移植樹』（復刻版、大空社、二〇〇七・十一）、逸見久美『翁久允と移民社会』（勉誠出版、二〇〇二・十一）がある。

59▼神谷忠孝、木村一信『〈外地〉日本語文学論』（世界思想社、二〇〇七・三）や池内輝雄他編『外地日本語文芸への射程』（双文社、二〇一四・四）がある。

60▼『日本植民地文学精選集』（ゆまに書房、二〇〇〇・九～二〇〇一・九）満州、台湾、朝鮮、南洋群島、樺太の各編が刊行された。

61▼日比嘉高『ジャパニーズ・アメリカ』（新曜社、二〇一四・二）。

62▼日比嘉高「外地書店とリテラシーのゆくえ　第二次大戦前の組合史・書店史から考える」（『日本文学』六二巻一号、二〇一三・一）、同「戦前外地の書物取次　大阪屋号書店、東京堂、関西系・九州系取次など」（『インテリジェンス』一六号、二〇一六・三）。

63▼Andrew B. Wertheimer, Noriko Asato, "Library Exclusion and the Rise of Japanese Bookstores in Prewar Honolulu," *The International Journal of Information, Diversity, and Inclusion*, vol. 3-1, 2019.

64▼Edward Mack, "Diasporic Markets: Japanese Print and Migration in São Paulo, 1908-1935," *Bulletin of the Bibliographical Society of Australia and New Zealand*, 29 (2006)、エドワード・マック「日本文学の「果て」サンパウロの遠藤書店」（『立命館言語文化研究』）二〇巻一号、二〇〇八・九）。

65▼拙論「サンパウロ遠藤書店刊行『文化』の位置　付・総目次」（『リテラシー史研究』一三号、二〇二〇・一）。

66▼田村俊子の二世表象は、国策移民への批判の延長上に性や人種の問題系を構築していった点を論じた呉佩珍「ナショナル・アイデンティティとジェンダーの揺らぎ」（筑波大学文化批評研究会編『〈翻訳〉の圏域：文化・植民地・アイデンティティ』同会刊、二〇〇四・二）や、当時の移民表象との差異性を浮き彫りにする内藤千珠子「目に見えない懲罰のように　一九三六年、佐藤俊子と移動する女たち」（『検閲の帝国』新曜社、二〇一四・八）で問題化されている。また、日比嘉高「国際スポーツ・イベントによる主体化　一九三二年のロサンゼルス・オリンピックと田村（佐藤）俊子「侮蔑」」（『名古屋大学文学部研究論集　文学』六二号、二〇一六・三）は作中で日本人の教養が、日系二世を引きつけている点を指摘する。

67▼半田知雄、他七名「第二世諸君と日本文化を語る」（『文化』一号、一九三八・十一）。

68▼千政煥「一九三九、植民地朝鮮における読書　日帝末期の

読書文化と近代的大衆読者の再構成」（高栄蘭訳『研究紀要』八一、八二号、二〇一一）。

69▼高栄蘭「帝国日本の空間フレームと図書館　雑誌『朝鮮之図書館』をてがかりに」（『日本文学』六五巻十一号、二〇一六・十一）。

70▼拙著『書物の日米関係』（前掲）。

71▼駒込武『植民地帝国日本の文化統合』（岩波書店、一九九六・三）や河路由佳『日本語教育と戦争』（新曜社、二〇一一・十二）を参照。

72▼『ハワイ日本語学校教科書集成』（不二出版、二〇一一・十一〜二〇一二・十一）や、エドワード・マック編『シアトル版　日本の読本』（文生書院、二〇一二・一）などの復刻がなされている。戦前戦中の日本語教科書については東京外国語大学の国際日本学によって日本語教育振興会の所蔵資料が電子化、公開されている。（http://www.tufs.ac.jp/research/js/archive/）。

73▼村上美代治『満鉄図書館史』（村上美代治、二〇一〇・一二）。

74▼岡村敬二『満洲出版史』（吉川弘文館、二〇一二・一二）。

75▼朝鮮総督府鉄道局鉄道図書館『鉄道図書館案内』（鉄道図書館、［一九三四］）、また、新着書追加目録を逐次刊行する。昭和九年の図書雑誌の取次販売冊数は約二万八千冊、閲覧人数は約一四万人に及ぶ。

76▼『蔵書目録』（朝鮮総督府鉄道局鉄道図書館、一九二九・三）。早稲田大学図書館所蔵。

第4章◉書物と読者をつなぐもの

1▼鳥飼玖美子『通訳者と戦後日米外交』（みすず書房、二〇〇七・八）四頁。

2▼武田珂代子『東京裁判における通訳』（みすず書房、二〇〇八・一二）四〜五頁。

3▼小田光雄『出版社と書店はいかにして消えていくか』（ぱる出版、一九九九・六）。

4▼荻野富士夫『太平洋の架橋者　角田柳作』（芙蓉書房出版、二〇一一・四）。チャールズ・E・タトルは「Books to span the East & West」を自社のロゴや叢書名で用いている。

5▼早稲田大学創立 125周年杵国際シンポジウム「角田柳作」は、その開催報告が図書館によって公開されている（http://www.wul.waseda.ac.jp/TENJI/tsunoda_symposium）。

6▼角田柳作には著作として『井原西鶴』（民友社、一八九七・五）、『書斎、学校、社会』（布哇便利社出版部、一九一七・一）、訳書として『社会之進化』（開拓社、一八九九・一）、『倫理学史』（金港堂書籍、一九〇四・二）がある。

7▼角田柳作『書斎、学校、社会』（布哇便利社出版部、一九一七・一）。

8▼Society for Japanese Studies, Minute of the Annual Meeting,

February 6, 1941. Columbia University, C. V. Starr East Asian Library, Director's Office.コロンビア大学の日本語蔵書史については拙著『書物の日米関係』（前掲）二章「蔵書の記憶、蔵書の記録」に詳しい。

9▼『日米文化学会に御下賜、寄贈の図書（絵画、標本その他の文化資料を含む）目録』（一九三六・一〇）。

10▼「紐育に設ける日本文化協会」（『読売新聞』一九二八・一・二四）、「ニューヨーク市に『日本の家』を建設　書籍や美術品をあつめて　我国の真情を紹介」（『朝日新聞』一九二九・二・一五）。

11▼「紐育に創設せらる丶日本の文化的事業　上　角田の計画角田柳作氏意見」（『紐育新報』一九二六年一〇月一三日）。「紐育に創設せらる丶日本の文化的事業　下　角田の計画角田柳作氏意見」（『紐育新報』一九二六年一〇月一六日）。"Japanese Centre to be Opened Here", *New York Times*, July 31, 1929.

12▼国際文化振興会の関係資料については国際交流基金図書館に所蔵、電子化されており、同機関で閲覧できる。

13▼ユウジ・イチオカ『抑留まで　戦間期の在米日系人』（ゴードン・チャン、東栄一郎編、関元訳、彩流社、二〇一三・一〇）。

14▼イギリスの事例では大庭定男『戦中ロンドン日本語学校』（中央公論社、一九八八・二）、小山騰『ケンブリッジ大学と近代日本研究の歩み』（勉誠出版、二〇一七・八）がある。

15▼磯部敦『出版文化の明治前期』（ぺりかん社、二〇一二・二）。

16▼Stephens Rockwell, "Rutland, Vermont and Tokyo," *Vermont Life*, Vol.22, 1967.

17▼「海外出版読書界の動向」（『日本読書新聞』一九四七年一二月一七日）。

18▼「海外出版読書会の動向」（『日本読書新聞』前掲）。タトルは民間情報教育局の立場で読書週間記念講演に出席、講演している。

19▼Charles E. Tuttle, Letter to New York *Herald Tribune*, January 30, 1952. CET Papers, Charles E. Tuttle Library.

20▼芦田勲。坂西志保宛の書簡、一九四〇年一二月十八日付。国際文化振興会「日米図書交換事業」、同「日米図書交換事業国内規定」（一九四〇・九）。Library of Congress, Asian Reading Room.

21▼プランゲコレクションの米国への移動の経緯については、拙著『越境する書物』（前掲）、山本武利「CCD閉鎖とプランゲ文庫の誕生」（『インテリジェンス』二〇号、二〇二〇・三）に詳しい。

22▼Bill Hume, *Babysan: A private look at the Japanese occupation*, American Press, January, 1953.

23▼Charles E. Tuttle, *Japanese Current Periodicals, Catalog J253, 1952*, Charles E. Tuttle Library.

24▼当時の米国各大学の目録作成事情については拙著『書物の

日米関係』第六章「日本の書物をどう扱うか」に詳しい。

25▼宮田昇『翻訳権の戦後史』（みすず書房、一九九九・二）。

26▼"US Books Ranks Fifth in Japan, Publisher Says", *Honolulu Advertiser*, May 28, 1952.

27▼『シルバーベルズ』については谷暎子「ぎんのすず英語版『SILVER BELLS』総目次と概要」（『すずのひびき』三号、二〇〇五・五）がある。

28▼Frederic G. Melcher, "Booksellers in Japan and Their Buying", *Publishers Weekly*, June 14, 1947.

29▼松井富一『国際的出版年建設の夢　広島図書の現在と将来』（広島図書、一九四九・六）。

30▼"Magic in Hiroshima," *Time*, January 9, 1950.

第5章◉書物が読者に届くまで

1▼東京出版販売『出版販売小史』（東京出版販売、一九五九・九）。

2▼こうした流れを概観したものとして柴野京子『書棚と平台』（弘文堂、二〇〇九・八）がある。

3▼前田愛『近代読者の成立』（有精堂出版、一九七三・十一）「大正期通俗小説の展開」や「読者論小史」参照。

4▼こうした批判については、佐藤卓己『キングの時代』（岩波書店、二〇〇二・九）五二頁。

5▼鈴木俊幸『江戸の読書熱』（平凡社、二〇〇七・二）。

6▼東京出版販売『出版販売小史』（前掲）。

7▼社史編纂室編『読売新聞八十年史』（読売新聞社、一九五五・一二）。

8▼三宅俊彦『時刻表百年のあゆみ』（交通研究協会、一九九六・十一）。

9▼日刊新聞通信社『日本新聞販売史』（日刊新聞通信社、一九三一・五）。

10▼日刊新聞通信社『日本新聞販売史』（前掲）。

11▼矢作勝美「近代における揺籃期の出版流通」（『出版研究』一二号、一九八二・三）。

12▼東京出版販売『出版販売小史』（前掲）。

13▼東京堂『東京堂百年の歩み』（東京堂、一九九〇・五）。

14▼図版は東京堂『東京堂百年の歩み』（前掲）より転載。

15▼橋本求『日本出版販売史』（前掲）。

16▼元東京堂の鈴木徳太郎の言。（橋本求『日本出版販売史』（前掲）一八四頁）。

17▼橋本求『日本出版販売史』（前掲）。

18▼小田光雄『出版社と書店はいかにして消えていくか』（前掲）。

19▼高美書店の場合、元取次は北隆館を利用するが、出版社との書籍の直接取引は明治、大正期を通して活発に行われてもいる。

20▼小林静生編『東京古書籍組合五十年史』（東京都古書籍商業協同組合、一九七四・一二）。

21▼佐藤卓己『キングの時代』(前掲)。

22▼ゆまに書房(http://www.yumani.co.jp)、金沢文圃閣(https://kanazawa-bumpo-kaku.jimdo.com/)。

23▼教育史編纂会編『明治以降教育制度発達史　第一巻』(龍吟社、一九三八・五)。

24▼「文部省布達六六号」(一八七三・五)。許可された書目は布達で追加され、明治八年「文部省布達九号」で文部省の蔵版はすべて翻刻が許可された。

25▼稲岡勝「明治前期教科書出版の実態とその位置」(『出版研究』一六号、一九八六・三)、渡辺慎也「文部省蔵版教科書の地方における翻刻実態　宮城県を事例として」(『出版研究』二〇号、一九八九)、「筑摩県における教科書・掛図翻刻事業と高美甚左衛門」(『中央大学文学部』紀要　文学科』九一号、二〇〇三・三)。

26▼仲新『近代教科書の成立』(大日本雄弁会講談社、一九四九・七)における出版地別の推計。

27▼全国教科書供給協会編『全国教科書供給協会五十年史』(全国教科書供給協会、一九九八・一〇)。

28▼『小学校教則綱領』(黒羽弥吉編集発行、一八八一・一〇届出)。

29▼「小学教科書ノ過去、現在、及び未来」(『国家教育』二三号、一八九四・四)。

30▼『文部省年報』第十一年。

31▼「教科書の選択には干渉の薄きを望む」(『教育時論』三一号、一八八六・二)。

32▼教育史編纂会編『明治以降教育制度発達史　第三巻』(龍吟社、一九三八・九)。

33▼稲岡勝「明治検定期の教科書　出版と金港堂の経営」(『東京都立中央図書館研究紀要』二四号、一九九四・三)。

34▼矢作勝美『大日本図書百年史』大日本図書、一九九二・四)。

35▼前田曙山『にこり水』(春陽堂、一八九九・一〇)や内田魯庵『社会百面相』(博文館、一九〇二・六)の他、教科書事件を素材とした蝴蝶仙史『夢物語』(東洋社、一九〇三・六)がある。

36▼「文部省令　第二号」(一九〇一・一・一二)。

37▼この経緯については宮地正人「教科書疑獄事件」『日本政治裁判史録　明治・後』(第一法規出版、一九六八・十一)、森永英三郎「教科書事件」(『法学セミナー』一一五号、一九六五・一〇)が詳しい。図に示したのは胡蝶仙史『教科書事件』(東洋社、一九〇三・六)国立国会図書館所蔵。

38▼教育史編纂会編『明治以降教育制度発達史　第四巻』(龍吟社、一九三八・五)。

39▼とはいえ、国定教科書制度に対しては、国による教科書制作ということ自体への疑義を含め、その後批判も続いている。土方苑子「大正期の国定教科書反対論・資料と解説　大隈首相の国定制度打破論と教科書の改訂」(『国民教育』五二号、一九八二・四）参照。

40▼国定教科書共同販売所編『国定教科書二十五年史』（国定教科書共同販売所、一九二八・八）。

41▼東京書籍社史編集委員会編『近代教科書の変遷』（東京書籍、一九八〇・九）。

42▼日比嘉高「外地書店とリテラシーのゆくえ　第二次大戦前の組合史・書店史から考える」（前掲）。

43▼鈴木俊幸『江戸の読書熱』（前掲）、同『一九が町にやってきた』（高美書店、二〇〇一・一）。

44▼矢ヶ崎栄次郎『回顧の五十年』（鶴林堂書店、一九四一・十一）。

45▼花井文松『篠ノ井線鉄道旅行案内』（高美書店、一九〇二・六）、丸山注連三郎他『槍が嶽の美観』（慶林堂高美書店、一九〇六・九）。

46▼和田敦彦編『明治期書店文書　信州・高美書店の近代』（一～六巻、金沢文圃閣、二〇一七・四～二〇一八・四）。

47▼博文館「高美書店宛書簡　博文館特約売捌規程」（和田敦彦編『明治期書店文書　信州・高美書店の近代』（前掲）三巻所収）一五頁。

48▼民友社「国民之友売捌所勘定簿」（［一八九一・一二・十二］、高美書店資料　番号八・三四五六）。

49▼福田良太郎『北隆館五十年を語る』（一九四〇・十一）。北隆館の事業拡張の折の通知文書も、高美書店には遺されている。

50▼北隆館「北隆館書簡」（和田敦彦編『明治期書店文書　信州・高美書店の近代』（前掲）二巻所収）二六八頁。慶林堂は高美書店のこと。

51▼教科書販売契約についての西澤書店と高美書店の関係については柴野京子「国定教科書特約販売所としての地方書誌」（和田敦彦編『国定教科書はいかに売られたか』ひつじ書房、二〇一一・三）所収）に詳しい。

52▼国定教科書共同販売所編『国定教科書二十五年史』（国定教科書共同販売所、一九二八・八）、和田敦彦編『国定教科書はいかに売られたか』（ひつじ書房、二〇一一・三）。

53▼太田水穂「先代十三年忌に際して」（矢ヶ崎栄次郎『回顧の五十年』（前掲）所収）。

54▼信濃書籍雑誌商組合『信濃書籍雑誌商組合三十年史』（信濃書籍雑誌商組合、一九三八・六）。

55▼信濃書籍雑誌商組合『信濃書籍雑誌商組合三十年史』（前掲）。

56▼米国海軍政府布告第八号「一般警察及安全に関する規程」（月刊沖縄社編『アメリカの沖縄統治関係法規総覧四』月刊沖縄社、一九八三・五）。

57▼文教局研究調査課編『琉球史料　第三集』（琉球政府文教局、一九五八・七）。

58▼「教科書来る　一三〇万冊」（『うるま新報』一九四八・六・十一）。

59▼「教科書続々入荷」（『うるま新報』一九四八・八・六）。

60▼文教局研究調査課編『琉球史料　第三集』（前掲）二六二頁。

61▼文教局研究調査課編『琉球史料　第三集』（前掲）一六頁。

62▼吉田裕久『戦後初期国語教科書史研究』（風間書房、二〇〇一・三）、同『占領下沖縄・奄美国語教科書研究』（風間書房、二〇一〇・三）。

63▼屋良朝苗『沖縄教職員会一六年』（労働旬報社、一九六八・一〇）。

64▼望月政治編『わが国出版物輸出の歴史』（望月正捷、一九七一・四）、「六十年のあゆみ」編集委員会編『日本出版貿易会社六十年のあゆみ』（日本出版貿易、二〇〇二・一）。

65▼片岡春樹「沖縄　その現状と出版貿易の事情」（『出版ニュース』四月中旬号、一九六〇・四）。

66▼本土各府県での戦後の教科書特約供給所の再編、及び取次配送機関の変化については覚張良次編『全国教科書供給協会二十年史』（全国教科書供給協会、一九六八・十二）に詳しい。

67▼沖縄タイムス社編『私の戦後史』（前掲）。

68▼新城信一他編『当銘由金』（『当銘由金』出版委員会、一九八六・一〇）。

69▼大宜見朝徳編『沖縄商工名鑑　一九五五年度版』（沖縄興信所、一九五五・九）。

70▼新城信一他編『当銘由金』（前掲）六五頁。

71▼今日、沖縄公文書館には、各教育地区の小学校からの、学校図書館蔵書発注書目のリスト、契約書類が豊富に遺されているが、琉球文教図書がその大部分を扱っている。琉球政府文教局管理部義務教育課「学校図書館補助金による図書購入契約書　一九六七年度中部連合区教育委員会」（沖縄県立公文書館）。

72▼例えば琉球政府の企画局長をも務めた宮城信勇は、五十年代に琉球文教図書の八重山支店長の職にあったが、同地の一般書籍販売店舗は、沖縄本島からの顧客がいつも楽しみにするほど充実したものであったという。（宮城信勇。著者による聞き取り、二〇一一・八・六）。

73▼大宜見朝徳編『沖縄商工名鑑　一九五三年度版』（沖縄興信所、一九五三・九）。

74▼新城信一他編『当銘由金』（前掲）。また、『日本出版貿易会社六十年のあゆみ』（前掲）によれば、日本出版貿易もこの価格安定の調整役を担っていたという。

75▼沖縄における古書店の変遷については桑原守也他『南島の希書を求めて』（根元書房、一九八四・一）を参照。

76▼佐藤善五郎他『南島の希書を求めて』（根元書房、一九八四・一）。

77▼鹿野政直「在沖縄アメリカ軍の文化政策と『今日の琉球』の発刊」（『史観』一〇〇号、一九七九・三）、同「今日の沖縄をとおしてみた在沖縄アメリカ軍の文化政策」（『日本歴史』三七五号、一九七九・八）。

78▼琉米文化会館については、小林文人・平良研一編『民衆と社会教育』（エイデル研究所、一九八八・二）、『沖縄の図書館』編集委員会編『沖縄の図書館』（教育史料出版会、二〇〇〇・一〇）に詳しい。漢那憲治「米軍占領下の沖縄における図書館についての総合的研究」（『梅花女子大学文化表現学部紀要』一号、二〇〇四・一二）、同「宮古琉米文化会館の歩みとその活動」（『同志社大学図書館学年報』三三号（別冊）、二〇〇七・七）では残存する琉米文化会館蔵書についての調査や聞き取りもなされている。琉米文化会館関係資料は文教局教育研究課編『琉球史料　第十集文化編二』（琉球政府文教局、一九六四・六）や那覇市市民文化部歴史資料室編『那覇市史　資料編第三巻二』（那覇市、二〇〇二・三）等に再録されている。

79▼儀部守男「文化会館図書部の状況」（『今日の琉球』二巻一号、一九五七・一二）。

80▼「座談会　琉米文化会館時代を語る」（『沖縄県図書館協会誌』十一号、一九八四・七）。

81▼玉城盛松「琉球政府立図書館」（『沖縄の図書館』編集委員会編『沖縄の図書館』教育史料出版会、二〇〇〇・一〇）六八頁。

82▼玉城盛松、著者による聞き取り（二〇一二・八・六）。

83▼青柳郁太郎『ブラジルに於ける日本人発展史　下巻』（同刊行委員会、一九四一・一二）。

84▼青柳郁太郎『ブラジルに於ける日本人発展史　下巻』（前掲）。

85▼『日本移民80年史編纂委員会『ブラジル移民八十年史』（移民80年祭祭典委員会、一九九一・六）一三二頁。

86▼青柳郁太郎『ブラジルに於ける日本人発展史　下巻』（前掲）。

87▼『アバレー時報』（一九三六・五・一〇）、同（一九三七・六・一〇）の掲載広告。

88▼「アバレーに入る雑誌一ヶ月に二百五十冊」（『アバレー新聞』一九三七・九・一〇）。

89▼外務省文化事業部「昭和六年　伯国ニ於ケル外国人文化事業ノ概要」（一九三一・六、JACAR　B10070612600）。

90▼「アリアンサ読書会生る」（『アリアンサ時報』一九三九・八・一二）。

91▼第三アリアンサ移住地開拓六十年記念写真集編纂委員会『第三アリアンサ移住地開拓六十年記念写真集』（同第三アリアンサ区長会、一九九〇・三）。

92▼根川幸男『ブラジル日系移民の教育史』（みすず書房、二〇一六・一〇）一一二頁。

93▼『ブラジル時報』（一九三六・八・五）。

94▼無署名「青年巡回文庫図書到着」（『アバレー新聞』一九三六・一〇・二五）や無署名「教育普及会編纂教科書当アバレーに到着」（『アバレー新聞』一九三七・二・二〇）。

95▼サンパウロ市父兄教育会は、一九三六年三月に日本人教育普及会に改組する。さらに翌年一〇月には日本人文教普及会となる。

96▼安藤全八「図書難」（『文化』一号、一九三八・十一）。

97▼無署名「片々録」（『文化』六号、一九三九・四）。

98▼半田知雄『移民の生活の歴史』（サンパウロ人文科学研究所、一九七〇・六）五七四頁。

99▼半田知雄『半田知雄日記』（サンパウロ人文科学研究所所蔵）による。

100▼安藤全八「図書難」（『文化』一号、一九三八・十一）、「片々録」（『文化』六号、一九三九・四）。

101▼佐々木剛二「統合と再帰性　ブラジル日系社会の形成と移民知識人」（『移民研究年報』一七号、二〇一一・三）。

102▼入選の発表は八号でなされ、入選者十名には雑誌『文化』一年分が贈呈されることになっていたが、『文化』は次の九号で終巻を迎える。

第6章◉書物の流れをさえぎる

1▼大滝則忠「戦前期出版警察法制下の図書館　その閲覧禁止本についての歴史的素描」（『参考書誌研究』二号、一九七一・一）、大滝則忠、土屋恵司「帝国図書館文書にみる戦前期出版警察法制の一側面」（『参考書誌研究』一二号、一九七六・三）。

2▼例えば明治期の児童向け雑誌『こども』の場合、第三種郵便物の認可を得られなくなった点が廃刊の致命的な要因として指摘されている（木村小舟『少年文学史　明治篇　上』童話春秋社、一九四二・七）。

3▼中村能二『黙示』（新潮社、一九二五・九）。「安寧禁止」の印が押されていることが分かる。原本には検閲官の書き込みが見られることも多い。国立国会図書館所蔵。

4▼窪川書店『古本の花』（窪川書店、一九三〇・五）。

5▼畑中繁雄『覚書昭和出版弾圧小史』（図書新聞社、一九六五・八）一七頁。

6▼戦前の検閲制度を概観したものとしては、奥平康弘「検閲制度」（鵜飼信成他編『講座日本近代法発達史　十一』、勁草書房、一九六七・五）、西田長寿『明治時代の新聞と雑誌』（至文堂、一九六一・八）がある。

7▼内川芳美『現代史資料　四〇』（みすず書房、一九七三・一二）、『現代史資料四一』（みすず書房、一九七五・一〇）は言論統制に関する法規類を集成。

8▼鈴木清一郎『台湾出版関係法令釈義』（杉田書店、一九三七・五）。

9▼『台湾出版警察報』（不二出版、二〇〇一・二）、現存の一九三〇年一月から一九三二年六月分を復刻。

10▼河原功『翻弄された台湾文学』（研文出版、二〇〇九・六）。

11▼鄭根埴「日帝下の検閲機構と検閲官の変動」（『東洋文化』八六号、二〇〇六・三）。

12▼『朝鮮出版警察月報』では内地の『出版警察月報』の情報が共有されていた。（高栄蘭「移動する検閲空間と拡散する朝鮮語」『インテリジェンス』一四号、二〇一四・三)。

13▼これによる処罰者の詳細は宮武外骨『筆禍史』(増補四版、朝香屋書店、一九一六・九)に詳しい。

14▼西田長寿『明治時代の新聞と雑誌』(前掲)。

15▼明治二〇年には出版条例は、「学術技芸」に関する雑誌は出版条例のもとで出すことを可能としており、そこには性別の規制はない。

16▼司法処分として、また陸海、外務大臣による掲載記事の禁止や制限も可能であったが、発禁の権能は内務省にのみあった。

17▼中園裕『新聞検閲制度運用論』(清文堂出版、二〇〇六・六)一六八頁。

18▼奥平康弘「検閲制度」(鵜飼信成他編『講座日本近代法発達史 十一』(前掲))。

19▼中園裕『新聞検閲制度運用論』(前掲)。

20▼内務省警保局『出版警察報』(一九二八・一〇〜一九四四・三、複製版、龍溪書舎、一九八一・四〜一九八六・四)。

21▼内務省警保局『出版警察概観』(一九三〇〜一九三五、複製版、不二出版、一九八八・四)。

22▼荻野富士夫編『特高警察関係資料集成』不二出版、一九九四・六〜二〇〇四・一二)。

23▼『台湾出版警察報』(前掲)。鄭晉錫編『朝鮮出版警察月報』(韓国教会史文献研究院、二〇〇七・一〇)、一九二八年九月から一九三八年一二月を復刻)。

24▼『出版警察関係資料集成』(不二出版、一九八六・四)。この集成に収められた『最近出版物の傾向』シリーズや『出版警察概観』からは統計データを含めた概要が把握できる。

25▼粟屋憲太郎、中園裕編『内務省新聞記事差止資料集成』(日本図書センター、一九九六・一)、同『戦時新聞検閲資料』(現代史料出版、一九九七・六)。

26▼中園裕『新聞検閲制度運用論』(前掲)。

27▼改造社の場合、その出版関係資料は鹿児島県の川内まごころ文学館や慶應義塾大学図書館にまとまって寄贈され、慶應義塾図書館改造社資料刊行委員会編『改造社出版関係資料』(雄松堂出版、二〇一〇・二)、改造社関係資料研究会編『光芒の大正』(思文閣出版、二〇〇九・二)といった形で刊行されている。

28▼斉藤昌三「増補近代文芸筆禍史」(『文芸市場』一九二六・十一)。

29▼大塚奈絵「受入後に発禁となり閲覧制限された図書に関する調査」(『参考書誌研究』七三号、二〇一〇・十二)。

30▼内務省警保局『出版警察概観』(前掲)や、『最近出版物の傾向』(復刻は『出版警察関係資料集成　第三〜四巻』(不二出版、一九八六・四))から統計的な変化は追うことが可能である。

31▼堺利彦『楽天囚人』(丙午出版社、一九一一・六)。引用は同書の高島米峰「『楽天囚人』の後に」。

32▼中野栄三「伏字考」（『書物展望』四巻九号、一九三四・九）

33▼こうした伏せ字の多様な可能性については牧義之『伏字の文化史』（森話社、二〇一四・一二）が参考となろう。

34▼「『破垣』発売停止に就き当路者及江湖に告ぐ」（内田魯庵『社会百面相』博文館、一九〇二・六）。

35▼内田魯庵「「破垣」に就いて」では風俗壊乱を前提とするが、馬屋原成男『日本文芸発禁史』（創元社、一九五二・七）は安寧秩序紊乱に近いとする。明治期の単行本については、内務省が昭和一〇年に作成した内務省警保局『禁止単行本目録自明治21年至昭和9年』（湖北社、一九七六・七）で区分が分かる。むろんこれは内部資料であり、当時公開されていたものではない。

36▼「恋ざめ」（『日本新聞』一九〇七・十一・一八～一九〇八・一・四）は、一九〇八年に新潮社から出版された段階で発禁となった。

37▼大宅壮一「代官政治としての検閲制度」（朝日新聞社『検閲制度批判』朝日新聞社、一九二九・一二）。

38▼「文藝取締現状　有松警保局長談」（『東京日日新聞』（東京版）一九〇九・七・六）。

39▼彼が発禁となった述べる『接吻の後』は、発禁となったことが確認できない。内校本については国立国会図書館でも所蔵、公開されている。

40▼『昭和五年中に於ける出版警察概観』（内務省警保局、一九三一・一）。復刻版、内務省警保局編『出版警察概観　昭和五～一〇』（龍渓書舎、一九八一・一）。

41▼雑誌『中央公論』における性の言説については拙著『読むということ』（前掲）第四章「読者、あるいは想像上の集団」を参照。

42▼光石亜由美『自然主義文学とセクシュアリティ』（世織書房、二〇一七・三）はこうした実践として参考となる。

43▼和田利夫『明治文芸院始末記』（筑摩書房、一九八九・一二）。

44▼高島米峰「発売禁止と原稿検閲」（『日本及日本人』四七七号、一九〇八・二）。

45▼昇曙夢は当時「新小説」（一九〇九・一〇）で「深淵」が発禁となったがこれは発行当日の処分であった。昇曙夢「発売禁止の思ひ出」（『文芸市場』二巻十一号、一九二六・十一）。

46▼馬屋原成男『日本文芸発禁史』（前掲）。

47▼河原理子『戦争と検閲』（岩波書店、二〇一五・六）。

48▼昇曙夢「発売禁止の思ひ出」（前掲）。

49▼水島治男『改造社の時代　戦前編』（図書出版社、一九七六・五）二五頁。

50▼橋本求『日本出版販売史』（前掲）。

51▼まとまって利用可能となった改造社関係資料を活用した紅野謙介『検閲と文学』（河出書房新社、二〇〇九・一〇）はこうした成果と言えよう。

52▼まとまった研究としてはモニカ・ブラウ『検閲 1945-1949 禁じられた原爆報道』（立花誠逸訳、時事通信社、一九八八・一二）江藤淳『閉された言語空間』（文芸春秋、一九八九・八）が早い。

53▼小川元「政治史料課所蔵日本占領関係資料の概要」（『参考書誌研究』三八号、一九九〇・九）。

54▼山本武利『占領期メディア分析』（法政大学出版局、一九九六・三）、有山輝雄『占領期メディア史研究』（柏書房、一九九六・九）等。

55▼『出版文化』（一九四六・七・十一、プランゲ文庫コレクション・マイクロフィッシュ版 S二三六九）。

56▼20世紀メディア情報データベース（インテリジェンス研究所、http://20thdb.jp/、二〇一四年二月参照）。

57▼清水文吉『本は流れる』（日本エディタースクール出版部、一九九一・一二）。

58▼日本新聞販売協会新聞販売百年史刊行委員会編『新聞販売百年史』（日本新聞販売協会、一九六九・三）。

59▼清水文吉『本は流れる』（前掲）。

60▼SCAPIN（対日指令集）―16: Freedom of Press and Speech, September 10, 1945.（竹前栄治『ＧＨＱ指令総集成』二巻、エムティ出版、一九九三・一二）。

61▼Chief of Counter-Intelligence, GHQ, AFPAC, AFPAC Basic Plan for Civil Censorship in Japan, Revised 30, September 1945, 国立国会図書館 CIS: 02457.

62▼一九四七年八月にラジオ、一九四八年の七月に新聞もすべて事後検閲に移行。Civil Censorship Detachment Chronological History, Civil Censorship Detachment, July 1948, 国立国会図書館 CIS: 02498.

63▼規程については山本武利『ＧＨＱの検閲・諜報・宣伝工作』（岩波書店、二〇一三・七）。

64▼十重田裕一「文芸雑誌「人間」にみる事前検閲と事後検閲の光と影」（『インテリジェンス』八号、二〇〇七・四）。

65▼有山輝雄『占領期メディア史研究』（前掲）二二三頁。

66▼堀場清子『原爆表現と検閲』（朝日新聞社、一九九五・八）、同『禁じられた原爆体験』（岩波書店、一九九五・六）。

67▼モニカ・ブラウ『検閲 1945~1949 禁じられた原爆報道』（前掲）。

68▼横手一彦『長崎・そのときの被爆少女』（時事通信出版局、二〇一〇・八）。

69▼五味渕典嗣「紙の支配と紙による支配」（『インテリジェンス』一二号、二〇一二・三）。

70▼山本武利『占領期メディア分析』（前掲）。

71▼通信社については通史的に追った有山輝男『情報覇権と帝国日本Ｉ』（吉川弘文館、二〇一三・六）を参照。

72▼電通通信史刊行会『電通通信史』（電通通信史刊行会、一九七六・九)。

73▼この経緯については有山輝雄『占領期メディア史研究』(前掲)が詳しい。

74▼清水文吉『本は流れる』(前掲)。

75▼内務省委託本として千代田図書館では公開。発禁とはなっていないが、検閲の正本には検閲官の意見が記されたものもある。

76▼これらの書物は、国立国会図書館の請求記号に「特 500」を含んでいる。例示は山本春雄『男女の秘密』(花山堂書院、一九二四・五)。

77▼これらは請求記号「特 501」を含む。

78▼「米国に残された戦前の検閲の痕跡　LC所蔵 内務省検閲発禁図書」(『国立国会図書館月報』六八〇、二〇一七・一二)。https://rnavi.ndl.go.jp/kensei/entry/JCC.php。

79▼福島鋳郎「接収公文書返還の周辺」(『出版研究』六号、一九七五・一〇)。

80▼国立公文書館アジア歴史資料センター(http://www.jacar.go.jp/)。

81▼荻野富士夫編『特高警察関係資料集成』(一〜三四、不二出版、一九九一・六〜二〇〇四・六)。

82▼日本図書センターから、『敗戦時全国治安情報』(一九九四・十二)、『太平洋戦争期内務省治安対策情報』(一九九六・六)、『内務省新聞記事差止資料集成』(一九九六・一)が国際検察局押収重要文書として刊行。

83▼Yoshiko Yoshimura, *Japanese Government Documents and Censored Publications, A Checklist of the Microfilm Collection, Library of Congress*, 1992., *Censored Japanese Serials of the Pre-1946 Period, A Checklist of Microfilm Collection*, Library of Congress, 1994. 吉村敬子『戦前・戦後検閲資料及び文書　1955年以前 米国議会図書館マイクロ化資料チェックリスト』(一〜三巻、文生書院、二〇〇九・七)。

84▼20世紀メディア情報データベース(インテリジェンス研究所、http://20thdb.jp/ 二〇一四・一一・一五参照)。

85▼坂口英子「占領期(1945〜1949)ＧＨＱの出版物検閲」(『インテリジェンス』一二号、二〇一二・三)。

86▼これら児童書の目録データは国立国会図書館サーチに統合されている。また、これら児童書はデジタル化されており、国立国会図書館や国際子ども図書館で閲覧可能となっている。

87▼内政史研究会『土屋正三氏談話速記録』(内政史研究会資料第五九、六〇集、内政史研究会、一九六七・一二)。滑川道夫『体験的児童文学史』(国土社、一九九三・八)。

88▼宇野慎三『出版物法論』(巌松堂書店、一九二二・一二)、土屋正三『出版警察法大要』(大学書房、一九二八・一〇)、生悦住求馬『出版警察法概論』(松華堂書店、一九三五・一)。

89▼佐伯郁郎『少国民文化をめぐって』(日本出版社、一九四三

・十二）、田島太郎『検閲室の闇に呟く』（大日本活動写真協会、一九三八・一〇）。

90▼村山龍「〈文学のわかる〉検閲官　佐伯慎一（郁郎）について」（『「内務省委託本」調査レポート』一五号、二〇一七・三）。

91▼安野一之「ある検閲官の肖像　内山鋳之吉の場合」（『「内務省委託本」調査レポート』一六号、二〇一七・三）。

92▼拙論「米国における日本語蔵書の可能性　米国議会図書館所蔵の戦前戦中検閲資料から」（甚野尚志・河野貴美子編『近代人文学はいかに形成されたか』（勉誠出版、二〇一九・二）所収）。

93▼鄭根埴「日帝下の検閲機構と検閲官の変動」（『東洋文化』八六号、二〇〇六・三）。

94▼戦時下、及び占領期の日本語通訳については武田珂代子『東京裁判における通訳』（みすず書房、二〇〇八・一二）、J・C・マクノートン『もう一つの太平洋戦争』（森田幸夫訳、彩流社、二〇一八年八月）を参照。

95▼家永三郎『家永三郎集　八　裁判批判・教科書検定論』（岩波書店、一九九八・七）。

96▼教科書協会『教科書発行の現状と課題　二〇一三年度版』（教科書協会、二〇一三・七）。

97▼白田秀彰『性表現規制の文化史』（亜紀書房、二〇一七・八）。

第7章◉書物の来歴

1▼ハーバード大学の日本学については拙著『書物の日米関係』（前掲）第六章「日本の書物をどう扱うか」を参照。

2▼木村正人「財界ネットワークの形成　一九二〇年代の日米経済外交の基盤」（近代日本研究会編『政府と民間　対外政策の創出』山川出版社、一九九五・十一）。

3▼米国での日本語蔵書を構築するための朝川貫一や角田柳作の活動は、渋沢栄一や三井、三菱財閥からの経済的な支援も得て行われていた。拙著『越境する書物』（前掲）参照。

4▼US Navy Japanese/Oriental Language School Archival Project (JSLP) , http://ucblibraries.colorado.edu/archives/collections/jlsp/index.htm。コロラド大学図書館　米海軍日本語学校アーカイヴプロジェクト（http://www.f.waseda.jp/a-wada/jbcp/colorado/index.html）。

5▼Takuboku Ishikawa, *A Handful of Sand*, translated by Shio Sakanishi, Jones 1934.現代日本新人シリーズとして、与謝野晶子、伊藤左千夫ら六冊の訳を出していく構想だった。図版は早稲田大学図書館所蔵。

6▼日本文化会館『昭和十五年度事務報告書』（一九四〇、KBS文書、国際交流基金図書室）。

7▼前田多門と坂西志保のやりとりした多数の書簡が、米国議会図書館の日本コレクションには保管されている。

8▼Tamon Maeda, Letter to Nancy Lee Swan, December 4, 1941.

Princeton University, Seeley G. Mudd Manuscript Library.

9▼煙山専太郎『政治史』（早稲田大学出版部、出版年記載なし）。カリフォルニア大学ロサンゼルス図書館所蔵。この蔵書群については拙著『書物の日米関係』（前掲）第八章「連携する日本語図書館」を参照。

10▼Okada, John, *No-no boy*, Combined Asian American Resources Project, 1976.

11▼Andrew B. Wertheimer, *Japanese American Community Libraries in America's Concentration Camps, 1942-1946*, Dissertation, Madison: University of Wisconsin-Madison, 2004.

12▼Edwin G. Beal, Jr., Minute of Group Meeting of National Committee on Oriental Collections and a Section of the Far Eastern Association, April, 1949, Yale University, Manuscript and Archives.

13▼W・R・クロッカー『日本の人口問題』（近藤常次訳、南郊社、一九三五）。米国議会図書館所蔵。

14▼ジョセフ・ナイ『ソフト・パワー』（山岡洋一訳、日本経済新聞社、二〇〇四・九）二六頁。

15▼藤田文子『アメリカ文化外交と日本』（東京大学出版会、二〇一五・四）。

16▼松田武『戦後日本におけるアメリカのソフト・パワー』（岩波書店、二〇〇八・一〇）。

17▼金子将史・北野充編『パブリック・ディプロマシー』（ＰＨＰ研究所、二〇〇七・一〇）。

18▼こうした批判は芝崎厚志『近代日本と国際文化交流』（有信堂高文社、一九九九・八）でもなされている。

19▼正確には対支文化事業は一九二四年に事務局が廃止されて外務省亜細亜局内の文化事業部となり、二七年に亜細亜局から独立する。三八年の興亜院設置とともに対外文化事業として移管され、四〇年には情報局に統合される。（外務省百年史編纂委員会編『外務省の百年　上』原書房、一九六九・七）。

20▼芝崎厚志『近代日本と国際文化交流』（前掲）。

21▼国際文化振興会『財団法人国際文化振興会　設立経過及昭和九年度事業報告書』（国際文化振興会、一九三五・七、KBS文書、国際交流基金図書室）。

22▼詳しくは拙著『越境する書物』（前掲）第六章「越境する文化を支えるもの」参照。

23▼内政史研究会『福島慎太郎氏談話速記録』（内政史資料二二二〜二二七集、一九八四・八）。

24▼国際文化振興会『昭和十五年度事業概況』（一九四一・六、KBS文書、国際交流基金図書室）。

25▼吉見俊哉「メディアを語る言説」（『内破する知』東京大学出版会、二〇〇〇・四）、（福間良明『辺境に映る日本』柏書房、二〇〇三・七）や、佐藤卓己『ファシスト的公共性』（岩波書店、二〇一八・四）。

26▼戦時期の文学表象におけるプロパガンダの機能をとらえる試みに五味渕典嗣『プロパガンダの文学』（共和国、二〇一八・五）がある。

27▼宣伝班長の町田敬二には『戦う文化部隊』（原書房、一九六七・二）、『ある軍人の紙碑』（芙蓉書房、一九七八・一一）の回想がある。

28▼ジャワ軍政監部調査室『ジャワに於ける文教の概況』（龍渓書舎、一九九一・十一）。一九四四の報告書の復刻版、一九四三年一二月段階で作成されている。

29▼詳しくは拙論「図書館蔵書から読書の歴史を探る　日本占領期インドネシアの日本語図書から」（『日本文学』六五巻一一号、二〇一六・十一）、同「日本占領下インドネシアの日本語文庫構築と翻訳事業」（河野至恩・村井則子編『日本文学の翻訳と流通　近代世界のネットワークへ』勉誠出版、二〇一八・一）所収）を参照。

30▼ブリティッシュ・コロンビア大学図書館のサイトでは、日系カナダ人に関する資料の利用ガイドが作成されている（"Asian Canadian Studies, A research guide for Asian Canadian Studies", http://www.library.ubc.ca/）。

31▼新保満『カナダ日本人移民物語』（築地書館、一九八六・一）。

32▼山田俊幸「米沢嘉博記念図書館の現在」（『カレントアウェアネス』三一四号、二〇一二・一二）。

33▼菊池亮一。著者による聞き取り。二〇一一・十一・一八。

34▼Maureen H. Donovan, "Challenges of Collectiong Research Materials on Japanese Popular Culture: A Report on Ohio States's Manga Collection", アーロン・ジェロー他編『映画学ノススメ』（キネマ倶楽部、二〇〇一・二）所収。

第8章◉電子メディアと読者

1▼J-Stage　https://www.jstage.jst.go.jp。

2▼グーグルブックス図書館プロジェクトにおける各大学の日本語蔵書デジタル化については拙著『越境する書物』（前掲）第三章「今そこにある書物」を参照。

3▼「著作権法の一部を改正する法律」が二〇〇九年に成立、公布、翌年一月より施行。

4▼近代デジタルコレクション　https://dl.ndl.go.jp/。

5▼この事例は二〇一二年度の事例である。

6▼牧野二郎『Google問題の核心』（岩波書店、二〇一〇・六）、長谷川通『エアライン・エコノミクス』（中央書院、一九九七・五）。

7▼ノースウェスタン大学の日本語蔵書史については拙著『書物の日米関係』（前掲）第七章「書物の鎧」に詳述。

8▼米国議会図書館所蔵の占領期接収刊行物についてのこうした事例については拙著『越境する書物』第二章「書物の戦争・書物の戦後」に詳述。

9▼『三代集類題』（一八六八、ミシガン大学所蔵）、Hathi Tru

st Digital Library (http://www.hathitrust.org/) で閲覧可能。

10▼鈴木康平「電子化する図書館資料の利用に関する著作権の課題 Hathi Trust事件を参考に」(『日本知財学会誌』一三巻一号、二〇一六・八)。

11▼「鎌田図書館」(坂出市史編纂委員会編『坂出市史』坂出市史編纂委員会、一九五二・一〇)。現在は鎌田共済会郷土博物館となっている。

12▼松下眞也「古典籍総合データベースの構築と展開」(『早稲田大学図書館紀要』五三号、二〇〇六・三)、藤原秀之「資料保存の一助としてのデジタルアーカイブ 早稲田大学図書館古典籍総合データベースの事例を通じて」(『大学図書館研究』八九号別冊、二〇一〇・八)。

13▼国立国会図書館整理部編『国立国会図書館所蔵明治期刊行図書目録』(一巻〜五巻、一九七一・三〜一九七四・一〇)。

14▼Kang, Yen-Yu; Wang, Mao-Jiun J.; Lin, Rungtai, "Usability evaluation of E-books", *Displays*, Vol. 30-2, April 2009. Jeong, Hanho, "A Comparison of the Influence of Electronic Books and Paper Books on Reading Comprehension, Eye Fatigue, and Perception, *Electronic Library*, Vol. 30-3, 2012.

15▼Judith Stoop, Paulien Kreutzer, Joost Kircz, "Reading and Learning from Screens Versus Print: A Study in Changing Habits: Part1 - Reading Long Information Rich Texts", *New Library World*, Volume 114, Issue 7, January 2013.

16▼Ackerman, Rakefet and Goldsmith, Morris, "Metacognitive Regulation of Text Learning: On Screen Versus on Paper," *Journal of Experimental Psychology*, vol17-1, March 2011.

17▼ラーニング・コモンズの歴史的な背景についてはドナルド・ビーグル「ラーニング・コモンズの歴史的文脈」(三根慎二訳『名古屋大学附属図書館研究年報』七号、二〇〇九・三)参照。

18▼稲葉直也「早稲田大学中央図書館ラーニング・コモンズ改修報告」(『ふみくら』九五号、二〇一九・三)。

19▼「アジ歴設立10周年記念シンポジウム アジ歴10周年の回顧と展望」(二〇一一・一〇・一八、於早稲田大学小野記念講堂)。

20▼アジア歴史史料センター「アジ歴設立10周年記念シンポジウム概要」(http://www.jacar.go.jp/pdf/sympo_10th.pdf 二〇一四・二・一五参照)。

第9章◉読書と教育

1▼イ・ヨンスク『国語という思想』(岩波書店、一九九六・一二)。

2▼小笠原拓『近代日本における「国語科」の成立過程』(学文社、二〇〇四・二)。

3▼小笠原拓『近代日本における「国語科」の成立過程』(前掲)一一六頁。

4▼山根安太郎『国語教育史研究』（溝本積善社、一九六六・三）一一〇頁。

5▼黒羽弥吉編『小学校教則綱領』（黒羽弥吉、一八八一・一〇）四頁。

6▼山根安太郎『国語教育史研究』（前掲）。

7▼山根安太郎『国語教育史研究』（前掲）一一三頁。

8▼甲斐雄一郎『国語科の成立』（東洋館出版社、二〇〇八・一〇）。

9▼沢柳政太郎「三十三年　小学校令の改正　樺山文相時代」（『教育五十年史』民友社、一九二二・一〇）二〇一頁。

10▼沢柳政太郎『実際的教育学』（成城学園沢柳政太郎全集刊行会編『沢柳政太郎全集』一巻、国土社、一九七五・五）所収、一三六頁。

11▼沢柳政太郎『読書法』（哲学書院、一八九二・五）。

12▼ジョン・トッド『成功遂志勤学要訣』（吉田巳之助、博文館、一八九一・四）

13▼出口一雄『読書論の系譜』（ゆまに書房、一九九四・二）また、ゆまに書房の書誌書目シリーズには、「近代読書論名著選集」として多くの読書論が復刻、収録されている。

14▼亀井秀雄『明治文学史』（岩波書店、二〇〇〇・三）。

15▼森長英三郎「小説「都会」発禁事件」（『法学セミナー』一九七一・二）。及び光石亜由美「〈発禁〉と女性のセクシュアリティ生田葵山「都会」裁判を視座として」（『名古屋大学国語国文学』九三号、二〇〇三・一二）がある。

16▼『太陽』（一五巻一号、一九〇八・一）は「教育と小説（青少年に小説を読ましむる可否）」の特集を組む。

17▼「懸賞物語審査」（『教育時論』七九〇号、一九〇七・三・二五）。ここで一等となるのは「くらべ馬」武田顚（武田仰天子）である。

18▼巌谷小波「教育と文芸との関係」（『教育時論』八二六号、一九〇八・三・二五）。

19▼「教科以外の読物」（『教育時論』八〇三号、一九〇七・八・五）。

20▼鷹見本雄『国木田独歩の遺志継いだ東京社創業・編集者鷹見久太郎』（鷹見本雄、二〇〇九・十一）。

21▼「奥様の一日」（明治四二年八月）や、「髪の手入れ」（明治四二年一一月）。

22▼「令嬢鑑（三）」（『婦人画報』一九〇九・十一）、「令嬢鑑（四）」（『婦人画報』一九一〇・六）、また明治四二（一九〇九）年一〇月から、中扉に書物を囲む三人の女性の図柄が使用されている。

23▼満谷国四郎「水仙」（『婦人画報』一九一一・一）。

24▼拙著『読むということ』（前掲）第四章「読者、あるいは想像上の集団」を参照。

25▼長友千代治「江戸美人の読書」（田村俊作編『文読む姿の西東』慶應義塾大学出版会、二〇〇七・一二）。

26▼夏目漱石「入社の辞」（『漱石全集』一六巻、岩波書店、一九九五・四）所収。初出『朝日新聞』（一九〇七・五・三）。

27▼夏目漱石「坪井九馬三宛書簡」一九〇三・六・四付（『漱石全集』二二巻、一九九六・三）所収。

28▼夏目漱石『道草』（『漱石全集』一〇巻、一九九四・一〇）八七頁。初出『朝日新聞』（一九一五・六・三～九・一四）。

29▼『教育評論』（三四〇号、一九七六・九）が「教育のなかの男女差別」の特集を組み、小学校国語教科書もその検討の対象としているのはそうした事例である。

30▼伊東良徳『教科書の中の男女差別』（明石書店、一九九一・六）。

31▼こうしたアプローチとして、李賢「樋口一葉と「新しい女」たち」（『超域文化科学紀要』一四、二〇〇九・十一）がある。

32▼高橋広満「定番を求める心」（『漱石研究』六号、一九九六・五）。

33▼府川源一郎『消えた「最後の授業」』（大修館書店、一九九二・七）。

34▼『高等学校学習指導要領（平成三〇年告示）』 https://www.mext.go.jp/content/1384661_6_1_3.pdf。

35▼戦前の国定教科書の教材を例にとれば、冊子体の『国定教科書内容索引』（広池学園出版部、一九八六）が作成されていたが、国立教育政策研究所教育研究情報センター教育図書館や東書文庫が、検索可能なデータベースを整備している。

36▼戦後から二〇〇六年までの国語教材のデータは、冊子体の阿武泉『読んでおきたい名著案内 教科書掲載作品 13000』（日外アソシエーツ、二〇〇四・四）、同小中学校編（二〇〇八・一二）が詳しい。また、二〇〇七年以降の高等学校国語教材は、中司貴大「高等学校国語科現行教科書教材に関する調査教科書掲載作品リストの作成を通して」（早稲田大学教育学部国語国文学科卒業論文、二〇一六年度、http://www.f.waseda.jp/a-wada/open.html）がある。

37▼吉田裕久『戦後初期国語教科書史研究』（風間書房、二〇〇一・三）、同『占領下沖縄・奄美国語教科書研究』（風間書房、二〇一〇・三）。

38▼国文学研究資料館史料館編『アーカイブズの科学』（上、下、柏書房、二〇〇三・一〇）。

39▼公文書館制度が国際比較で極端に未整備である点の指摘。高山正也「日本における文書の保存と管理」（『別冊 環』一五号、二〇〇八・十一）。日本でのアーカイブズ学の展開と既存の学問領域との関係については安沢秀一『史料館・文書館学への道』（吉川弘文館、一九八五・一〇）や青山英幸『アーカイブズとアーカイバル・サイエンス』岩田書院、二〇〇四・四）が詳しい。

40▼今井輝子「明治期における渡米熱と渡米案内書および渡米雑誌」（『津田塾大学紀要』一六号、一九八四・三）、立川健治「明

治後半期の渡米熱」（『史林』六九巻三号、一九八六・五）。

41▼拙著『メディアの中の読者』（前掲）第三章「小説ジャンルと読書の規則」で詳述。

42▼拙著「『力行世界』解説」（『「力行」「力行網」「渡米新報」解説・総目次・索引』（不二出版、二〇一三・六）。

43▼連携の成果、田口卯吉資料、伊那藩資料、それ以外には浅野真男資料整備。和田敦彦・図書館連携調査グループ「早稲田大学図書館所蔵田口卯吉関係資料目録　アーカイブズ教育の一環として」（『早稲田大学教育学部学術研究　国語・国文編』五八号、二〇一〇）また、岡村菊叟関係資料、浅井真男関係資料の整理を継続。

44▼鈴木みどり『メディア・リテラシーを学ぶ人のために』（世界思想社、一九九七・六）。

45▼日本でのこの語の普及については鈴木みどり「日本におけるメディア・リテラシーの展開」（『メディア・リテラシーの現在と未来』世界思想社、二〇〇一・一〇所収）が詳しい。

46▼「教科書の改善・充実に関する調査研究報告書（国語）」（平成18、19年度文部科学省委嘱事業「教科書の改善・充実に関する研究事業」、二〇〇九・三）。

47▼奥泉香『国語科教育に求められるヴィジュアル・リテラシーの探究』（ひつじ書房、二〇一八・二）。

48▼レン・マスターマン『メディアを教える』（宮崎寿子訳、世界思想社、二〇一〇・五）は地理学や歴史、国語と広い範囲でその重要性を指摘する。

49▼楠見孝・道田泰司編『批判的思考』（新曜社、二〇一五・二）、同『批判的思考と市民リテラシー』（誠信書房、二〇一六・六）。

第10章◉文学研究と読書

1▼小森陽一『構造としての語り』（新曜社、一九八八・四）、同『文体としての物語』（筑摩書房、一九八八・四）。

2▼小森陽一他編『メディア・表象・イデオロギー』（小沢書店、一九九七・五）、金子明雄他編『ディスクールの帝国』（新曜社、二〇〇〇・四）。

3▼米村みゆき『宮沢賢治を創った男たち』（青弓社、二〇〇三・一二）は、偉人としての宮沢賢治イメージの形成を通時的にとらえる手法をとる。

4▼こうした点については、山本芳明『文学者はつくられる』（ひつじ書房、二〇〇〇・一二）や、同『カネと文学』（新潮社、二〇一三・三）での豊富な事例が参考となる。

5▼ウォルフガング・イーザー『行為としての読書』（轡田収訳、岩波書店、一九八二・三）。

6▼ハルオ・シラネ、鈴木登美編『創造された古典』（新曜社、一九九九・四）。

7▼新美哲彦『源氏物語の受容と生成』（武蔵野書院、二〇〇八・九）や寺田澄江他編『源氏物語を書きかえる　翻訳・注釈・

翻案』（青簡社、二〇一八・十一）。

8▼鈴木登美「ジャンル・ジェンダー・文学史記述」（ハルオ・シラネ、鈴木登美編『創造された古典』（前掲）所収）。

9▼千葉俊二「近代文学のなかの『源氏物語』」（千葉俊二編、伊井春樹監修『講座源氏物語研究　六』おうふう、二〇〇七・八）。

10▼一色恵里『源氏物語』教材化の調査研究」（溪水社、二〇〇一・三）。

11▼有働裕「橘純一による「源氏物語」批判」（『愛知教育大学教科教育センター研究報告』二一号、一九九七・三）。

12▼小林正明「わだつみの『源氏物語』」（吉井美弥子編『〈みやび〉異説』森話社、一九九七・五）所収）。

13▼西野厚志「灰を寄せ集める」（千葉俊二編、伊井春樹監修『講座源氏物語研究　六』おうふう、二〇〇七・八）。

14▼吉井美弥子『読む源氏物語　読まれる源氏物語』（森話社、二〇〇八・九）は、『源氏物語』の研究が、語りの研究から、現代の享受や海外での受容、変容へと関心を広げていった点について指摘している。

15▼現代の教科書やコミック、映画や歌舞伎への享受もテーマとなっている。鈴木日出男編『源氏物語の時空』（笠間書院、一九九七・一〇）。

16▼池田亀鑑『源氏物語大成　七　研究・資料篇』（中央公論社、一九五六・一二）及び阿部秋生『源氏物語の本文』（岩波書店、一九八六・六）。

17▼加藤昌嘉『揺れ動く『源氏物語』』（勉誠出版、二〇一一・一〇）。

18▼フランツ・シュタンツェル『物語の構造』（前田彰一訳、岩波書店、一九八九・一）。ウェイン・C・ブース『フィクションの修辞学』（米本弘一他訳、書肆風の薔薇、一九九一・二）。

19▼ウラジーミル・プロップ『昔話の形態学』（北岡誠司、福田美智代訳、水声社、一九九一・一二）。

20▼藤田真文「水戸黄門の政治学」（伊藤守、藤田真文編『テレビジョン・ポリフォニー』世界思想社、一九九九・一〇）は、似たような物語が大量に存在するテレビドラマ「水戸黄門」を物語分析の手法で調査している。

21▼ジェラルド・プリンス『物語論の位相』（遠藤健一訳、松柏社、一九九六・一二）一四九頁〜一六五頁。

22▼拙著『メディアの中の読者』（前掲）第三章「小説ジャンルと読書の規則」を参照。

23▼三上参次、高津鍬三郎『日本文学史』（金港堂、一八九〇・一〇〜十一）、藤村作、久松潜一『明治文学序説』（山海堂出版部、一九三二・一〇）。

24▼亀井秀雄『主体と文体の歴史』（ひつじ書房、二〇一三・五）。

25▼拙著「読書としての文学史」（坪井秀人編『偏見というまなざし』青弓社、二〇〇一・四）所収。

26▼神谷忠孝、木村一信編『南方徴用作家』（世界思想社、一九九六・三）、同『〈外地〉日本語文学論』（世界思想社、二〇〇七・三）。

27▼細川周平『日系ブラジル移民文学1・2』（みすず書房、二〇一二・一二、二〇一三・二）。

28▼山本秀行、村山瑞穂編、植木照代監修『アジア系アメリカ文学を学ぶ人のために』（世界思想社、二〇一一・九）、アジア系アメリカ文学研究会編『アジア系アメリカ文学　記憶と創造』（大阪教育図書、二〇〇一・三）。

29▼水野真理子『日系アメリカ人の文学活動の歴史的変遷』（風間書房、二〇一三・三）。

30▼平岡敏夫は早くから文学史自体を問題化し、『明治大正文学史集成』（日本図書センター、一九八二・十一）『明治大正文学回想集成』（日本図書センター、一九八三・四）といった集成作業を行っている。

31▼拙論「戦時下早稲田大学の国文学研究　再編される学知とその流通」（『日本文学』六八巻九号、二〇一九・九）。

32▼この時期の教育への統制については荻野富士夫『戦前文部省の治安機能　「思想統制」から「教学錬成」へ』（校倉書房、二〇〇七・七）が詳しい。

33▼「日本諸学振興委員会規程」（『官報』一九三六年九月十一日）。

34▼駒込武他編『戦時下学問の統制と動員　日本諸学振興委員会の研究』（東京大学出版会、二〇一一・三）。

35▼木戸幸一「学会挨拶」、藤村作「明治以降の国文学界」（『日本諸学振興委員会研究報告　第三編（国語国文学）』教学局、一九三八・三）所収。

36▼村井紀「文学者の十五年戦争」（『批評空間』一九九八・一、七）、坪井秀人「国文学者の自己反省」（『日本文学』二〇〇〇・一）。

37▼駒込武『植民地帝国日本の文化統合』（岩波書店、一九九六・三）や坂野徹『帝国日本と人類学者』（勁草書房、二〇〇五・四）、中生勝美『近代日本の人類学史』（風響社、二〇一六・三）など。

38▼早稲田大学大学史編集所編『早稲田大学百年史　第四巻』（早稲田大学出版部、一九九二・一二）四八頁。

39▼五十嵐力「古文学に現れたる日本精神」（文部省教学局編『教学叢書　第十輯』、一九四一・四）所収。

40▼岡一男「東亜の新情勢に対応する国文学の任務」（教学局『日本諸学振興委員会研究報告　第三編（国語国文学）』一九三八・三）所収。

41▼五十嵐力『純正国語読本編纂趣意書』早稲田大学出版部、一九三二・一二）九頁。

42▼『純正国語読本編纂趣意書』（前掲）には「純正国語読本御採用校一覧表」として一七四校の校名を掲げた表が掲載されている。

43▼早稲田大学出版部より一九三三年から刊行されており、

三六年には教授用参考書、『省労抄』一〇冊を刊行、四一年に訂正三版が刊行されている。

44▼「起つた日系二世」（『早稲田大学新聞』一九四二・四・二九）。

45▼柳田泉『明治・大正の海洋文学』（くろがね会、一九四二年三月）、同『海洋文学と南進思想』（日本放送出版協会、一九四二・十一）。

46▼「吉江喬松年譜」（西条八十他編『吉江喬松全集　第六巻』白水社、一九四一・一二）。

47▼吉江喬松編『心を清くする話』（新潮社、一九三九・十一）。

48▼リテラシー史研究会ホームページ (http://www.f.waseda.jp/a-wada/literacy/)。会誌『リテラシー史研究』を定期刊行している。

■や行

■ら行

■わ行

■ま行

■は行

■な行

■た行

■さ行

■か行

■ま行

■や行

■わ行

◉事項索引

■ A-Z

■あ行

■た行

■な行

■は行

◉人名索引

■あ行

■か行

■さ行

【著者】

和田敦彦（わだ・あつひこ）

1965年、高知県生まれ。1996年、信州大学人文学部助教授、2007年、早稲田大学教育・総合科学学術院准教授、2008年、同教授。コロンビア大学（2005-2006）客員研究員、カリフォルニア大学サンタバーバラ校（2013）、ヴェニス国際大学（2016）、ローマ大学サピエンツァ（2017）、サンパウロ大学（2019）招聘教授。

専門は日本近代文学研究、及び出版・読書史研究。著書に『読むということ』（ひつじ書房、1997年）、『メディアの中の読者』（ひつじ書房、2002年）、『書物の日米関係』（新曜社、2007年）、『越境する書物』（新曜社、2011年）、『読書の歴史を問う』（旧版、笠間書院、2014年）、編著に『国定教科書はいかに売られたか』（ひつじ書房、2011年）、『明治期書店文書　信州・高美書店の近代』（1-6巻、2017-2018年、金沢文圃閣）等がある。2007年からリテラシー史研究会を主催、同年より機関誌『リテラシー史研究』（年刊）を刊行。

読書の歴史を問う　書物と読者の近代【改訂増補版】

2020（令和2）年8月30日　第1版第1刷発行

ISBN978-4-909658-34-0 C0000

発行所　株式会社 **文学通信**

〒170-0002　東京都豊島区巣鴨1-35-6-201
電話 03-5939-9027 Fax 03-5939-9094
メール info@bungaku-report.com
ウェブ https://bungaku-report.com

発行人　岡田圭介

印刷・製本　モリモト印刷

ご意見・ご感想はこちらからも送れます。上記のQRコードを読み取ってください。
